SIFA PINGGU LILUN YU SHIWU YANJIU

司法评估理论与实务研究

孙晓东 著

知识产权出版社
全国百佳图书出版单位
—北京—

图书在版编目（CIP）数据

司法评估理论与实务研究／孙晓东著．—北京：知识产权出版社，2020.3
ISBN 978-7-5130-6851-2

Ⅰ．①司… Ⅱ．①孙… Ⅲ．①司法制度—研究—中国 Ⅳ．①D926.04

中国版本图书馆 CIP 数据核字（2020）第 049513 号

责任编辑： 刘 睿 刘 江 **责任校对：** 潘凤越
封面设计： 张国仓 **责任印制：** 刘译文

司法评估理论与实务研究
孙晓东 著

出版发行：知识产权出版社有限责任公司 网 址：http：//www.ipph.cn
社 址：北京市海淀区气象路 50 号院 邮 编：100081
责编电话：010-82000860 转 8344 责编邮箱：liujiang@cnipr.com
发行电话：010-82000860 转 8101/8102 发行传真：010-82000893/82005070/82000270
印 刷：北京九州迅驰传媒文化有限公司 经 销：各大网上书店、新华书店及相关专业书店
开 本：720mm×960mm 1/16 印 张：17.75
版 次：2020 年 3 月第 1 版 印 次：2020 年 3 月第 1 次印刷
字 数：264 千字 定 价：78.00 元
ISBN 978-7-5130-6851-2

目　　录

理论篇

实践篇

导　语

一、问题的提出

随着经济、社会和文化的深入发展，我国的法治化程度逐步提高，司法体制改革也逐渐成熟和完善。在尊重司法规律的前提下，加强法院管理，逐步成为社会的共识。司法评估制度作为法院管理的重要手段，其重要性日益引起重视。司法评估制度，作为司法体制综合配套改革的重要内容之一，其发展和完善也是十分重要的。

党的十九大报告明确对司法体制改革提出新的要求：深化司法体制综合配套改革，全面落实司法责任制，努力让人民群众在每一个司法案件中感受到公平和正义。可见，深化司法体制综合配套改革已经成为新时代司法体制改革的重要内容。明确司法体制综合配套改革的制度框架并对相关制度进行研究具有重要意义。

2017 年 8 月 29 日，中央全面深化改革领导小组第三十八次会议审议通过《关于上海市开展司法体制综合配套改革试点的框架意见》。结合司法体制综合配套改革实践以及《关于上海市开展司法体制综合配套改革试点的框架意见》，一般认为司法体制综合配套改革的制度框架可以包括如下方面：改革法官养成机制，优化司法权力配置，健全司法管理运行机制，发展多元纠纷解决机制，建立司法评估考核机制，培养法治文化理念。❶ 可见，司法

❶ 蒋惠岭．深化司法体制综合配套改革［EB/OL］．［2019－12－21］．https：//www. chinalaw. org. cn/Column/Column_ View. aspx？ ColumnID＝1136&InfoID＝25758.

评估制度是司法体制综合配套改革的重要内容之一。在新时代司法体制改革的背景下，尤其是深化司法体制综合配套改革的背景下，研究司法评估制度的完善具有重要意义。

我国法院系统自20世纪90年代中后期开始了审判管理改革的探索，一些地方法院实行了审判绩效考核制度。随着最高人民法院2008年《关于开展案件质量评估工作的指导意见（试行）》和2011年《关于开展案件质量评估工作的指导意见》等重要文件的出台，案件质量评估制度在我国法院系统得以确立并对原有的审判绩效考核制度产生重要影响。案件质量评估制度成为我国重要的司法评估制度之一。

从1995年开始，我国的法官法初步确立法官考核制度。法官法确立了法官考核制度的初步框架：法官考核的主体是人民法院；法官考核的主要标准是思想道德因素、审判业务水平、法学理论水平、实际工作效果等。《人民法院五年改革纲要（1999～2003）》也提出将“在科学的法官管理制度下，造就一支高素质的法官队伍”❶ 作为司法改革的目标。各级法院也逐步开展了法官考评工作，法官考评制度也逐渐成为我国司法评估制度的重要内容。

案件质量评估制度在发展过程中，产生了很多积极效果，但是其弊端也十分明显：数量化的评价标准没有科学性；行政化的管理手段让法官苦不堪言；盲目追求排名违背司法规律。《人民法院第四个五年改革纲要（2014～2018）》要求：完善案件质量评估体系，建立科学合理的案件质量评估体系；废止违反司法规律的考评指标和措施，取消任何形式的排名排序做法；强化法定期限内立案和正常审限内结案，建立长期未结案通报机制，坚决停止人为控制收结案的错误做法；依托审判流程公开、裁判文书公开和执行信息公开三大平台，发挥案件质量评估体系对人民法院公正司法的服务、研判和导向作用。❷ 因此，案件质量评估制度有完善和重构的必要性。

---

❶ 最高人民法院．人民法院五年改革纲要［J］．中华人民共和国最高人民法院公报，1999（6）．

❷ 最高人民法院．最高人民法院关于全面深化人民法院改革的意见（2015年2月26日）［R/OL］．［2019-12-21］．http：//www.court.gov.cn/zixun-xiangqing-13520.html.

法官考核制度在发展过程中，虽然取得了一定的效果，但是仍面临诸多困境：法官考核的主体基本是法院本身，缺乏外部主体的监督；法官考核的标准过于单一，不利于对法官进行全方位评价；法官考核的方法过多使用数量评估的方法，不利于得出合理的评估结论。因此，法官考核制度亦有完善和重构的必要性。

尊重司法规律与加强法院管理并不矛盾，关键是如何构建合理的法院行为标准从而进行科学的制度设计。法院行为标准的构建，是一个较为复杂的系统工程。从来源形式上看，法院行为标准可能既来源于法律，也来源于政策。诉讼法和法官法等程序法和实体法为法院的运行构建了基本的法律标准，这是法院行为标准的基本方面。政策是补充的标准，在法院管理过程中，需要用政策细化法律的一般规定，需要政策弥补法律运行的空白，因而政策标准也是法院行为标准的来源形式。从表现形式上看，法院行为标准既包括一般标准，也包括特殊标准。一般标准侧重对整体性、一般性司法制度的评估与管理；特殊标准侧重特别的、具体的司法制度的评估与管理。一般标准是原则和指引，特殊标准是具体化和特殊化，二者缺一不可。法院行为标准的构建，既要注重一般标准的研究与构建，也要注重特殊标准的研究与构建。从法院行为标准完善的研究方法上看，既包括理论构建的研究方法，也包括实证调研的方法。在理论层面，结合中外司法评估制度特点，研究司法评估一般理论，构建法院行为的一般标准具有重要意义。在实践层面，选择具体的司法制度进行评估，研究特殊的法院行为标准，总结具体司法制度运行中存在的问题，从而提出完善建议，也是推进司法评估制度研究的重要手段。

我国司法运行评估的研究既要注重法院一般行为标准的研究，也要注重特殊法院行为标准的研究；既要采用理论构建的研究方法，也要采用实证调研的方法。我国案件质量评估制度和法官考核制度是我国司法评估制度的一般制度框架，司法评估制度的研究应该立足于该一般制度的深化和完善。司法评估制度是实践性很强的制度，需要具体的实证调研，收集数据和分析数据，从而对特殊的和具体的司法制度提出完善建议，从而深化特殊的法院行为标准。本书是从理论层面和实践层面相结合的视角来进行司法运行评估的研究，在理论层面：立足于我国案件质量评估制度和法官考核制度的完善，从而深化法院一般行为标准的构建；在实践层面：选取司法运行中的具体的特殊的制度进行实际调研和实际评估，从而深化法院典型和具体制度行为标准的构建。

二、研究内容

本书的研究分为理论篇和实践篇，侧重理论研究和实践应用的结合。理论篇侧重司法运行一般标准的研究，主要以司法评估制度一般理论和我国司法评估制度的完善为主要内容，共分三章：第一章司法运行评估制度的产生与发展，主要研究：法院管理理论概述，司法评估制度的产生与发展分析；第二章司法评估制度的内涵研究，主要研究：司法评估制度的特征与内容，司法评估制度的内涵，司法评估制度与政府绩效评估制度的区别；第三章我国司法评估制度的完善研究，主要研究：我国司法评估制度完善的原则，案件质量评估制度的完善，法官考评制度的完善。实践篇侧重司法运行特殊行为标准的研究和具体司法制度运行的实际评估，共分四章：第四章我国劳动争议解决机制运行效果评估分析，主要研究：劳动争议解决机制运行评估指标体系构建，劳动争议解决机制运行的实际评估，以及评估结论与制度完善启示；第五章民事上诉制度效果评估，主要研究：以上诉率为视角评估上诉制度的效率目标的实现程度，以上诉发改率为视角评估上诉制度的公正目标实现程度，以及评估结论与制度完善启示；第六章案件流程管理制度运行效果评估分析，主要研究：案件流程管理制度运行的实际评估，以及评估结论与制度完善启示；第七章民事裁判文书说理性评估，主要研究：民事裁判文书说理性评估指标体系构建，民事裁判文书说理性评估，以及评估结论与启示。

三、研究方法

本书的研究采用实证调研和案例分析的研究方法，对相关问题进行深入探讨和研究。

1. 实证调研的研究方法

司法运行评估研究是一个理论和实践相结合的课题，理论构建和实证调研都很重要。对司法制度运行情况的考察，一方面是可以分析相关的制度规范，另一方面更主要是在实践中考察制度的实际运行情况。司法运行的情况既带有一般性，也带有特殊性。本书的司法评估制度一般理论完善研究和具体司法制度评估研究，都需要实证调研的方法。在司法评估制度完善方面：对法院系统司法评估运行的实际情况进行调研，分析案件质量评估制度和法官考评制度的现状和存在的问题，从而构建合理的司法评估制度理论。通过实际调研，才能分析案件质量评估制度和法官考评制度运行的实际情况，在哪些方面落实了制度规范的规定，在哪些方面对制度规范进行了修正和变形，在哪些方面填补了制度规范的空白；只有掌握这些实践中的情况，才能准确发现司法评估制度中存在的问题，从而为理论层面构建科学的司法评估理论打下实践基础。司法评估一般理论可以指导具体司法制度评估，具体司法制度评估是司法评估一般理论的具体化。在具体的司法制度评估方面：本书研究为了评估上诉制度运行效果、裁判文书说理性情况、案件流程管理情况、劳动争议解决机制运行情况，收集实践中的相关数据，分析具体司法制度运行的情况。

2. 案例分析的研究方法

案例和裁判结果是审判质量的重要标志，也是司法运行效果的重要体现。案例分析的方法在本书如下方面内容的研究中得以应用：第一，在案件质量评估制度和法官考评制度的完善研究中，案件质量评估中的审判质量和审判效果的研究要涉及个案的裁判效果，具体的案例分析有助于审判质量和审判效果的分析。法官考评制度中法官个人能力的评测，可能需要考察相关的个案判决。第二，裁判文书说理性评估的研究中需要大量使用案例分析方法。在这一部分的研究中，选择较大数量的个案裁判文书，按照指标标准来评估裁判文书说理性情况。案例分析的样本数量成为评估裁判文书说理性评估科学性的基础。

理论篇

对于司法运行情况的评估，很多国家和地区都确立了相应的司法评估制度来完成这一工作。典型意义的司法评估制度，侧重一般意义司法行为的评估，其目的是确定法院行为的一般标准。笔者希望借助理论分析手段，梳理司法运行评估的一般理论，研究我国案件质量评估制度和法官考评制度的完善。

第一章　司法运行评估制度的产生与发展

法院等司法机关的主要功能是运用审判权解决纠纷，实现公平正义。但是法院等司法机关也是存在层级关系的组织体，合适的管理制度是必要的。司法制度的运行和审判权的实现要遵循特定的司法规律，对司法机关组织体的管理要遵循管理规律；合理的法院管理制度的构建，应该努力寻找司法规律与管理规律的平衡。司法评估制度作为重要的法院管理制度，其制度设计的基础也是司法与责任的协调。

一、法院管理理论概述

随着我国法治化进程的不断提高和司法体制改革的不断深入，我国的司法系统也在不断确立和完善法院管理制度。最高人民法院在 2005 年发布的《人民法院第 2 个五年改革纲要（2004~2008）》首次以正式文件形式确立了司法管理理念，并认为司法管理主要涉及审判管理、法院的人事管理、法院的政务管理等主要内容。司法管理理念的确立，对于我国法院管理制度的完善起到了重要推动作用。

学者蒋惠岭认为：法院管理是法院的司法行政，包括案件审理层次的审判管理和系统运作层次的外部管理和机关运转层次的事务管理。[1] 关于法院管理的具体内容，蒋惠岭认为，“审判管理是指那些与审判案件直接相关的事务的管理，如案件流程管理、案件质量和效率管理（绩效评估）等。司法政务管理包括为审理案件和法院的运转提供支持和服务的活动，如办公设

[1] 蒋惠岭．论法院管理职能［J］．法律适用，2004（8）．

施、经费保障、后勤事务等。司法人事管理包括法官管理、辅助人员管理、行政人员管理等”。[1]

学者董治良认为，法院管理“就是为充分发挥人民法院的审判职能作用，全面提高人民法院公正、高效司法能力而对法院工作各个环节、各个方面所做的规划、组织、监督、控制和协调。从以上概念可以看出，第一，法院管理的性质，既包括审判业务活动，又包括审判机关的政务活动和事务活动，还包括审判专业人员、后勤保障人员、行政管理人员、政工人事和司法警察等全体法院工作人员的人事管理，因为审判工作毕竟是由人——法官为主体来干的。故法院管理是一项综合性、全局性的工作。第二，法院管理的目的，是为了充分发挥人民法院的职能作用，全面提高人民法院公正司法和高效司法的能力，满足社会和人民群众对司法公正、司法效率的需求。这是由人民法院的性质所决定。第三，法院管理的行为方式，既涉及宏观决策，又涉及具体事项的监督执行，还涉及对具体人和事的调整和控制。这是由法院本身的职能所决定的”。[2]

从法院管理制度的产生发展过程，以及中外学者的研究论述，可以看出，法院管理一般是指法院为了实现特定的目标，对法院的机构和资源进行整合、分配和组织的活动和过程。法院管理一般包括如下主要内容：第一，审判管理。这主要是围绕法院系统的核心目标而开展组织和协调活动。案件流程的组织与管理、案件质量和效率的评估等活动都属于审判管理的范畴。第二，司法行政管理工作。这主要是服务审判工作这一核心内容而采取的配套服务与管理工作。经费分配和预算、办公设施的配置、信息系统的建立、后勤的服务与保障等工作都属于司法行政管理范畴。第三，司法人事管理工作。这主要是对法官和普通行政人员的监督和管理工作。法官的遴选与考核、行政人员的聘任与管理、辅助人员的聘任与管理等工作都属于司法人事管理工作范畴。

法院管理制度总体上看，是公共管理理论向司法领域渗透的产物。法院

---

[1] 蒋惠岭. 关于二五改革纲要的几个问题［J］. 法律适用，2006（8）.

[2] 董治良. 法院管理浅论［J］. 国家检察官学院学报，2005（10）.

管理可以借鉴公共管理的主要原理，但是司法机关与一般行政机关不同，司法机关的运行要遵循特定的司法规律，所以，法院管理制度的建构要注意公共管理规律与司法规律的协调与平衡。从一般意义上看，法院管理制度的运行，要注意以下问题：第一，要注意法官与司法行政人员的区别。法官是指遴选和留任依照法律规定的程序进行，在一个国家的司法系统中依法行使审判权的审判人员，其行使司法权进行裁判的基本依据是法律。尽管由于各个国家的经济政治和法制环境的不同造成法官角色的不同，但是对法官的基本要求是一致的：追求公平正义，依法判案，不受影响独立判断。司法行政人员是指人民法院中除了法官、书记员以外，从事党务、司法警务、行政管理、后勤服务、纪律监督等工作的各种人员。对不同的司法行政人员，分别依照国家不同的规定进行管理，对其中党政干部，参照《国家公务员条例》等有关规定；对司法警察还适用《警察法》和《警衔条例》等法律规定；对司机等职工适用国家有关工人的规定。法官和司法行政人员角色的不同，决定了对二者管理方式的不同。对司法行政人员可以采取公共管理的一般方法进行管理，但是对法官的管理要注意基本的界限：不能影响法官依法判案和独立判断。第二，注意司法运行与责任机制的协调。审判权的运行应遵循特定的司法规律，其基本要求是法官独立判断，依法判案，追求公平正义，但是这并不代表审判权的运行可以不受责任制的约束。建立科学的司法责任制一直是法院管理制度的重要内容。科学的司法责任制要求审判权运行机制和责任机制结合，其核心要求是权责统一、权责明晰、权力制约。司法责任制是我国司法体制改革要求的重要内容之一，对于司法公平正义的追求具有积极意义。司法责任制的主要要求是：第一个方面是职权配置，即由审理者裁判。裁判者一般是人民法院，由人民法院行使审判权，审判权在一定意义上是一种集体权利。司法责任制改革直接要求由审理者裁判，审判者就是人民法院的审判组织，即独任审判员、合议庭，特殊情况下还包括审判委员会。第二个方面是责任承担，既然把权力给了审理者，最后当然要由裁判者负责。这个裁判者和审理者是一样的，他们都是执掌司法权力的人和审判组织。在这里要坚持权责相一致。第三个方面是要注意审判专业工作与普通行政事务的区别。司法组织系统中审判专业工作是核心工作，普通行政事务工作是辅助工作。审判专业活动由法官来完成，普通行政事务工作由一般行政人员来完成。法院管理的一个重要目标应该是加强法官的专业化程度，让法官专门从事审判专业活动，而不受普通行政事务的干扰，从而提高审判效率。在这个意义上，法院管理制度要注意如下目标：首先，保障法官专注于案件审判活动，不受法院内部行政事务的干扰，更不应该受到法院外部事务的干扰。其次，保障法官对审判程序的控制，让法官来控制整个诉讼程序，从而排除外界干扰，更容易降低司法成本和提高司法效率。

二、司法评估制度的产生与发展

公共管理的理论向司法系统的渗透促进了法院管理制度的发展，受到公共管理绩效评估制度的影响，作为法院管理制度的重要内容之一，司法评估制度也逐步发展起来。有学者认为：许多国家法院系统面临的一个严重问题是公信力没有能够建立起来，在行政机关系统管理改革运动的影响下，司法改革也在许多国家深入发展，法院系统缺失公信力的一个重要原因是法院管理制度中缺乏统一的衡量标准。❶ 按照一定的标准对法院和法官进行评估，要求法官承担责任的理念逐渐被人们接受，司法评估制度也逐渐被许多国家采纳实施。

（一）美国司法评估制度的产生和发展

20世纪80年代，行政管理领域的新保守主义思潮在美国再度兴起，政府的责任以及政府运行的目的成为关注的焦点。新保守主义思潮的一个重要主张是对政府以及主要行政机关的行为进行评估，进而确定行政机关运行的目标和标准流程。这一理论主张对美国联邦政府和州政府都产生了十分显著的影响。80年代末90年代初，美国的司法系统也面临困境：经济的衰退使得公共管理领域财政预算十分紧张，司法系统也遇到经费紧张的问题，社会

❶ Schauffler, Richard Y. Judicial Accountability in the US State Courts Measuring Court Performance [R]. Utrecht Law Review, 2007 (3).

公众要求司法系统承担责任的呼声越来越高；司法审判效率低下，引起社会的不满；司法的社会公信力低下，司法的权威受到社会公众质疑。在这些困境问题的催化下，行政领域的行为评估思潮也蔓延到司法系统。社会公众要求司法机关也像行政机关一样，需要明确运行目标以及流程标准。

在这样的背景下，美国法院审判行为标准体系[1]在20世纪八九十年代被确立下来，希望为法院司法运行行为提供评估标准。这套标准体系包含五个主要基本指标，并由若干具体标准和准则构成，是一套庞杂的细化标准体系。五个基本评估指标分别是：正义实现程度，迅捷和及时程度，平等性、公正性和完整性程度，独立性和可解释性，社会信任程度。

（1）正义实现程度，主要评估法院系统司法运行对正义价值实现的程度。其主要通过以下标准来评估：第一，法院的物质设施达到一定标准。法院的运行要达到便利性标准，当事人需要获得法院服务的时候，要能够便利地启动法律程序并获得法院服务。法院向当事人开放的时间、法院要为当事人配备的设施、法院配备设施的性能都要满足便利性标准。法院的设施要达到相应标准，如座椅的配备要满足尺寸的要求，扬声器的配备要满足音量标准，证人席的设置要达到相应标准。法院的物质设施要满足安全标准，法院环境和设施要达到保证当事人安全的程度。第二，法院的远程服务配置要达到一定标准。法院要配备电话、传真、邮寄、电子邮件等远程服务机制，从而满足法院利用人的需求。第三，法院服务要满足文化多样性的标准。法院服务的提供要考虑当事人多样化的文化要求，美国是文化多元化的国家，利用法院服务的人可能有多样化的文化要求。法院服务的提供，要达到满足多样化的文化要求的程度。第四，法院服务的提供要满足地域要求的标准。获得法院服务的人，有可能提出交通费、地域特征、距离远近、地域法律冲突等地域方面的要求。法院服务要满足地域标准，因地制宜。第五，法院服务要满足交流要求的标准。当事人要和法院进行必要的交流，提出意见并希望获得反馈。法院服务的提供要考虑交流上的要求，配置相应的意见提出以及

[1] Trial Court Performance Standards（TCPS），是美国国家州法院中心1990年前后建立的评估标准体系，希望在法院系统建立标准化的管理流程。

反馈机制。

（2）迅捷和及时程度，主要评估法律解决纠纷提供救济手段的及时性，主要解决司法效率问题。审判行为标准体系确立的一个基本目的是对法院诉讼迟延引起的司法公信力缺失问题的回应。司法效率标准构建，就当然成为法院行为标准体系的一个重要内容。法院行为标准体系通过以下标准解决迅捷和及时的问题：标准化的案件流程管理，通过确立典型案件的流程管理标准，将主要类型案件的办案流程环节纳入监管范畴；标准化的案件处理时间，通过确立典型案件的处理时间，将主要类型的处理时间纳入监管范畴；对当事人的登记服务确定流程标准。

（3）平等性、公正性和完整性程度，主要评估司法判决忠于法律、实现公正价值的程度。这就要求：法院判决严格依据法律，要严格依据地方的法律、程序法的要求作出判决；法院要配备及时检索法律资源设施和设备，以便快速和便捷地查找法律和案例；判决要符合公正性和一致性的要求，严格依据法律作出判决，排除各种不一致的情况；保证执行的效力，法院要对所下达的强制执行命令负责；法院要将审判行为的环节准确、完整地记录下来。

（4）独立性和可解释性，主要评估司法的独立性和判决的可解释性。这就要求：法官要保持独立性，法官裁判的时候依据对法律的独立理解来裁判案件，不受外在因素干扰；同时，法官作出的判决，在社会公众面前是可以解释和说明的，从而强调对独立司法权的监督和约束。在司法独立和对社会公众负责的标准上，审判行为标准体系确立的准则是：确定法官选任的程序，排除不相关因素对法官选任的影响，确保法官的独立性；确定一套法官职业行为标准指南，这套标准指南要向社会公开；法官违反行为标准时，要按照社会公众可以接受的程序进行处理；确保法官司法行为的独立性，不受行政机关和立法机关影响。

（5）社会信任程度，主要是评估司法系统在社会公众心目中的权威性和信任性程度。法院是面向社会公众提供服务的系统，案件双方当事人、证人、旁听人员、陪审团成员等对法院的信任和权威的认同至关重要，社会公信力下降也一直是美国法院系统面临的重要问题。在这个指标上，审判行为标准体系确立的具体标准是：法院应该构建社会信任程度评估机制，了解社会信任程度情况；法院应该构建交流和反馈机制，建立与社会公众沟通和交流的渠道；法院应该明确在社会信任问题上自身的职责；法院必须满足社会公众的多样化需求。

法院审判行为标准体系将法院设想成公共服务的提供者，将社会公众设想成接受法律服务的人，要求法院系统对社会公众负责，这在很大程度上受到了公共行政管理领域绩效评估理念的影响。法院审判行为标准体系在美国法院系统中的推行并不顺利，一方面是因为这种数量化的标准对法院系统是一个全新的令人吃惊的尝试，法院接受起来有一个过程；另一方面是因为法院审判行为标准体系的构建过于复杂和庞杂，杂乱的指标、模糊的标准令实际操作变得十分困难。有美国学者指出，法院审判行为标准体系在法院系统产生了很多改变，也确定了数据在法院管理中的价值，但是在实践中这个体系仅仅在几个法院产生了实际影响力。[1] 虽然法院审判行为标准体系实际影响力不大，但是这套体系毕竟为美国法院系统确立司法评估制度开启了先河。

法院审判行为标准体系在运行过程中，逐渐暴露出很多问题：第一，该体系的指标构成过于复杂。该体系由多级指标构成，上级指标需要大量的下级指标进行解释。这种设想是好的，但是法院在具体使用时，每个指标都需要建立配套措施，这就使得完全落实该指标体系将是一件成本高昂的事情，致使该指标在实施中遇到困难。第二，该体系的指标含义模糊，指向的目标也不清晰。该指标体系并没有对指标体系的含义作出明确界定，也没有指明评估的目的，更没有列明具体的评估方法。这就使得该体系在实施中，存在很多分歧和不确定性，这也造成该体系实施的困难。第三，法院系统在接受指标化的问责为指向的司法评估制度时需要一个适应过程。由于固守司法独立的理念，法院系统对以司法责任为导向的司法评估制度还是持震惊和较为排斥的态度，司法评估制度的确立是一个理论变革和制度变革的双重过程，

---

[1] Alexander B. Aikman. The Art and Practice of Court Administration [M]. CRC Press, 2006: 116.

需要一个适应阶段。在这些问题的影响下，法院审判行为标准体系在美国法院系统中，并未被大规模地采用，影响力较小，更多地停留在理论研究层面。在实践反思过程中，产生了这样一种需求，用一套全新的体系取代法院审判行为标准体系，这一新制度应该具备以下特点：其一，指标体系简单。为了修正法院审判行为标准体系指标过于庞杂的问题，新的体系应该采用较为简单的指标构成，不宜采取过多的指标。其二，指标应该有明确的含义界定和指向目标。为了修正法院审判行为标准体系指标含义模糊、目标不明确的问题，新的体系应该对指标的含义进行明确界定，对评估目标进行明确说明。其三，为指标的应用列明具体的操作方法。为了修正法院审判行为标准体系指标适用缺乏明确操作方法的问题，新的体系应该为每个指标的具体适用，确定操作方法和流程。

在这样的背景下，2005 年前后，美国国家州法院中心（NCSC）又为州法院系统设计了一套被称为法院评估工具（CourTools）的制度体系。目前，法院评估工具体系已经被较多的州法院❶成功地使用并制度化，从而使得法院评估工具制度成为美国司法评估制度的一个典型。法院评估工具体系由 10 个主要的评估指标组成：便利性和公正性、结案率、处理时间、活动待定案件的拖延时间、审判日期确定性、司法文件的真实性和可信性、赔偿金到位率、陪审员的有效使用率、法院员工的满意度、案件成本；每一项指标都有明确的定义和计算方法。❷ 美国国家州法院中心还花费了约两年时间分析超过 40 年的案件处理时间标准经验，制定了配套的州审判法院示范性时间标准体系（Model Time Standards for State Trial Courts），将案件按照刑事、

---

❶ 在整个美国州法院系统使用法院评估工具体系的州主要有：马萨诸塞州、密歇根州、明尼苏达州、蒙大拿州、新泽西州、俄亥俄州、俄勒冈州、宾夕法尼亚州、犹他州等。还有很多法院单独使用该评估体系，例如：北卡罗来纳州达勒姆县第 14 司法区法院、密歇根州肯特县第 17 巡回法院、伊利诺伊州第 17 巡回法院、伊利诺伊州第 19 司法区法院、得克萨斯州比尔县法院、华盛顿州金县高等法院等。参见：NCSC. Reports from Courts [R/OL]. [2019 - 12 - 21]. http://www.courtools.org/Trial - Court- Performance - Measures/Reports-from-Courts.aspx.

❷ Matthew Kleiman. Building a Better Understanding of Trial Court [J]. Justice System Journal, 2009 (3).

民事、家庭、未成年人、遗嘱等领域划分成18种类型，分别设定示范性的处理时间标准；作为时间性指标评估的参考依据。[1]

法院评估工具体系主要指标含义和评估方法如下。

（1）便利性和公正性（Access and Fairness）指标主要评估的是社会公众在法院处理事情时是否便利，是否受到了公正的待遇。这个指标可以通过问卷调查的方式，进行具体实施。当事人进入法院的时候，法院是否容易找到，法院网站是否可以给出有益的指示，法院要求填写的文件是否简明易懂，法院是否给有语言障碍的人提供便利条件，法院是否给有身体障碍的人提供便利条件，法院工作人员是否有礼貌和有效地解决所提出的问题等因素都可以成为评估便利性的标准。公正性可能通过如下因素评估：案件是否得到正判决，当事人是否被无差别对待，法官是否有足够的知识和能力解决案件。

（2）结案率（Clearance Rates）指标评估的是法院办案的效率和快速处理案件的能力。可以采取的评估方法是：在法院内部，统计一定时间内接受案件的数量和处理完成的案件数量，然后比对处理完成案件数量和接受案件数量；或者统计某一类型的接受案件数量和处理完成案件的数量，然后比对处理完成案件数量和接受案件数量。

（3）处理时间（Time to Disposition）评估的是一定类型案件从受案到处理完成所需要的时间。评估方法是：通过研究特定类型案件处理时间，从而统计出特定类型案件处理完成所需要的标准时间。然后将某一类型案件的实际处理时间与标准时间进行对比，从而得出评估结论。

（4）活动待定案件的拖延时间（Age of Active Pending Caseload）是指一个案件得到处理所需要的时间。评估方法是：依据总结出的特定类型案件的处理标准时间，对特定类型案件从立案到处理的时间用表格统计，从而计算出拖延时间。

（5）审判日期确定性（Trial Date Certainty）指标评估的也是审判效率的

[1] Van Duizend, Richard. Model Time Standards for State Trial Courts [R]. National Center for State Courts, 2011: 1-3.

问题，主要考察法院是否在预定的时间处理案件以及处理案件的效率。评估方法是：以法院的预定排期表为依据，考察预定时间内案件是否得到处理，以及处理的周期。

（6）司法文件的真实性和可信性（Reliability and Integrity of Court Files）指标评估的是法院处理法律文书的能力和效率，从而对法院处理问题的公正性和效率性进行评估。法律文书是法院处理问题的重要手段，需要多长时间检索到特定法律文书，法律文书的内容是否真实、可信和完整，是衡量法院公正性和效率性的一个重要标准。评估方法是：统计检索到特定法律文书的时间；将法律文书的内容与摘要和标题进行比对，从而判断法律文书的真实、可信和完整程度。

（7）赔偿金到位率（Collection of Monetary Penalties）指标是评估法院公信力的标准，法院执行到位的赔偿金可以让社会公众感知法院的权威和能力，从而增进司法机关的公信力。评估方法是：统计一定时间内的法院判决中确定的赔偿金总额，以及一定时间内得到执行的赔偿金总额，从而进行比较，计算比例。

（8）陪审员的有效使用率（Effective Use of Jurors）指标考察的是陪审员使用的有效性。评估方法是：统计实际尽职尽责地履行陪审员义务的人员数量，以及预期的履行陪审员义务的人员的数量，然后进行比对，计算比例，从而计算陪审员有效使用的比率。

（9）法院员工的满意度（Court Employee Satisfaction）指标主要评估法院员工对法院整体运行的满意程度以及对本职工作及上级负责人的满意程度。该指标的考核可以通过问卷调查的形式进行，可以设置若干问题，让法院员工如实回答，从而统计法院员工的满意程度。

（10）案件成本（Cost Per Case）指标评估的是案件的平均成本，考核的是投入和产出的比率以及法院是否有效利用司法资源。社会公众对司法资源的有效利用十分关心，低效率和司法资源浪费一直是美国法院系统面临的主要批评之一。提高效率和有效利用司法资源是法院提高社会公信力的重要手段。评估方法是：采用投入和产出比率进行计算，统计出一定时间内司法经费的投入，包括人员工资、设施设备采购、日常开销；再统计出一定时间内特定法院部门处理案件的总数量；然后计算出平均的案件成本。

法院评估工具体系制度能够被较多法院采用并成为较为成功的司法评估制度，原因可能在于以下方面：第一，简单明确的指标体系。该体系只有10个指标组成，高度概括了法院运行的基本特征，而且指标的含义十分明确和清晰。相比较于庞杂和含义模糊的评估体系，这套简单明确的指标体系更容易推行。第二，明确的评估指标和评估方法。该体系每一项指标都有明确的指向和清晰的目标，可以清楚地了解评估的目的。该体系也为指标的使用列明了清楚的使用方法和步骤，这样更有利于实践应用。相比较于指向不明确和评估方法不确定的体系，该体系更有利于实践操作。第三，该体系有配套的示范性时间标准体系。通过统计研究，该体系为特定类型案件确立了示范性的时间标准。示范性的标准可以作为评估的参考比较依据，这样更容易得出合理的评估结论。

法院审判行为标准体系、法院评估工具体系是以法院整体行为为评估对象的司法评估制度，美国的司法评估制度还包括以法官个人为评估对象的司法绩效评估制度。

司法绩效评估制度（Judicial Performance Evaluation，JPE）是伴随着美国州法官选任制度的演变而产生发展起来的。美国州法官最初是由州议会或州长任命的，州议会或州长拥有绝对的权力。为了限制议会对法院的控制，州法官的选任进入党派决定的阶段，19世纪时党派选举法官成为一个重要模式，这种模式又带有党派特权的弊端。20世纪初，去除党派属性由大众直接选举法官的模式成为主流。为了解决选民对法官能力的评价问题，法官考评制度随之产生。法官考评制度的雏形是1940年出现的“优绩甄选”制度，该制度的主要特点是：其一，由法律从业者与非法律从业者组成的提名委员会负责审查、筛选潜在的法官人选；其二，该委员会向民选主官（一般是州长或州首席大法官）出具一份2～5人的候选人名单，由后者从中挑选一人任命为法官；其三，被任命者通常有一年或两年的试用期，然后参加非竞争性的留任选举；选票只包含一个问题，即“某某法官应该留任吗”。只要赢得相对多数选民的支持，法官即可留任至整个任期结束；其后的任期也均采用非竞争性选举。[1] 这种制度的一个重要缺陷在于，留任选举中并不向公众披露法官任职期间的行为业绩，从而使得选民在选举中无客观标准可以参考。为了弥补这种缺陷，以公开法官任职期间行为业绩信息为主要特征的司法绩效评估制度被很多州所采用，并逐渐成为主要的司法评估制度。

司法绩效评估制度在发展过程中，形成很多共同特征：各州的法官考评制度虽不尽相同，但都旨在考察法官能否有效进行案件管理，是否按查明的事实与可适用的法律作出裁判，是否清晰地阐明裁判理由，审判时的言行举止是否恰当等；故从类型看，无一例外地均属于“过程导向”而非“结果导向”型评估，即重在考察法官处理案件的方式是否均衡、公正及高效，而非个案裁判结果是否有错或引起争议；为进行考评，各州均会设立一个由法官或由律师、法官及社会人士共同组成的考评委员会，人数在 7～30 人不等；为保证考评委员会的公允与中立，有些州规定每个政府部门只能任命一定数额的委员，且有任期限制。[2]

目前，司法绩效评估制度在美国已经被约 20 个州采用。司法绩效评估制度的评估对象是法官个人，该制度的一个重要功能是配合一些州所实行的法官选举制度并为选民提供信息，另一个重要功能在于法官个人能力的完善与提高。在一般意义上，对司法绩效评估制度的结构要素可以作出如下概括：第一，由一个评估委员会负责管理对法官的评估工作，该委员会由若干名不同种类的人员组成，注重人员的多元化。组成人员的身份主要有律师、法庭观察员、法院员工、陪审员、诉讼当事人、审判法院法官、上诉法院法官等。第二，对法官的评估主要采用一般性的标准。亚利桑那州的评估标准是：公正地、有道德地、统一地、迅速地和有效地审判案件；以正确地适用法律为依据进行决策和判断，远离个人偏见；发展和完善清晰易懂的规则，做出能够展示法律分析能力的决策；具备体面、谦虚和耐心的品行；富有效

[1][2] 陈杭平．在司法独立与司法责任之间——美国州法官考评制度之考察与评析［J］．当代法学，2015（5）．

率地对法庭进行管理。[1] 第三，获得评估数据和信息的方法主要有对受访者进行调查、观察员的法庭观察、法官的自我评估等。在亚利桑那州，评估委员会通过匿名调查获得主要的数据信息，受访者主要是在评估期间与被评估法官有过直接接触的人；调查要求受访者在正直、沟通能力、司法品行、管理能力等四个方面为法官打分，分数如下：优秀，4 分；很好，3 分；满意，2 分；较差，1 分；不能接受，0 分。[2]

（二）我国司法评估制度的产生和发展

我国实行的是单一制国家结构形式，法院体系是一个统一的系统，最高人民法院的司法改革措施对整个法院系统的制度构建有着决定性影响，就司法评估制度而言，整个法院系统呈现出较大的共同性。但是，我国的法院数量较多，各个法院在制度的实施时间上存在差异，在制度的具体内容上存在差异，因而司法评估制度在各个具体法院之间，可能会表现出一定的差异性。

1995 年实施的《法官法》确立了法官考核制度，根据该法规定：由人民法院对法官进行考核，注意考核法官的思想素质、业务水平以及工作实效；考核的时间可能是年终，也可能是平时。《人民法院五年改革纲要（1999～2003）》也提出将“在科学的法官管理制度下，造就一支高素质的法官队伍”[3] 作为司法改革的目标。在法律和政策的原则性指引下，许多地方法院陆续开展了法官考评的实践活动。后续的人民法院五年改革纲要，对法官考核制度也进行了细化和完善。表 1-1 列举了《法官法》和人民法院历次五年改革纲要确定的法官考核制度的具体规定，从中可以看出我国法官考核制度的框架结构。有研究表明：在被调研的 72 家法院中，有约 4% 的法院在 1993～1994 年实行了法官考核制度，有约 30% 的法院在 2005～2006 年

---

[1][2] Rebecca White Berch and Erin Norris Bass. Judicial Performance Review in Arizona: A Critical Assessment [J]. Arizona Law Review, 2014 (2).

[3] 人民法院五年改革纲要 [J]. 中华人民共和国最高人民法院公报，1999 (6).

实行了法官考核制度。❶

表 1-1 《法官法》和人民法院历次五年改革纲要确定的法官考核制度内容❷

法律法规	具体内容	规制方向
《法官法》	对法官的考核，应当客观公正，实行领导与群众相结合，平时考核与年度考核相结合	原则方式
	审判工作实绩，思想品德，审判业务与法学理论水平，工作态度和审判作风，重点考核审判工作实绩	考核内容
	考核结果作为对法官奖惩、培训、辞退以及调整等级和工资的依据	结果运用
“一五”改革纲要	强化合议庭和法官职责，建立审判长、独任审判员的审查、考核、选任制度	目的说明
“二五”改革纲要	改革法官考评制度，发挥法官考评委员会的作用，完善考评方法	指导方针
	根据法官职业特点和不同审判业务岗位的具体要求，科学设计考评项目，统一法官绩效考评的标准和程序	指标设计
	对法官考评结果进行合理利用	结果运用
“三五”改革纲要	建立健全以法官等人员绩效和分类管理为主要内容的岗位目标考核管理体系	目的重申
“四五”改革纲要	建立法官业绩评价体系和业绩档案	目的重申
	业绩档案应当以法官个人日常履职情况、办案数量、审判质量、司法技能、廉洁自律、外部评价等为主要内容	指标设计
	法官业绩评价应当作为法官任职、评先评优和晋职晋级的重要依据	结果运用

一般来讲，我国的法官考核制度在具体运行过程中，主要由考评主体、考评内容、考评程序、业绩档案、结果运用等制度要素组成。从考评主体上看，根据《法官法》的规定，人民法院设定考核委员会，负责法官的考核、培训和评议等工作；根据相关规定，法官考评委员会的设立，应当符合以下要求：法官考评委员会由法院院长、副院长组成，并吸收一定数量的审委会委员、资深法官参加；法官考评委员会设主任 1 人，副主任 1～2 人；法官

❶ 山东省东营市中级人民法院课题组．构建有中国特色的法官考评制度——关于法官考评制度与评价制度的调研［J］．法律适用，2007（12）．

❷ 孙伟．法官业绩评价制度的价值构建与体系补全［EB/OL］．［2019-12-21］．http：//tjfy. chinacourt. org/article/detail/2017/07/id/2918705. shtml.

考评委员会下设办公室及考评专业组。❶

从考评内容上看，一般分为德、能、勤、绩四个方面；德主要是指政治素养和职业道德，能主要是指法学理论水平、审判业务能力、开拓创新能力和写作能力，勤主要是指工作态度、勤奋敬业和出勤情况，绩主要是指工作数量、工作质量与效率和工作社会效果。❷

从考评程序上看，有些法院按照下列程序进行考核：考评开始后，以庭室为单位组织法官学习考评文件之后由法官个人进行总结；庭室其他法官对该法官的工作情况进行评议；庭室考核小组成员、庭室领导，根据前两阶段的情况进行级别的评定（优秀、合格、不合格）；政治部对初步结果进行审查后报院考核委员会复核批准并予以公示。❸

法官档案是互联网时代对法官考核采用的新的手段，法官档案一方面记录了法官的身份、学历、学术研究等个人信息情况，另一方面记载了法官的审判案件数量、案件上诉情况、二审案件的发回与改判情况、审判效率等业绩信息。法官档案主要具有以下功能：一是实现法官绩效的客观记录。法官档案包括法官的德、能、勤、绩，全面覆盖法官的审判业绩、科研成果、职业素养等各方面情况，是对法官绩效工作的全面记载，可以作为法官立功受奖、评优评先、晋职晋级的重要依据。二是实现法官绩效的日常反馈。依托信息科学技术，法官档案系统中涉及法官的案件流程数据可以实时抽取，法官在软件系统中填报的信息可以实时汇集。换句话说，法官每审结一个案件都可以在其专有的页面中实时呈现，每撰写一篇案例文档即可以上传到法官档案页面中供人查阅参考。他所付出的努力，得出的结果都可以通过法官档案的公开展示而得以反馈。三是实现法官绩效的目标预期。法官档案的各项内容构成法官绩效的基本元素，这些基本元素构成法官绩效考评的客观依据。通过这些基本元素，法官对绩效考评产生明确的预期，明晰考评的内容和现在的状态，以及要达成考评目标还需要如何努力。这些预期的明确，使

❶ 山东省东营市中级人民法院课题组．构建有中国特色的法官考评制度——关于法官考评制度与评价制度的调研［J］．法律适用，2007（12）．

❷❸ 王禄生．论现代型法官考评机制的建立——以四川省若干法院为实证依据［J］．理论与改革，2012（3）．

法官绩效考评有了清晰的导向。四是实现法官绩效的自我评估。每一个法官在法官档案系统都有单独的页面，而每一个页面都可以在法院内部自由查看。这也就意味着，每一个法官可以查看到其他法官的实时绩效情况。法官档案系统也制作了对比页面，支持双人和多人绩效指标数据的对比。通过浏览和对比其他法官的绩效情况，实现法官自身绩效的自我定位和自我评估。[1]

从管理学角度看，考评结果的恰当运用是重要的监督和约束机制。从考评结果的应用看，有些法院采取如下措施应用考评结果：考评中，被评为优秀和称职的法官具有晋职、晋级和晋升工资的资格；被评为基本称职的法官规定一年内不得晋升工资、不发给一次性年终奖和3个月的诫勉期；考评结果不称职的法官则不发给一次性年终奖金、降职，如果连续两年不称职予以辞退。[2]

在法律政策层面因素和实践层面因素的相互作用下，我国的法官考核制度逐步形成并不断完善。我国的法官考核制度带有如下一般性特征：第一，法官的考核主要由所在法院实施，属于内部考核，考核的主体一般包括庭室领导、政治部、监察室、研究室、院考核委员会和院党组等机构。[3]第二，对法官考核的标准一般在德、能、勤、绩等方面。德，主要是思想品德上的要求；能，主要是审判业务能力；勤，主要指工作上的认真和负责；绩，主要指审判工作的成绩和效果。[4] 第三，我国法官考核制度的主要目的是为法官奖惩、晋级等提供依据。

随着公共管理部门的绩效考核制度向司法领域的渗透，尤其是在一定程度上适应审判管理改革的需要，审判绩效考核制度日益受到我国法院的重视并成为具有代表性的制度。江苏省高级人民法院在2003年制定了《关于建立全省法院审判质量效率统一指标体系和考评机制的实施意见（试行）》

---

[1] 黄海锭．基于法官档案的法官绩效考评研究［EB/OL］.［2019-12-21］. http://www.gdcourts.gov.cn/web/content/37937-?lmdm=1041.

[2][3] 王禄生．论现代型法官考评机制的建立——以四川省若干法院为实证依据［J］. 理论与改革，2012（3）.

[4] 彭峻峰．法官考评制度研究［J］. 科技创业，2009（11）.

和《全省法院法官审判业绩考评管理实施办法（试行）》等制度改革文件，在江苏省法院系统实施审判绩效考核制度。重庆市高级人民法院在2003年制定了《重庆市基层人民法院工作目标年度考核办法（施行）》等文件，在重庆市基层法院系统开始实施以工作目标年度考核为形式的审判绩效考核制度。《人民法院第二个五年改革纲要（2004~2008）》将“建立科学、统一的审判质量和效率评估体系”“科学设计考评项目，完善考评方法，统一法官考评方法，统一法官绩效考评的标准和程序，并对法官考评结果进行合理利用”❶ 作为进一步司法改革的目标。在最高人民法院改革目标的指引下，更多的地方法院不同程度地实施了审判绩效考核制度。审判绩效考核制度具有如下一般特征：第一，审判绩效考核制度较多地受到公共管理部门实行的绩效评估制度思维方法的影响，公共管理部门的绩效评估方法强调有效地监督与控制雇员，审判绩效考核制度试图以法官个体为评估对象从而达到对法官有效管理的目的。第二，在评估标准上，主要采用指标的标准，强调指标体系的运用。开庭率、调解撤诉率、审结率、服判率、发回改判率等指标是常见的标准。❷ 第三，在评估方法上，主要采用量化评估的方法，根据指标进行打分并作为评估的主要依据。根据地方法院的具体考核方案：考核的基本分为100分，按照指标分别规定分值和考核要求，达到要求即获得该项分值，未达到要求则按照一定比例或数值扣分，各项指标得分之和就是考核得分。❸

我国司法评估制度的另一个典型制度是案件质量评估制度。最高人民法院于2008年发布《关于开展案件质量评估工作的指导意见（试行）》，初步建立起人民法院案件质量评估体系，统一了全国法院案件质量的评估方法和评价标准，有利于对全国法院的案件质量进行横向和纵向的全面比较，有

❶ 人民法院第二个五年改革纲要［J］. 中华人民共和国最高人民法院公报，2005（12）.

❷ 康宝奇. 法院审判工作量化管理研究——西安市两级法院审判管理指标体系的构建及其实践［J］. 人民司法，2006（2）.

❸ 陈忠，吴美来. 案件质量评估与审判绩效考核衔接机制研究——以重庆市法院实践为样本［J］. 法律适用，2014（3）.

利于找准提高审判质量的方向。同年，最高人民法院下发《关于开展人民法院案件质量评估试行工作的通知》，决定在全国各级人民法院开展评估试行工作，并确定北京、四川、福建、吉林、内蒙古、贵州等 11 家高级人民法院为案件质量评估重点试行单位。在试运行过程中，许多法院参照试行《关于开展案件质量评估工作的指导意见》中确定的评估方法和指标，并结合自身审判工作实际，制定了适用于本院或本辖区的评估或考核指标体系，通过开展各种形式的评估活动查找自身审判工作中存在的问题。案件质量评估体系在人民法院系统推进审判管理工作过程中产生了指引作用，评估活动对全国法院审判工作起到了有效的激励、引导和监督管理作用，为服务司法决策发挥了十分重要的作用。案件质量评估体系在运行过程中取得了较好效果，但也暴露出很多缺陷，应该随着形势的变化进行修正。在我国司法体制和审判工作改革逐渐深化的过程中，为使评估体系更加科学、合理，更好地发挥评估的导向性、实效性，2010 年 9 月最高人民法院启动了案件质量评估指标体系的修订工作，经过多次调研，在总结各地法院评估工作取得的成功经验，全面分析评估活动存在问题的基础上，对指标体系进行优化和升级。2011 年最高人民法院发布《关于开展案件质量评估工作的指导意见》，对已经试运行 3 年的人民法院案件质量评估指标体系做了完善。在《关于开展案件质量评估工作的指导意见》中，最高人民法院对案件质量评估体系进行了较大幅度的完善：为进一步加强审判管理，建立健全确保案件质量的长效机制，最高人民法院在总结试行经验的基础上，对案件质量评估指标体系进行全面的优化调整；调整后的评估指标共有 31 个，其中反映案件审判是否公正的指标如一审案件陪审率、生效案件改判发回重审率等 11 个，反映案件审判质量是否高效的指标如法定（正常）审限内结案率、结案均衡度等 10 个，反映案件审判是否取得良好法律与社会效果的指标如一审服判息诉率、调解案件申请执行率、公众满意度等 10 个；同时，根据这些指标的评价作用和导向功能，设置了不同的评价权重；进一步增强了案件质量评估指标的客观性、公正性、科学性和导向性，为全国法院进一步加强审判管理，为社

会各界全面了解、监督人民法院的审判、执行工作提供了有效依据。❶

我国司法系统实行的案件质量评估制度具有如下一般性特征：第一，从评估目标上看，案件质量评估制度的主要目标在于提高案件质量，具体地看是追求案件解决的公正性、效率性和效果性。该评估制度将案件质量的维度分解成公正性、效率性和效果性三个维度，并用若干具体指标来进一步细化。第二，这种评估制度主要以指标分析为评估标准，以数量分析为方法。案件质量评估指标体系由一级指标、二级指标和三级指标构成，指标之间是层层递进关系。❷ 下级指标是对上级指标的细化和说明。第三，这种评估制度的评估对象范围较宽泛，既包括法院整体，也包括业务部门和法官个人。从该制度的实际运行情况看，案件质量评估制度包括三个层次：最高人民法院负责全国法院的案件质量评估工作，高级人民法院负责中级人民法院和基层人民法院的案件质量评估工作，地方法院负责本院内部的案件质量评估工作。❸

在一些地方法院的司法实践中，由于最高人民法院在法院系统的核心地位和对地方法院的强大影响，案件质量评估制度和法官绩效审核制度产生了一定程度的混淆。重庆市高级人民法院 2012 年发布《中基层人民法院案件质量评估实施办法（试行）》，将案件质量评估工作在全市范围内推进下去；同年 3 月对年度法官审判绩效考评方法进行调整，将案件质量评估与审判绩效考核相互衔接，法官审判绩效的分值直接由案件质量评估指数按 100 : 42 的比例进行计算。❹ 最高人民法院《关于开展案件质量评估工作的指导意见》的影响力逐级由上至下直至渗透至基层人民法院和基层法官，产生强大的指挥棒效应。❺这就引发了如下问题：第一，以法院整体为评估对象的案件质量评估制度与以法官个人为评估对象的法官考核制度相混淆的问题。案件质量评估制度的主要对象应该是法院整

---

❶ 最高人民法院．最高人民法院正式发布案件质量评估工作指导意见［R/OL］.［2019-12-21］. http://www.court.gov.cn/zixun-xiangqing-2298.html.

❷ 张军．人民法院案件质量评估体系理解与适用［M］．北京：人民法院出版社，2011：28.

❸❺ 孙启福，吴美来．案件质量精细化管理的局限及其克服——以最高人民法院关于开展案件质量评估工作的指导意见为中心［J］．法律适用，2012（6）.

❹ 陈忠，吴美来．案件质量评估与审判绩效考核衔接机制研究——以重庆市法院实践为样本［J］．法律适用，2014（3）.

体，该体系的指标、方法等要素都是按照以法院整体为对象设计的。法官考评制度主要是考核法官个人的，其制度运行应该以法官个人考核为立足点。以法院整体为评估对象的评估制度和以法官个人为评估对象的评估制度，有着不同的运行规律，将二者混淆，不利于科学的司法评估制度的确立。第二，案件质量评估体系演变成对法官管理的行政化手段。有些地方法院将案件质量评估体系的指标层层分解，最后落实到法官个人身上，这是一种典型的行政化管理手段。司法评估制度是在司法领域采用的一种管理手段，其运行要注意遵循司法规律，这种管理手段与一般的行政管理手段存在很多不同。行政化的司法管理手段，也不利于科学的司法评估制度确定。

案件质量评估制度在实际运行过程中出现的问题，引发了理论界和实务界对该制度的争议和讨论。2014 年 12 月，最高人民法院党组研究决定：取消对全国各高级人民法院的考核排名；除依照法律规定保留审限内结案率等若干必要的约束性指标外，其他设定的评估指标一律作为统计分析的参考性指标，作为分析审判运行态势的数据参考；坚决杜绝以保证结案率为由，年底不受理案件的做法；各高级人民法院要按照最高人民法院的要求，取消本地区不合理的考核指标。[1] 案件质量评估制度的进一步发展和完善，仍然是我国司法体制改革面临的重要课题。

随着经济、政治和文化等因素的深入发展，我国的社会发展进入新时代，作为法治社会必要条件的司法体制改革以及综合配套改革也必然进入全新的阶段。习近平总书记在党的十九大报告中系统总结了新时代中国特色社会主义思想，并对司法体制改革以及综合配套改革提出要求。司法评估制度是司法体制综合配套改革的重要内容之一，在新时代司法体制改革的背景下，尤其是深化司法体制综合配套改革的背景下，研究司法评估制度的完善仍然是新时代的重要任务。

---

[1] 胡伟新．最高人民法院决定：取消对全国各高级人民法院考核排名［N］．人民法院报，2014-12-27（1）．

第二章　司法评估制度的内涵研究

司法评估制度是通过指标体系或一定标准对法院和法官个人，按照一定目标进行分析和评价的制度。司法评估制度是法院管理制度的重要组成内容之一，通过对司法运行情况的评估，达到法院管理的目的。司法评估制度的形成受到了公共管理学领域政府绩效评估理论的影响，借鉴了政府绩效评估制度的理念和方法，但是司法评估制度的建构必须以遵循司法规律为前提，这又导致司法评估制度与政府绩效管理制度的不同。

一、政府绩效评估理论简介

20 世纪 70 年代，西方许多国家出现政府管理改革的运动，并进而催生新公共管理理论。新公共管理理论借鉴了商业管理领域的管理方式和方法，要求加强对行政机关的监督，并强化行政机关的责任。新公共管理理论加强政府监管的一个重要方法就是政府绩效评估制度。

绩效是评价工作成果的要素，主要是指组织体对待特定工作目标，完成工作目标时候的工作表现，完成工作目标的结果情况，完成工作的成绩。政府绩效指的是政府组织为实现其目标而展现在执行、履行任务活动中的表现和完成情况以及由此取得的成绩和成就等，这些内容包含政府进行社会经济管理活动的结果、效益及其管理工作的效率、效能，是政府在行使其功能、实现其意志的过程中体现出的管理能力。❶ 学者蒋容认为，政府绩效评估就

---

❶ 魏丽丽．政府绩效评估的两个维度［J］．沈阳工业大学学报（社会科学版），2018（1）．

是“指根据政府管理的效率、能力、服务质量和社会公众满意度等方面的判断，对政府公共部门管理过程中的投入、产出、中期成果和最终成果所反映的绩效进行评定”。❶ 学者胡宁生认为，政府绩效评估是“对政府机构和组织、第三部门在公共管理中提供的公共产品和服务水平的评定”。❷

按照公共管理领域的绩效评估理论，政府绩效评估制度一般由评估活动的具体实施主体、评估指标、评估方法、结果反馈等要素构成。评估主体是指对政府绩效进行评估的实施者，一般可以划分为内部评估主体、外部评估主体、第三方评估主体等。有学者指出：我国的政府绩效评估主要是内部评估，缺少第三方评估和多元主体评估的研究及实践，直接造成行政主体与社会公众之间行政权与知情权、监督权的不对等，公众的需求在行政管理活动中被淡化甚至是被忽略，政府绩效评估定然存在一定的误差。❸ 评估指标是指政府绩效的基本构成要素和标准，代表了政府绩效评估的基本方向。有学者认为，无论哪种绩效评估都可以根据其运行过程区分为行政能力评估和行政效果评估；所谓政府行政能力，指的是政府将自己的行政目标转化为现实的能力；一般而言，政府行政目标基本上包含政治、经济、文化、社会、环境等一系列相关内容，各个国家根据政府与社会的关系在履行行政职能时会有不同的侧重点；在政府行政能力执行中，主要考虑处于一定组织架构中的个人实现组织定量工作任务的效率，其核心因素是人，所以政府行政能力评估的对象是人，并且在政府行政能力评估后，反馈的对象和改进的具体操作者仍然是人。对行政效果进行评估主要考虑采用一定的管理方法保证工作任务实现的效果；一般而言，可以从经济性评估、成本和效益评估、资源配置效率评估、规范性评估以及公平性评估等多个角度进行。❹ 从方法上看，政府绩效评估可以采用定性的评估方法，也可以采用定量的评估方法。定量的

---

❶ 蒋容．中国政府绩效评估现状及其完善［J］．黑河学刊，2003（5）．

❷ 胡宁生．公共部门绩效评估［M］．上海：复旦大学出版社，2008：5．

❸ 林俊，樊珍．中西方政府绩效评估比较研究［J］．现代商贸工业，2018（23）．

❹ 魏丽丽．政府绩效评估的两个维度［J］．沈阳工业大学学报（社会科学版），2018（1）．

评估方法应用得更为广泛，应用统计学数据分析方法和模型的研究越来越多。❶ 评估结果的反馈机制是指评估结果的公开、接受使用情况。在政府绩效评估制度运行中，比较注意强调评估结果的公开性，以及接受使用情况。如果评估结论处于秘密状态，不利于社会公众对政府行政行为的监督。如果评估结论的合理成分不能为政府进行相关制度完善时所接受和利用，评估工作的价值也就无从谈起。

二、司法评估制度的内涵界定

司法评估制度的理论形成受到政府绩效评估理论的影响，司法评估制度的运行也带有很多政府绩效评估制度的痕迹。司法评估制度的理论总结以及内涵界定，可以借鉴公共管理领域绩效评估理论成果，也要考虑司法评估制度的特殊性。

---

❶ 有学者认为，从测量理论出发，结合政府绩效测量与评估的特殊性，建构包括逻辑、生命周期、行动步骤和知识四个维度的政府绩效测量与评估方法体系，将有助于弥合理论与实践之间的距离，推动政府绩效测量与评估方法体系迈向成熟化、系统化和独立化。[曹堂哲．基于测量理论的政府绩效测量与评估的方法体系［J］．宜宾学院学报，2015（10）.] 有学者认为，利用数据包络分析（DEA）来建立我国地方政府的政绩考核体系是可行的，是促进地方政府推进政府效率和提高发展质量的重要动力，可以为推动我国经济结构转型和可持续发展提供重要的参考，也能够为政府公共管理行为提供可靠的数据分析服务和考评体系。[马小芳，谭奇．中国政府宏观管理绩效体系的重建和评估——基于 DEA 方法的政绩考核评估模型［J］．经济研究参考，2013（38）.] 有研究认为，在模型设置方面，由于用 DEA 模型对政府绩效进行评估时指标的设置不宜过多，在这种情况下，有两种选择：第一，选取几个具有代表性的投入产出指标进行分析；第二，选择完整的指标体系，但在分析时先使用基础统计分析方法对二级指标进行综合，对综合后的一级指标运用模型进行分析。这两个选择都存在不足：一是指标过于简化，分析不够完整；二是对政府绩效在时间上的演变进行分析时，动态权重的选取是亟须解决的问题。在政府服务效率测度上，一方面，传统 DEA 模型对松弛变量的分析有所欠缺；另一方面，没有办法确定效率的估计精度。因此，可以采用前人在该领域研究中未使用的 Bootstrap-DEA 模型作为测度政府公共服务效率的研究法，克服传统模式无法测量和估计精度的问题，以期能够更加科学地测度政府公共服务效率。[陶青．政府绩效评估的实证研究——基于 bootstrap-DEA 方法［D］．厦门：厦门大学，2014.]

司法评估制度的内涵和外延具有一定的不确定性，司法评估制度概念的界定容易引发歧义。有学者认为，司法评估制度往往涉及法官行为及素质、司法资源分配利用及对司法的评价、监督制约等领域；建立司法评估制度，可以充分反映及体现社会对司法的评价，可促进司法制度的合理化，更好地实现对司法的监督，防治司法腐败，确保司法公正。[1] 在此基础上，在司法评估制度的建构上进而指出：应该健全人民代表大会对法院、检察院工作报告审议制度；应该建立各级人大常务委员会司法监督的机制；应该建立律师评估司法的制度；应该建立当事人评估司法的制度；应该建立社会公众评估司法的制度。[2]

笔者认为，司法评估制度一般应该由如下核心要素组成：谁来评估（评估主体），评估什么（评估对象），为什么评估（评估目的），如何评估（评估方法）。在一定意义上，可以认为，司法评估制度是一定的评估主体，为了实现提高司法质量或司法绩效等目标，[3] 对法官个人或法院等对象，采用指标体系分析等定量或定性的方法，进行评价并实现科学管理的制度。根据评估主体的不同，司法评估制度可以分为内部评估制度和外部评估制度，在我国，内部评估主要涉及法院系统内部对法院和法官的评估，外部评估主要涉及同级人大和组织部门或社会公众对法院和法官的评估；根据评估目标的不同，司法评估制度可以分成案件质量效率评估、审判绩效评估、年终考核、法官晋升考核、目标管理考核、特定项目考核等制度。[4]

一般认为，司法评估制度具有如下特征：第一，司法评估制度是一种法院管理制度。司法评估制度是利用评估的方法对法院整体的运行以及法官个人行为进行评价与分析，从而进行监督和管理的制度。对法院的评估可以对法院整体运行进行优化协调，对法官个人的评估可以对法官个人行为进行监督与约束；这些方式都是重要的法院管理手段。第二，司法评估制度的主要目标是提高司法质量或司法绩效。公平和效率一般被认为是司

---

[1][2] 刘云亮．论司法评估制度的建立［J］．河北法学，2003（4）．

[3] 张军．人民法院案件质量评估体系理解与适用［M］．北京：人民法院出版社，2011：6．

[4] 陈艳．论人大对法官的考评和监督机制［J］．法制与社会，2008（6）．

法运行追求的主要价值，司法质量主要是指司法运行的程序和结果实现公平和效率价值的程度。司法绩效更多的是指法官个人在司法运行过程中为了实现特定目标的行为表现及其结果。司法质量和司法绩效内涵的确定和认定标准的确定可能会带来复杂性和争议，但是在研究司法规律的基础上，我们还是可以通过指标体系的方式较为合理地确定司法质量和司法绩效的内涵和认定标准。第三，司法评估制度可能会涉及不同的分类。最主要的一个分类是以法院为评估对象的司法评估制度和以法官为评估对象的司法评估制度。司法质量和效率的提高在一定的条件下，可能有赖于法院整体司法资源配置和分工的优化，以法院为评估对象的司法评估制度更侧重案件流程管理、司法资源配置、各部门的分工协调等以法院整体为单位的司法管理活动。以法官为评估对象的司法评估制度更侧重对法官个人的约束与管理，要求法官在特定的条件下承担责任。以法院为评估对象的司法评估制度和以法官为评估对象的司法评估制度的运行规律存在不同，对这两种制度宜作出区分。

一般认为，司法评估制度由如下构成要素组成：评估活动的具体实施主体、司法评估活动指向的对象、司法评估活动采用的标准、司法评估活动实现的目标等构成要素。对这些构成要素进行深入分析，有利于司法评估一般理论的构建。

（一）司法评估的主体

一般来讲，司法评估的主体是在评估活动中，具体推进评估活动的实施者。评估活动有组织者，也有实施者，有时候组织者和实施者可能是不同的人或组织。评估活动的组织者可能自己组织并实施评估活动，也可能将具体的评估工作委托给他人。在委托他人评估的情形下，可能或导致评估主体和评估组织者的不同，评估主体是具体实施评估活动的人。评估主体主要包括法院系统等内部评估主体，以及人大及常委会、律师、社会公众等外部评估主体。

法院系统及其机构实施的评估活动主要是一种内部评估。我国的案件质量评估制度、法官考评制度主要是法院系统自身实施的，属于一种内部评估活动。案件质量评估活动可能涉及地方法院自身的评估，也涉及上级法院对下级法院的评估，总体上属于法院系统内部的评估活动。法官考评一般由法官所在法院实施，也属于内部评估活动。内部评估活动在实际运行过程中虽然取得了一定的良好效果，但是存在不透明、自己评自己缺乏监督等弊端。

人大及常委会、律师、社会公众等主体实施的评估活动属于外部评估。各级人民代表大会作为权力机关对其选举产生的司法机关有监督的职权，各级人大可以实施司法评估活动对相应的司法机关进行监督。律师和社会公众作为外部评估主体，在司法评估活动中也发挥着越来越重要的作用。律师作为法律职业共同体，是司法运行中重要的监督主体。在我国司法评估制度的完善过程中，可以考虑鼓励律师更多地参与到司法评估活动中。司法运行的社会效果也是司法质量的一个重要内涵，在司法评估制度的完善过程中，也可以鼓励社会公众参与到司法评估活动中。外部的评估主体实施的评估活动，可能在结果的公正性、评估活动的透明性上更有保障。

（二）司法评估的方法

合适的评估方法的采用，是司法评估活动取得成效的关键。在公共管理领域绩效评估制度的形成过程中，统计学意义的数量化评估方法被广泛采用。受此趋势的影响，国内外司法评估制度运行的实践中，定量分析的方法被广泛采用。司法质量和司法绩效的评估标准较为复杂，完全采用数量化评估是一件十分困难的事情，定性的评估方法在司法评估制度中也不可或缺。当前很多国家司法资源处于较为紧张的状态，成本和效益的分析也成为司法运行质量的一个重要观察视角，经济性评估方法也逐渐成为司法评估运用的一个重要方法。

定量的评估方法注重数学方法的运用，用数据来分析评估对象的特征。定量的评估方法强调数量分析，它是在评估过程中对评估指标或者收集到的评估信息使用数量信息采集与统计的方法（特别是各种数学方法的使用），定量地对评估各个环节中的每一影响因素进行分析，研究各因素之间的数量关系，表示其间的数量变化和规律。[1] 一般来讲，定量的评估方法可以包括

---

[1] 数量化［EB/OL］.［2019-12-21］. http：//baike. baidu. com/view/8634140. html.

如下环节：数据的收集，数据的分析与图示，数据的验证与结论。数据的收集，在司法评估实践中可以采用问卷调查、访谈、信息管理系统中数据录入等方式完成，要注意样本的数量和代表性，从而保证数据的准确性。数据的分析与图示，指的是采用数学方法或统计方法，研究数据的规律，并用图示的形式表示出来。数据的验证与结论，主要是对数据进一步分析验证，并得出评估结论。

我国最高人民法院推进的案件质量评估制度，也很注意定量评估方法的运用。最高人民法院 2013 年 6 月发布的《人民法院案件质量评估指数编制办法》，强调数量化手段分析指标标准及相互关系，并指出：人民法院案件质量评估体系的实体部分主要是由指标体系、权数体系、指标的无量纲化方法、指数的合成方法构成；可以对指标的无量纲化方法和指数的合成方法这两个问题进行规定，即指标满意区间的确定和调整、三级指数的生成方法等内容主要是规定实现如何利用功效系数法对三级评估指标进行无量纲化，解决不同性质指标的可比性问题；二级指数和三级指数的合成方法等内容主要是规定如何利用加权算术平均法和加权几何平均法，将三级指数合成公正指数、效率指数、效果指数以及案件质量评估综合指数；指标满意区间（合理区间）的确定方法，即如何确定指标的满意值和不满意值，是应该重点解决的问题。❶ 美国的法院评估工具制度，在结案率、处理时间、拖延时间、审判日期确定性、赔偿金到位率等指标的分析上以及相关标准的确定上，都采用定量的评估方法。❷

定量的评估方法的优势是显而易见的：可以为评估分析提供客观的标准，尽量剔除主观因素带来的不确定性影响；可以提供评估结论的精确程度，数据可以指标的描述和指标的比较带来明确和确定的说明，从而提高评估结论的精确程度；数据分析的方法可以通过图示等形式进行展示，使评估结论更有说服力，也更容易被接受。在司法评估活动中使用定量的分析方

❶ 最高人民法院．最高人民法院印发案件质量评估指数编制办法［EB/OL］.［2019-12-21］. http://www.court.gov.cn/zixun-xiangqing-5460.html.

❷ NCSC. Reports from Courts［R/OL］.［2019-12-21］. http://www.courtools.org/Trial-Court-Performance-Measures/Reports-from-Courts.aspx.

法，也可能产生如下弊端：第一，司法权的运行有着特殊规律，办案数量、调解数量等数量指标的提高不代表质量的提高，司法质量和司法绩效有着更丰富的内涵，不能仅凭数量来衡量，其中的很多因素也不适合用数量描述。第二，对法官绩效的考评也不能简单地通过数量化指标来完成，而应该通过多角度和全方位的标准来进行合理评价。第三，数据能够带来直观的现象，对现象背后的规律的分析还需要借助其他手段来进行。由此可见，定量的评估方法虽然是一种重要的评估方法，但是富有成效的司法评估活动需要多种评估方法配合使用。

定性的评估方法主要是分析评估对象的内在特性，主要通过主观分析的方式评价对象的内在特性。一般认为，定性研究有两个不同的层次，一是没有或缺乏数量分析的纯定性研究，结论往往具有概括性和较浓的思辨色彩；二是建立在定量分析的基础上的、更高层次的定性研究；在实际研究中，定性研究与定量研究常配合使用，在进行定量研究之前，研究者需借助定性研究确定所要研究的现象的性质；在进行定量研究过程中，研究者又需借助定性研究确定现象发生质变的数量界限和引起质变的原因。[1]

在司法评估活动中，定性的评估方法可能主要应用在如下领域：第一，在对审判质量、公平性、社会效果等无法简单用数量描述的指标的分析中，需要采用定性的评估方法。司法领域是复杂的司法权运行领域，审判质量、公平性、社会效果等指标的分析无法简单通过数量描述获得合理结论，对这些指标的分析需要依靠主体的主观思维通过经验、常识、司法规律等因素进行判断。第二，对法官个人绩效的考评，可能更多地需要通过定性的评估方法来完成。法官个人的绩效不能简单地通过工作的数量来评定，而是需要通过多种视角的观察通过定性评估而确定。第三，在评估结论形成的环节，可能更多需要定性的分析方法。评估结论的形成来源于对各种数据资料和非数据资料的分析，要利用定性的方法分析数据资料背后的规律，要通过定性的综合分析得出最后结论。

---

[1] 定性研究方法［EB/OL］.［2019-12-21］. https：//baike. baidu. com/item/定性研究方法/5910756？fr=aladdin.

定性的评估方法在国内外司法评估实践中，多用于对法官的考核。美国的司法绩效评估制度强调对法官能力和素质的多角度评估，由律师、当事人、上诉法院法官等人员组成的评估委员会在对法官个人的审判能力、管理能力、品行等因素进行考察时，更多的是一个主观判断的过程，实际上应用的是定性评估的方法。我国的法官考评制度，在一些地方法院的实际运作过程中，在对法官的审判能力、道德修养等因素进行评估时，也较多使用了定性评估的方法。

经济性评估方法的应用，要求司法制度的运行遵循节约成本实现效益最大化的经济规律。资源配置上的效率原则要求优化资源配置，促进资源由低效率利用向高效率利用转变。无论是自然资源，还是人文资源，无论是属于经济基础范畴的资源，还是属于上层建筑范畴的资源，都要按照价值极大化的规律和原则进行配置。❶ 波斯纳在《法律的经济分析》一书中指出："经济分析法学为政府规制提供了基本的理论分析工具"，并进而认为，"法律程序在运作过程中会消耗大量经济资源，为了提高司法活动的经济效益，应当将最大限度地减少这种经济资源的职责作为法律程序评价的一项基本价值标准，并在具体的司法活动中实现用最少的经济投入，获得最大的司法效益和社会效益。"❷ 很多国家都面临司法资源紧张的问题，要求在司法体制运行中节约成本提高效益，这就使得经济性评估方法越来越成为重要的司法评估方法。

经济性评估方法的核心内容是成本收益的分析，将司法运行过程中的成本和收益进行比较。通常可以将司法运行投入的成本换算成货币数量，将司法运行的收益也尽量换算成货币数量，从而进行比较。在一定意义上，成本收益分析方法也属于定量的评估方法，具有客观、明确、可比较等优点。但是，成本收益的分析方法也不可避免地存在缺陷，在司法运行过程中，很多成本投入和收益产出要素是无法用货币单位计量的，甚至是无法数量化的。当然，尽量寻找可以替代的因素对无法计量的要素进行数量化、货币化，从而尽量扩大成本收益方法的适用范围。

---

❶ 张文显．法理学［M］．北京：高等教育出版社，2007：325.

❷ Posner. Economic Analysis of the Law［M］. Little Brown and Company，1986：6-8.

美国的法院评估工具制度的一个重要指标是案件成本，统计出一定部门的案件数量，再统计出该部门的办公用品、设施设备、人员工资等成本投入，计算每个案件的平均成本。司法效益当然不能简单地与案件数量等同，可能还要考虑司法质量、社会效果等因素；但是，案件成本的指标还是可以在一定程度上反映出司法成本投入和司法效益产出的关系。近些年，随着我国法治进程的不断深入，公民法律意识的不断提高，诉讼案件成爆炸式的增长状态，我国司法系统也面临司法资源较为紧张的问题。我国司法评估制度的完善，也要考虑经济性评估方法的采用，将节约成本、实现效益最大化作为司法运行的合理化标准之一。

（三）司法评估的指标

在司法评估的一般理论体系中，指标体系的构建是一个重要组成部分。一般性指标体系是司法评估过程中的通用标准，是司法质量和司法绩效在多个角度的体现。特殊性指标体系是针对特定的评估对象、特定的评估目标、特定的评估范围等要素而制定的评估标准。一般性指标体系是特殊性指标体系的原则指引，特殊性指标体系是一般性指标体系的具体化。一套科学的司法评估指标体系的确立是司法评估理论的深化，也为具体司法评估实践活动提供了明确目标；司法评估指标体系的研究具有重要意义。

从理论层面上看，司法评估指标体系的研究是评估理论的重要内容。科学的司法评估指标体系具有如下优点：第一，明确直观。指标体系较为全面地展示了影响司法质量和司法绩效的各种要素，既包括司法体系本身的因素，也包括社会系统对司法体系的影响因素。因此，指标体系以明确和直观的形式，将影响司法质量和司法效益的方方面面因素呈现在评估主体的视野中，使得评估主体能够有的放矢地开展评估活动。第二，客观性强。指标的评估值可以是定性的，也可以是定量的，但是指标的基本特性是尽量以客观的形式描述评估对象。这就将主观因素和偏见尽量排除到评估活动之外，使得评估结论更具有准确性和合理性。在公共管理学领域，指标体系被广泛地应用于政府绩效考核与评估，取得了良好的效果。由于起步较早，公共管理学领域的指标体系构建与应用研究积累了很多有益经验：第一，指标体系的应用既有优势性也有局限性。指标体系的优势性在于明确性与客观性。指标以明确的形式描述了评估对象的属性，这使得评估活动具有了明确的方向。指标也是一种客观性的评估工具，可以使得评估活动较少地受到主观偏见的影响。但是，指标也不是万能的，其只能在一定范围内应用，所以指标的应用也具有局限性。一般情况下，指标比较适合描述评估对象的客观属性，评估对象的某些特性并不能简单地用指标表现，这就决定了在某些领域指标使用的局限性。因此，在指标体系的设计过程中，要考虑指标的应用范围。第二，指标体系的设计与应用，既要注意一般性也要注意特殊性。一般性的指标主要是指具有广泛使用范围和适用对象的指标，这些指标主要描述评估对象的普遍特性。特殊性指标主要是指具有特殊适用范围和适用对象的指标，这些指标主要描述评估对象的特殊属性。在指标体系的设计过程中，可以设计一般性的指标体系，从而力求全面地反映评估对象的各种属性。但是一般性指标体系并不是一种僵化的指标体系，在具体的评估活动中，要考虑评估指标的特殊性，要根据评估范围的特殊性和评估对象的特殊性，对一般性指标进行取舍、修正和补充。公共管理学领域指标体系设计与应用的有益经验，可以被司法评估指标体系的研究所借鉴。学科知识的交汇与综合，对公共管理学评估理论的借鉴，可以使得司法评估指标体系的研究更加深化。

从实践层面上看，司法评估的指标体系是具体司法评估活动的指引。司法评估指标体系是司法质量和司法绩效影响因素的系统总结，对具体的司法评估活动具有指引作用：第一，指标体系系统地展示了具体评估活动开展的方向。在具体的评估活动中，可以根据指标进行工作规划并进行数据收集和数据分析，在指标指引下的评估工作更具有计划性、有序性和效率性。第二，指标的特性是影响具体评估活动特性的重要因素。具体的评估活动不可能是千篇一律的，各个司法机关的具体评估活动由于经费、评估对象、评估范围、评估主体等因素的不同而呈现出差异性。指标也是影响评估活动特性的一个重要因素，不同的评估活动会选择不同的评估指标作为评估的重点，这就使得具体评估活动从评估程序到评估方法等方面呈现出不同特性。

国内外的司法评估制度的确立，都将指标体系的构建作为主要内容。美国的法院审判行为标准体系包含五个主要基本指标，并由若干具体标准和准则构成，是一套庞杂的细化标准体系。五个基本评估指标分别是：正义实现程度，迅捷和及时程度，平等性、公正性和完整性程度，独立性和可解释性，社会信任程度。法院评估工具的体系共由10个主要的评估指标组成：便利性和公正性、结案率、处理时间、活动待定案件的拖延时间、审判日期确定性、司法文件的真实性和可信性、赔偿金到位率、陪审员的有效使用率、法院员工的满意度、案件成本；每一项指标都有明确的定义和计算方法。❶

我国的案件质量评估体系的指标共由三级指标组成，一级指标、二级指标、三级指标，层层递进和说明。审判公正的指标、审判效率的指标、审判效果等二级指标是用来说明和分析案件质量这个一级指标。若干三级指标用来分析和说明二级指标。

我国司法评估制度指标体系的构建，要考虑一般指标体系和特殊指标体系的结合。我国最高人民法院推进的案件质量评估指标体系主要属于一般性的指标体系，因为其所涵盖的是各个法院系统关于案件质量的最一般性标准，解决的是一般共性问题。我国司法评估制度的一般指标体系的构建，可以考虑以案件质量评估指标体系为框架基础，对案件质量评估指标体系进行优化与完善。在各个法院系统开展具体的司法评估活动中，还要考虑特别评估指标体系的构建。特别评估指标体系的构建，需要注意以下问题：第一，特别评估指标体系可能是一般指标体系针对特别领域和特别情况的取舍和具体化。针对不同的领域和情况，可以对一般性指标进行取舍，也可以对一般性指标进行具体化。第二，特别指标也可以是针对特定领域和特定问题的全新指标。司法运行领域涉及范围广泛，问题复杂，不可能整齐划一，可以针对具体问题灵活构建新的指标。司法评估的一般指标与特殊指标，反映了一般性和灵活性的关系。司法权的运行既有共性问题，也有个性问题，一般指标反映的是带有一般性的司法运行规律；特殊性指标反映的是特定领域、针对特定对象的特殊规律。

---

❶ Matthew Kleiman. Building a Better Understanding of Trial Court [J]. Justice System Journal, 2009 (3).

三、司法评估制度与政府绩效评估制度的区别

公共管理领域的政府绩效评估理论起步较早，理论和制度实践都比较成熟。司法评估制度的形成、制度构成、制度运行，都受到政府绩效评估理论的影响。司法评估制度的主要制度框架的建立、指标体系的设计、评估方法的运用，在很大程度上都借鉴了政府绩效评估制度的相关要素。但是，司法机关和行政机关属于不同领域，其权力运行规律和绩效的认定标准等因素都存在很大不同。司法评估制度的发展和成熟，必然要考虑和司法规律的协调，并展示出和政府绩效评估制度不同的特征。笔者认为司法评估制度和政府绩效评估制度存在如下差异。

第一，司法机关与行政机关组织结构上存在不同，决定了司法评估制度和政府绩效评估制度功能上的不同。行政机关的组织结构体系属于典型的科层制机构，指一种由训练有素的专业人员，以实现效率价值为主要目标，依照既定规则持续运作的行政管理体制。司法机关是行使司法权的国家机关，是国家机构的基本组成部分，是依法成立的行使相关国家职权的司法组织。司法机关组织体内部，并不是按照科层制建立起来的。不同的司法机关、司法机关内部的不同部门也存在管理关系，但是这种管理与行政管理存在不同。行政管理更注重上下级的命令与服从，司法管理更注重协调与优化。政府绩效评估制度作为一种行政管理手段，在功能上是一种硬性的行政命令手段；司法评估制度作为一种司法管理手段，是一种柔性的管理手段，在功能上侧重司法资源的优化与协调。

第二，司法绩效与行政绩效内涵的不同，决定了司法评估制度与政府绩效评估制度评估标准的不同。政府绩效的核心标准是效率，以效率为中心考核行政机关的工作数量和行为表现。这就决定了政府绩效评估制度以效率和工作量为核心标准。但是司法绩效在内涵上有着根本的不同，不能简单地将效率作为核心标准，甚至在某些领域，公正才是核心标准。这就决定了司法评估制度的评估标准更注重公正与效率价值的协调。

第三，法官与行政人员身份的不同，决定了司法评估制度与政府绩效评

估制度性质上的不同。行政人员是行政机关组织系统的组成人员，是以遵循行政命令，完成行政工作任务为职责。这就决定了对行政人员的管理是命令式的约束性的管理，这就决定了政府绩效评估制度本质上是一种命令式的约束性的管理方式。法官的身份是适用法律解决纠纷，为了追求公正的结果，独立行使审判权，不受外部系统的影响与干扰。这就决定了作为法官管理制度之一的司法评估制度，在性质上是一种协调司法责任与司法独立价值的手段。

第三章　我国司法评估制度的完善研究

我国的案件质量评估制度和法官考核制度在实际运行中取得了较好成效，但也遇到很多问题。案件质量评估制度和法官考核制度构成我国司法评估制度的主要框架，我国司法评估制度的完善宜在既有的制度框架中进行。案件质量评估制度与法官考核制度，由于评估目标的不同，应该进行必要的制度区分。针对案件质量评估制度和法官考核制度在实践中存在的问题，可以从评估主体、评估方法、评估指标等角度，对案件质量评估制度和法官考核制度作出完善。

一、司法评估制度完善的新时代司法体制改革背景分析

司法评估制度是司法体制改革综合配套制度之一，司法评估制度的完善应该在新时代司法体制改革制度框架下进行。习近平总书记在党的十九大报告中提出的新时代社会主义法治和司法体制改革思想，是司法评估制度完善的思想指引。

（一）司法评估制度完善的新时代司法体制改革制度背景

公正高效的司法制度是维护社会公平正义的必然选择，是全面依法治国的重要举措。在党中央的正确领导下，经过多年的努力，人民法院的司法体制改革取得阶段性成效，司法体制改革的总体框架基本形成，符合司法规律的制度机制逐步形成，司法质量效率和公信力持续提升，人民群众的对司法制度的满意程度不断提高。中国特色社会主义进入新时代，司法体制改革也

应该提升到新的高度。在党的十九大报告中，司法体制改革在新时期的任务得以明确：深化司法体制综合配套改革，全面落实司法责任制，努力让人民群众在每一个司法案件中感受到公平和正义。可见，深化司法体制综合配套改革已经成为新时代司法体制改革的重要内容。明确司法体制综合配套改革的制度框架并对相关制度进行研究具有重要意义。

在党中央的领导下，人民法院系统在司法体制综合配套改革上一直在进行积极探索。2017 年 8 月 29 日，中央全面深化改革领导小组第三十八次会议审议通过《关于上海市开展司法体制综合配套改革试点的框架意见》。结合司法体制综合配套改革实践以及《关于上海市开展司法体制综合配套改革试点的框架意见》，一般认为司法体制综合配套改革的制度框架可以包括如下方面：改革法官养成机制，优化司法权力配置，健全司法管理运行机制，发展多元纠纷解决机制，建立司法评估考核机制，培养法治文化理念。[1] 可见，司法评估制度是司法体制综合配套改革的重要内容之一。在新时代司法体制改革的背景下，尤其是深化司法体制综合配套改革的背景下，研究司法评估制度的完善具有重要意义。

（二）司法评估制度完善的新时代司法体制改革思想背景

在党的十九大报告中，新时代中国特色社会主义思想被提出和阐释，成为新时期的思想指南和行动指南。新时代中国特色社会主义思想内容十分丰富，是一个系统完整、逻辑严密、相互贯通的思想理论体系，社会主义法治理论是其重要的组成部分。新时代中国特色社会主义法治理论包含立法、司法、守法等法治运行的基本方面，既是建设中国特色法治社会的一般理论指引，也是完善具体法律制度、司法制度的实践要求。作为司法体制综合配套改革内容之一的司法评估制度的完善，应该在新时代中国特色社会主义思想，尤其是新时代中国特色社会主义法治理论的指引下进行。笔者认为，司法评估制度的完善，在思想指引上，应该考虑如下问题。

---

[1] 蒋惠岭．深化司法体制综合配套改革［EB/OL］．［2019－12－21］．https：//www.chinalaw.org.cn/Column/Column_View.aspx？ColumnID=1136&InfoID=25758.

第一，司法评估制度的完善，应该立足于中国国情，考虑中国司法体制的实际情况。习近平总书记在党的十九大报告中指出，全党要更加自觉地增强道路自信、理论自信、制度自信、文化自信，既不走封闭僵化的老路，也不走改旗易帜的邪路，保持政治定力，坚持实干兴邦，始终坚持和发展中国特色社会主义。四个自信的原则既是发展社会主义事业的总方针，也是具体制度改革实践的价值指引。司法评估制度的完善，可以适当借鉴域外发达国家和地区的有益经验，但更重要的是要考虑中国国情和司法体制的实际情况。注意适应中国的国情和文化，才能使得司法评估制度成为促进司法体制良性运行的配套制度。

第二，司法评估制度的完善，应该注重外部评价机制，考虑人民的需求。习近平总书记在党的十九大报告中指出，我国的社会主要矛盾已经转化为人民日益增长的美好生活需要和不平衡不充分的发展之间的矛盾。人民对公正高效的司法制度的需求，也是对美好生活的需要之一。在司法体制改革问题上，习近平指出，要努力让人民群众在每一个司法案件中感受到公平正义。司法评估制度作为一种司法监督机制，在制度设计上应该考虑外部评价机制，考虑人民群众对公正高效司法制度的需求。

第三，司法评估制度的完善，应该将落实司法责任制作为根本目标。在司法体制改革问题上，习近平总书记在党的十九大报告中指出，要深化司法体制综合配套改革，全面落实司法责任制。司法评估的制度设计在确定功能价值定位时，可能会遇到对立目标的矛盾冲突。笔者认为，在新时代司法体制改革背景下，司法评估制度的功能定位宜确定为落实司法责任制的综合配套改革制度。

二、我国司法评估制度完善的基本原则

国内外司法评估制度的理论研究成果以及司法评估制度实践运作经验，为司法评估制度进一步完善打下了基础。司法评估制度的完善，应该把握基本的价值取向，遵循基本的原则。我国司法评估制度的完善，可以遵循如下基本原则。

（1）立足于我国制度实践经验，适当借鉴国外相关制度合理成分。我国司法制度的运行，既有和国外相关制度相似性的一面，也有和国外相关制度差异性的一面。我国的社会主义政治体制、差异性的经济和文化背景，都决定了我国司法制度运行的中国特色。我国的案件质量评估制度、法官考评制度经过多年的发展，已经取得很多成功经验，为我国司法评估制度的进一步完善打下了基础。司法评估制度是技术性较强的司法制度，各国的司法评估制度也有很多共性的成分，主要表现在：司法质量和司法绩效的认定标准上的相似性，各国在对司法运行的基本价值目标上，存在较为一致的看法；评估方法的相似性，统计分析、数据分析等定量的评估方法，权威专家的评价等定性的分析方法，都是各国经常采用的主要评估方法；评估主体上的相似性，强调法院系统内部评估的基础上，引入律师、社会公众等外部评估主体，也逐渐成为各国司法评估制度构建的共识。因此，我国司法评估制度的完善，一方面要立足于我国国情，总结我国司法评估制度的运行经验；另一方面要研究域外的相关制度的成功经验，借鉴相关制度的合理成分。

（2）以现有司法评估制度框架为基础，注重优化与提升。司法评估制度是一项实践性很强的制度，良好的制度效果不仅取决于理论构建，还取决于制度运行实践中的优化与提升，这主要表现在：一项评估指标的设立，需要相关的配套机制配合，信息采集系统、人员的配备、恰当数据分析方法的采用都是相关配套机制的要素，一项指标能够真正起到约束和管理效果，很大程度上取决于配套机制的良好运行，需要在长期实践中不断地磨合、优化和提升，所以，在理论层面构建多少指标只是问题的一个方面，问题的主要方面是这些指标能够真正产生效果。哪些主体适合成为评估主体也是一个实践问题，律师、当事人、社会公众作为评估主体，其参与评估的动力、参与评估的效果都需要实践中检验和完善。评估方法的采用，也要注意实践性，不同的评估项目、不同的目的，可能要选择不同的评估方法。我国已经形成以案件质量评估制度和法官考评制度为主要框架的司法评估制度，并积累了很多有益经验。我国的司法评估制度完善，宜在现有制度的基础上，逐步优化提高。不顾实际情况的超前的理论构建，未必能起到良好效果。在实践中，对现有指标和方法反复检验、对配套机制反复优化、对评估效果反复比对，对我国司法评估制度的完善，更有意义。

（3）案件质量评估制度与法官考核制度，应区分为不同制度，不宜混淆。我国一些地方法院司法评估制度实践中，有将案件质量评估制度与法官考核制度混淆的趋势。最高人民法院推行的案件质量评估制度，被层层分解，最后分解成为法官个人绩效，将案件质量评估与法官个人考核混淆在一起。案件质量评估制度的制度设计应该将评估对象确定为法院整体，将评估目标明确为法院内部资源配置的优化与协调。法官考核制度的制度设计应该将评估对象确定为法官个人，将评估目标确定为法官个人绩效的提升。以法院整体为评估对象的案件质量评估制度与以法官个人为评估对象的法官考核制度，遵循不同的规律：案件质量不能等同于法官个人绩效，案件质量侧重公正价值、效率价值和社会效果的协调，法官绩效可能更侧重能力、道德、行为表现的协调。案件质量评估更侧重法院整体资源的分配与优化，从而提高整体质量和效率；法官个人考核更侧重法官个人素质的提升，从而在独立审判和司法责任中寻找平衡点。司法制度的运行，虽然法官个人是主体，但不是全部，司法运行机制还包括管理人员、管理机制、信息系统、案件流程机制等其他要素。司法运行机制的良好效果，一方面取决于高素质的法官个人，另一方面取决于司法体制各个构成要素的优化与协调。因此，案件质量评估制度作为提升法院整体资源优化配置的法院管理制度，法官考核制度作为提升法官个人素质的法院管理制度，应该遵循不同的运行规律；我国司法评估的制度框架结构中，应该将案件质量评估制度与法官考核制度，作为并列的制度，并作出区分。

三、我国案件质量评估制度的完善研究

我国最高人民法院在全国法院系统推行的案件质量评估体系，是一项加强审判管理、提高审判质量与效率的重要制度。该制度从实施以来，运行效果并不理想，并未很好地实现制度设计的目的。在理论领域，对该制度批评的声音较多；在实务领域，该制度也未得到法官们的认同。笔者认为，有必要对案件质量评估体系有关问题进行检讨与反思，优化案件质量评估体系，

从而使得该制度在审判管理中真正发挥作用。

2008 年，最高人民法院开始在部分法院系统试点案件质量评估体系的推行，并逐步在全国法院系统推广案件质量评估体系。实行 3 年后，在总结制度运行经验的基础上，2011 年最高人民法院正式发布案件质量评估体系，并在全国法院系统实施。

随着案件质量评估体系在全国法院系统的深入施行，很多深层次的问题也逐渐暴露出来。虽然案件质量评估体系在加强审判管理、提高审判效率等方面发挥了一定的积极作用，但是其总体运行效果并不理想。案件质量评估体系在实际运行中存在的问题可以概括如下：第一，对审判管理规律认识的不足，导致案件质量评估体系的目的和功能等基本价值取向问题，在实际运行过程中定位不准确。案件质量评估体系是一种审判管理手段，审判管理理论是其良好运行的基础。对审判管理规律的研究在我国刚刚起步，对审判管理与司法权的关系、审判管理的界限、审判管理的内容等理论问题，存在较大的分歧。审判管理基础理论的不足，在一定程度影响了案件质量评估体系的良好运行。第二，案件质量评估体系被许多法院不恰当地应用为对法官进行行政管理的手段。由于未能合理区分案件质量评估制度与法官绩效评估制度的界限，许多法院将案件质量评估体系作为对法官进行行政绩效评估的手段，使得案件质量评估体系的真正功能无法发挥；我国法院系统实行的是一套“数字化管理”为特征的，包括指标设定、指标考核和指标激励的基本同构化的绩效考评制度；❶ 案件质效评估与司法绩效考核联姻后的指挥棒效应，既加剧了审级关系行政化，又将审级关系的行政化转嫁至一个法院内部形成层级管理的高度行政化。❷ 第三，就案件质量评估体系本身而言，评估指标的设计、评估方法的选择等制度因素亦有许多不足之处，这也是制约案件质量评估体系良好运行的重要原因。

2014 年以后，案件质量评估体系进入调整阶段。2014 年 12 月，最高人

❶ 艾佳慧．中国法院绩效考评制度研究——“同构性”与“双轨性”的逻辑及其问题［J］．法制与社会发展，2008（5）．

❷ 重庆市高级人民法院课题组．审判管理制度转型研究［J］．中国法学，2014（4）．

民法院党组研究决定：取消对全国各高级人民法院的考核排名；除依照法律规定保留审限内结案率等若干必要的约束性指标外，其他设定的评估指标一律作为统计分析的参考性指标，作为分析审判运行态势的数据参考；坚决杜绝以保证结案率为由，年底不受理案件的做法；各高级人民法院要按照最高人民法院的要求，取消本地区不合理的考核指标。[1] 重庆市高级人民法院于2014年4月4日发布《重庆市中基层人民法院工作评估办法》及评估指标体系，重庆市高级人民法院将不再对中基层法院进行工作目标考核，对法院工作只评估不排名。[2] 江苏省徐州中院于2014年4月明确提出，暂停对市、区县两级法院以及一线法官的不符合审判规律的审判质效考评。[3]在最高人民法院决定的影响下，许多地方法院对案件质量评估体系的运行也都做出了相应调整。案件质量评估体系的去留存废以及如何发展，也就成为值得反思的问题。

最高人民法院取消对各高级人民法院的考核排名以及要求取消不合理的考核指标，并不意味着案件质量评估体系的失败，而是希望在尊重司法规律的基础上更好地优化和完善案件质量评估体系。最高人民法院发布的《人民法院第四个五年改革纲要（2014~2018）》仍然将完善案件质量评估体系作为重要的改革措施，将改革目标确定为：建立科学合理的案件质量评估体系；废止违反司法规律的考评指标和措施，取消任何形式的排名排序做法。[4] 深入研究案件质量评估体系的理论基础，厘清案件质量评估体系的功能与目标，界定案件质量评估体系的制度要素，从而对案件质量评估体系进行优化，具有重要意义。

（一）我国案件质量评估制度发展的困境

我国的案件质量评估制度在发展中存在不少缺陷，如何突破困境从而取

---

[1] 胡伟新．最高人民法院决定取消对全国各高级人民法院考核排名［N］．人民法院报，2014-12-27（1）．

[2][3] 陈玥辛．各省市高院排名取消能否终结“过分追求结案率”［N］．长江商报，2015-01-05．

[4] 周斌，葛晓阳．最高法发布四五改革纲要 涉及65项改革内容［EB/OL］．［2019-12-21］．http：//legal. people. com. cn/n/2015/0226/c188502-26600513. html.

得进一步发展值得深思。分析案件质量评估制度中存在的问题，总结案件质量评估制度发展的困境，是研究案件质量评估制度发展和完善的前提。

1. 评估主体过于单一

最高人民法院发布的《关于开展案件质量评估工作的指导意见》指出：最高人民法院案件质量评估工作由研究室负责，地方各级人民法院根据需要，可以设立或者相应管理机构负责；上级人民法院负责组织、指导下级人民法院的评估工作，可以对本院及本辖区法院的案件质量进行评估。[1] 根据该指导意见，案件质量评估制度主要在法院内部和法院系统内部进行，主要是法院系统内部的评估。从案件质量评估工作的实践看，案件质量评估主要由地方法院收集数据，分析评估数据，然后上报给上级法院，律师、当事人、社会公众等外部评估主体并未参与到评估活动中。

由法院系统主导案件质量评估工作，会带来自己评估自己的问题，在一定程度上会影响评估结果的公正性和真实性。在一些地方法院存在“年底不收案”的现象，实际上是为了提高结案率而采取的变通做法。一些地方法院将案件放入诉前调解中心蓄水池故意拖延立案，实际上是为了规避审限超期而采取的变通做法。基于趋利避害的天然特性，自己评估自己可能会影响评估工作的科学性。而且，案件质量评估制度指标体系中也设计了评估案件审判效果的“公众满意度”指标，该指标设计的目的是评估社会系统对法院工作的态度。很显然，这个指标的评估主体是当事人、律师和社会公众等外部评估主体；但是，在案件质量评估制度的实际运行中，当事人、律师、社会公众等外部评估主体并没有参与到评估活动中；“公众满意度”的指标在实践中流于形式，很少被使用。

2. 评估目标和评估对象模糊

评估目标是评估制度的价值指引，评估对象是评估制度运用的具体对象，一项切实有效的评估制度应该有清晰的评估目标和评估对象。最高人民法院发布的《关于开展案件质量评估工作的指导意见》指出：案件质量评

---

[1] 最高人民法院关于开展案件质量评估工作的指导意见［R/OL］.［2019-12-21］. https：//wenku. baidu. com/view/47c78969af1ffc4fff47ac07. html.

估是按照人民法院审判工作目的、功能、特点，设计若干反映审判公正、效率和效果各方面情况的评估指标，利用各种司法统计资料，运用多指标综合评价技术，建立案件质量评估的量化模型，计算案件质量综合指数，对全国各级人民法院案件质量进行整体评判与分析。[1] 从指导意见的规定上看，案件质量评估制度更强调对各级人民法院案件质量进行整体评估。而从案件质量评估制度的实践运行看，许多地方法院将案件质量评估的指标层层分解，最终转化为对法官个人绩效考核的标准。

从指导意见看，案件质量评估制度更倾向以法院整体为评估对象、以案件质量为评估目标；但是在许多地方法院的制度实践中，案件质量评估制度变形为以法官个人为评估对象、以法官个人绩效为评估指标。案件质量评估制度的下一步完善，应该明确评估目标和评估对象，从而纠正该制度在实际运行中产生的模糊与混乱。

评估对象和评估目标的不同，决定了评估制度运行原理的不同。案件质量的提高有赖于法官个人素质的提高，更有赖于法院整体资源的优化与整合以及法院整体管理水平的提高。而且，法官个人绩效的考核也不宜简单地以案件质量评估指标为标准，法官个人绩效的考核应追求更加科学的标准。

案件质量评估制度在评估对象和评估目标上的模糊，会影响案件质量评估制度的科学性和实际效果。明确的评估对象和评估目标，可以使得不同的评估制度按照不同的运行原理，在各自的领域产生积极效果。

3. 评估方法单一

最高人民法院发布的《关于开展案件质量评估工作的指导意见》指出：评估数据以审判流程管理、法律文书、统计台账、司法统计报表、纪检统计报表等审判和执行工作及其监督、管理活动中生成的信息为依据。[2]可见，从指导意见的规定看，定量的评估方法被确定为主要的评估方法。从各地法院的案件质量评估实践来看，量化评估也成为案件质量评估制度的主要

[1][2] 最高人民法院关于开展案件质量评估工作的指导意见［R/OL］.［2019-12-21］. https://wenku.baidu.com/view/47c78969af1ffc4fff47ac07.html.

内容。

量化的评估方法的使用范围值得反思。学者钱弘道等认为：量化法治是全球法治发展中的一种潮流，它既有助于改善投资环境，吸引外国投资，又有助于衡量本国法治发展水平，校准法治建设的局部目标定位。[1] 学者陈林林认为：量化法治并以法治指数诱导地方政府推进法治的构想，有将法治建设务虚化、简单化的倾向，它不外乎是利用专门术语来掩饰空洞的内容，看似专业，但实质多余甚至有害；因此，这种观点完全反对量化法治的实践。[2] 学者侯学宾、姚建宗认为：我们并不能否定量化法治对于当下中国法治建设的重大意义，而是要在量化法治的实践中，反思性地思考法治指数设计中的虚与实等相关的思想维度。[3] 笔者认为：案件质量的评估涉及多种价值的冲突，应该区分不同的领域和对象，有针对性地应用定量评估方法，从而扬长避短。

定量分析的方法能够以客观、明确的数据对评估对象进行描述，排除了主观不确定成分，使得评估结论更有说服力，也更容易被接受。但是定量分析的缺陷也十分明显：定量分析关注可操作性和目标的量化，坚持认为知识的发现要依靠归纳法，检验研究的结果所形成的假说、概念和理论要以“假设—演绎”的模式所需求的逻辑程序给以检验，[4] 在定量分析中，不能排除研究者会倾向采用某个特定的模型设置、操作定义或样本选取的方式，以导向符合自己意向的结论。[5] 在案件质量评估活动中，单一地采用定量评估方法，可能会引发下列问题：第一，案件质量是一个复杂的标准，反映案件质量标准的指标是多方面的，有的指标适合定量的评估方法，有的指标适合定性的评估方法，对于某些指标简单地、单一地用数据衡量并不准确和科学。

---

[1] 钱弘道，戈含锋，王朝霞，等．法治评估及其中国应用［J］．中国社会科学，2012（4）．

[2] 陈林林．法治指数中的认真与戏谑［J］．浙江社会科学，2013（6）．

[3] 侯学宾，姚建宗．中国法治指数设计的思想维度［J］．法律科学，2013（5）．

[4] 沃野．关于社会科学定量、定性研究的三个相关问题［J］．学术研究，2005（4）．

[5] 陈云松，吴晓刚．“复制性研究”：社会科学定量分析新趋势［J］．评价与管理，2012（4）．

第二，定量的评估方法的有效使用，有赖于数据采集和分析机制的有效运行。目前我国法院系统已经建立案件流程管理系统，从而采集数据用于司法统计。但是，案件流程管理系统也存在局限性，目前也处于优化和完善过程中。过分地依赖案件流程管理系统中的数据，得出的评估结论未必科学。

定量的评估方法作为案件质量评估的一种重要方法，在案件质量评估中将会扮演越来越重要的作用。但是，较为单一地采用定量评估的方法未必是科学的制度设计。案件质量评估制度的有效运行将有赖于定量评估方法、定性评估方法等多种评估方法的协调应用。

4. 评估指标设计不合理

评估指标是评估制度的核心成分，科学合理的指标设计是确立有效评估制度的关键。我国的案件质量评估制度的评估指标体系存在如下问题：第一，指标体系过于庞杂，指标的内涵以及指标之间的关系含混不清。我国的案件质量评估指标体系由三级指标组成，由案件质量的标准分解成 31 个具体指标。案件质量评估指标体系的设计是希望尽可能全面地涵盖司法制度运行中的方方面面，对整个司法制度进行全面细致的评测。这种设计的初衷是良好的，但带来了指标体系庞杂、指标之间关系不清晰等问题。每一个指标的应用都需要配套的数据采集、分析等机制，如果配套机制跟不上，过多的指标设计只能停留在纸面上的理想状态，无法产生实际效果。第二，部分指标的设计不合理，无法反映出评估对象的真实性质。表 3-1 列举的是广西壮族自治区高级人民法院（以下简称广西高院）关于发改率的评估指标：广西壮族自治区法院系统根据自身情况，对最高人民法院制定的案件质量评估体系进行了一定程度的改造，取消了“案件质量综合指数”一级指标，让公正指标、效率指标、效果指标各司其职，不再有轻重之分；公正指标中个别指标有增减变化，“一审判决案件改判发回重审率”拆解为“上诉改判率”和“上诉发回重审率”，以指标数据的“合理区间值”代替“权数”。❶广西高院将“发改率”作为案件质量评估的一个重要指标，如表 3-1 所示

❶ 郑肖肖．案件质量评估的实证检视与功能回归——以发回重审率、改判率等指标为切入点探讨［J］．法律适用，2014（1）．

发改率与案件质量呈现出负相关的关系，发改率越高则反映出的案件质量越差。这种逻辑关联实际上相当不合理，发改率越高并不能完全说明案件质量越差。造成案件发改的原因可能是多方面的：有可能是一审判决认定事实或适用法律错误，也有可能是发现了新证据，更有可能是一审法官和二审法官自由裁量的标准不同。在发现新证据的情况下或者一审法官和二审法官观点不同的情况下，一审案件被发回重审或改判，不能说明一审判决质量差。案件质量评估体系中类似的指标设计还是存在的，不合理的指标设计会影响案件质量评估的实际效果。

表 3-1　广西高院关于发改率的评估指标❶

指标	功能	公式	方向	上限	下限
上诉改判率	说明一审判决质量	上诉案件改判数/一审案件结案数	-	2. 50%	1. 80%
上诉发回率		上诉案件发回重审率/一审案件结案数	-	1. 25%	1%
二审改判率	反映二审法院纠错能力	二审改判数/二审结案数	+	17%	12%
二审发回重审率		二审发回重审数/二审结案数	+	6%	4%
对下级法院生效案件提起再审率	反映上级法院纠错能力	对下级法院生效案件提起再审数/对下级法院生效案件再审结案数	+		
对下级法院生效案件再审改判发回重审率		对下级法院生效案件再审改判数/对下级法院生效案件再审结案数			
生效案件改判率	说明生效案件质量	再审案件改判数/生效案件总数	-	0. 15%	0. 09%
生效案件发回重审率		再审案件发回重审数/生效案件总数	-	0. 07%	0. 04%

图 3-1 列举了 2010~2014 年我国法院系统审结案件的数量，图 3-2 列举了案件质量评估情况，图 3-3 列举了人民法院一审上诉发改情况，图 3-4 列举了人民法院生效案件发改情况，图 3-5 列举了人民法院调解和撤诉情

❶ 郑肖肖．案件质量评估的实证检视与功能回归——以发回重审率、改判率等指标为切入点探讨［J］．法律适用，2014（1）．

况；从司法统计结果看，案件质量评估体系的主要指标呈现出良好的发展态势。但是，一些指标无法反映评估对象的真实性质。我国法院的审判质量总体上呈现良好的态势，但是也存在很多需要解决的问题。案件质量评估体系主要是以提高审判质量为目的，以法院整体为对象，评价法院整体的案件质量和效率；然而一些地方法院将一些案件质量评估指标，作为考核法官的绩效标准，使得案件质量评估指标成为对法官个人进行监督管理类的工具；片面地追求排名和数量化考核，也扭曲了案件质量评估体系的基本目的。❶ 长期以来，全国各级法院涉诉信访数量一直居高不下；社会各界对法院审判工作的质疑声不绝于耳，对法官的批评指责日趋增多；民众与法官的对立情绪日渐高涨，网络上的热点案件和涉法涉诉舆情不断增多。❷ 表面上亮丽的数据图表与现实中存在问题的反差，使得我们不得不思考指标设计的合理性。

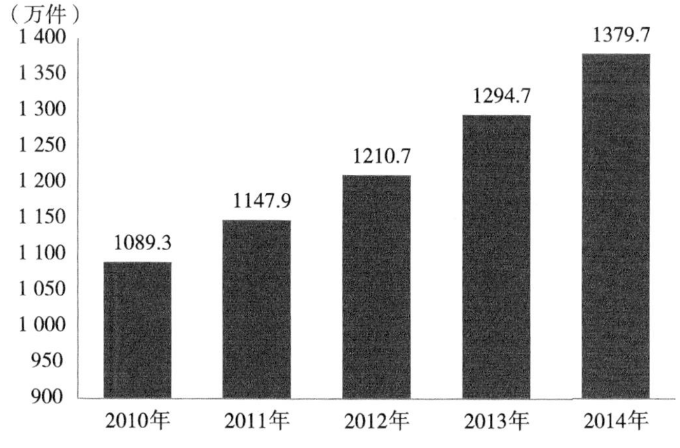

图 3-1　人民法院审结案件数量❸

❶ 严戈，袁春湘 .2014 年全国法院案件质量评估分析报告 [J]. 人民司法，2015（9）.

❷ 史乃兴 . 司法公正评价机制的审视与健全 [J]. 人民司法，2014（5）.

❸ 严戈，袁春湘 .2014 年全国法院案件质量评估分析报告 [J]. 人民司法，2015（9）.

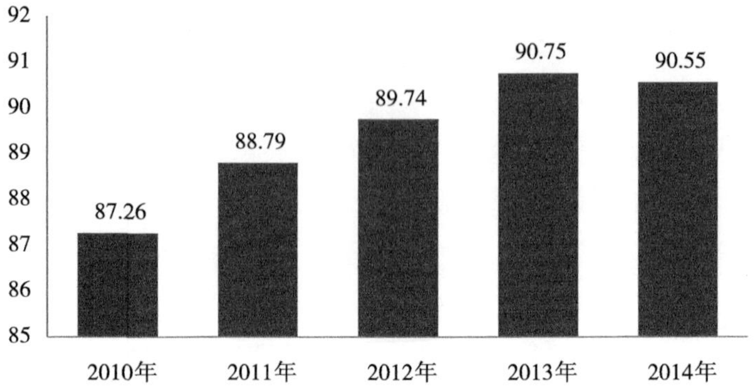

图 3-2　人民法院案件质量评估指数❶

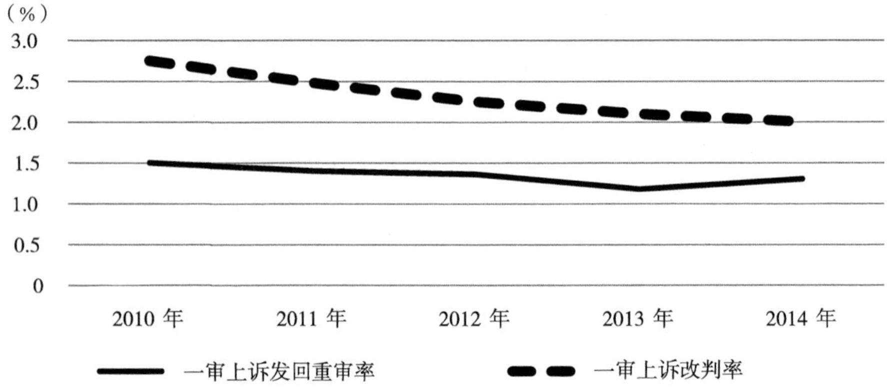

图 3-3　人民法院一审上诉发改情况❷

❶❷ 严戈，袁春湘 .2014 年全国法院案件质量评估分析报告［J］. 人民司法，2015（9）.

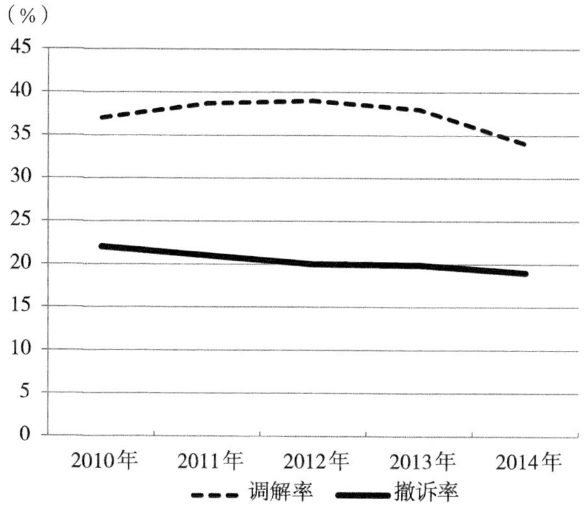

图 3-4 人民法院生效案件发改情况❶

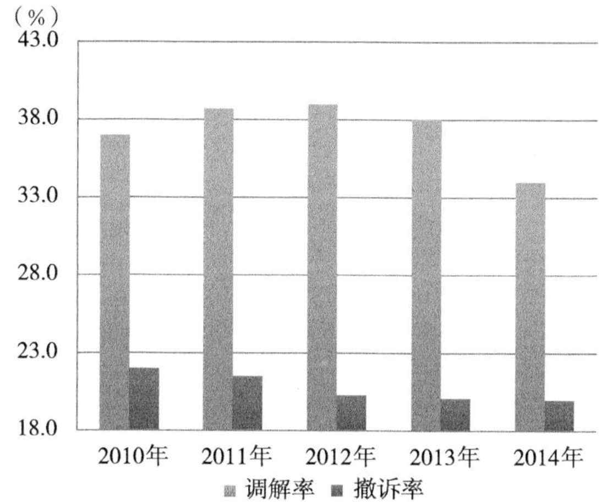

图 3-5 人民法院调解、撤诉情况❷

科学合理的评估指标应是这样的状态：指标间保持着逻辑联系，互不冲突；各个指标都精细准确，能够客观反映真实审判情况；指标数据形成有机

❶❷ 严戈，袁春湘 .2014 年全国法院案件质量评估分析报告［J］. 人民司法，2015（9）.

联系，全面、完整地勾勒出整体案件质量。[1] 目前的案件质量评估指标体系还没有达到这样的状态，庞杂的指标体系使得指标之间关系不清晰，内涵不确定的指标带来使用上的障碍，指向不明确的指标使得评估结果失真，这些问题都会影响案件质量评估的实际效果。

一个真正有价值的指标，往往有赖于实践中的不断检验和修正，依赖于配套评估机制的不断成熟。如果指标的设计仅仅停留在纸面上的理想状态，不考虑实践中的应用效果，这种设计的思路是不合理的。我国的案件质量评估制度刚刚起步，相关的数据采集和分析机制以及其他的配套机制也不是十分成熟。在这种情况下，指标体系的建构不宜十分庞杂，而是应该把重点放在如何设计出切实有效的指标。切实有效的指标应该具备这样的条件：清晰的内涵，明确的评估目的，合适的评估方法和评估机制。因而，要注意在实践中不断检验和修正指标，使得指标的内涵不断明确，使得配套的评估机制不断完善，这样才会设计出有实际价值的指标。

（二）我国案件质量评估制度的完善策略

最高人民法院推进的案件质量评估制度，是我国司法评估制度的重要制度之一。在总结案件质量评估制度实际运行中存在的问题的基础上，立足我国国情，适当借鉴域外相关制度的合理成分，研究案件质量评估制度的完善策略，具有重要意义。

1. 明确评估对象和评估目标

最高人民法院发布的《关于开展案件质量评估工作的指导意见》确定的案件质量评估制度的评估对象是：在遵循审判规律的基础上，通过若干反映审判质量、审判效率的指标，采用一定的方法和数据分析技术，对人民法院的整体案件质量情况进行评估分析。可见，案件质量评估制度在对象确定上强调对各级人民法院进行整体分析。

案件质量评估制度在实际运行过程中，很多地方法院将案件质量评估指

[1] 郑肖肖．案件质量评估的实证检视与功能回归——以发回重审率、改判率等指标为切入点探讨［J］．法律适用，2014（1）．

标层层分解成考核法官个人绩效的标准，混淆了法院整体评估与法官个人评估。针对这一问题，有必要在案件质量评估制度的理论层面和实践层面，都进一步明确案件质量评估的对象是法院整体而非法官个人。也就是说，案件质量的提高，取决于法院整体资源的优化与配置，这主要表现在：案件质量评估体系设计一系列反映审判公正的指标，这些指标体现出的审判公正情况，主要取决于法院整体的优化与协调，而不是仅仅取决于法官个人；案件质量评估体系设计出一系列反映审判效率的指标，这些指标反映出的审判效率情况，主要取决于法院案件流程管理水平的提高、法院整体的配合与协调，而不是仅仅取决于法官个人的努力；同样，案件质量评估体系也设计了若干反映审判效果的指标，这些指标体现出的审判效果情况，也取决于法院整体资源的优化配置。因而，案件质量评估制度的价值指引是促进法院整体管理水平的提升，促进法院整体资源的优化和配置，从法院整体上提升案件质量。

由此，案件质量评估制度的评估目标也应该明确为提升法院整体管理水平，而不是对法官个人的行政管理手段。在案件质量评估运行的实践中，一些地方法院将案件质量评估指标作为约束法官个人的行政管理手段，这种趋势也应该予以纠正。案件质量评估的目标主要还是从法院整体资源有效配置出发，优化资源协调，提升整体管理水平。如果案件质量评估制度异化为一种行政管理手段，将会引发如下问题：第一，违背司法规律，影响法官独立审判。法官独立审判是司法公正的重要基石，过多的行政管理无疑会为法官的独立判断设置障碍。第二，片面追求数字指标，影响审判权有效运行。法官也有趋利避害的天性，行政化的管理手段，会使得法官倾向于追求表面化数字指标，而轻视背后的审判质量。第三，极限施压，挫伤法官积极性。从我国目前的实际情况看，许多法院都面临司法资源紧张的局面，案件数量爆发式增长，法官高负荷地工作。如果不顾及实际情况，以行政化手段极限施压，非但不会调动法官的工作积极性，反而会产生负面影响。

美国对法院整体进行评估的制度有审判法院行为标准体系、法院评估工具制度，对法官个人评估的制度有法官绩效评估制度。从美国的司法评估制度看，其区分了法院评估和法官个人评估，通过两套原理不同、方法不同的制度，对法院和法官进行评估。这一点值得我国司法评估制度在完善过程中加以借鉴。对法院评估与对法官评估，应该遵循不同的评估规律，两种评估制度应该有所区分。案件质量评估制度的评估对象应该明确为法院整体而不是法官个人，案件质量评估制度的目标应该是提升法院整体管理水平与优化法院整体资源配置，而不是对法官个人进行行政管理。

2. 引入外部评估主体

在我国案件质量评估制度的运行实践中，案件质量评估活动主要在法院系统内部开展，以内部评估为主，外部评估主体较少参与到评估活动中。我国案件质量评估制度的完善，要考虑确立多元化的主体结构，注意引入外部评估主体。

学者卓越认为：评估主体多元结构是保证公共部门绩效评估有效性的一个基本原则，这是因为，任何一个业已确定的评估主体都有自身的评估角度，有不可替代的比较优势，同时，具有特定身份的评估主体亦有自身难以克服的评估局限；公共部门绩效评估主体结构至少应该包括综合评估组织、直管领导、行政相对人、评估对象自身以及其他一些相关评估组织等。[1] 公共管理领域的绩效评估主体构建理论的合理成分可以借鉴到司法评估领域。法院自己对自己评估，难免带来评估局限；让人大、当事人、律师、社会公众等外部评估主体参与评估活动，会大大提高司法评估活动的科学性。

各级人大及其常委会作为权力机关，对司法机关具有监督职能。也有理论和制度实践强调权力机关的个案监督。当然，人大常委会是否有权进行个案监督，如何协调人大监督与司法独立的关系仍然值得进一步讨论。将人大对司法机关的监督职能与司法评估制度结合起来，让人大成为案件质量评估的主体是没有问题的。最高人民法院印发的《最高人民法院关于开展案件质量评估工作的指导意见》也规定：评估公众满意度，可以根据需要由各级法院组织或者委托民间调查机构对人大代表、政协委员、廉政（形象）监督员和当事人及其代理（辩护）律师、社会公众进行问卷调查

[1] 卓越．公共部门绩效评估的主体建构［J］．中国行政管理，2004（5）．

收集。未来的案件质量评估制度完善的一个重要内容是设计在保证司法独立前提下，各级人大及其常委会如何作为外部评估主体参与到案件质量评估活动中。

当事人是案件的具体利害关系人，也是亲身经历过司法程序的人。当事人和法院的关系是一个值得讨论的话题。美国的法院行为标准体系、法院评估工具体系等评估制度，将当事人看作接受法院服务的人，要求法院为当事人设置便利的设施、提供便捷的服务，并保证审判结果的公正。例如，美国审判法院行为标准体系设计了接近正义的指标，主要以当事人为主体，考察司法系统对正义价值的实现程度；并从当事人的视角出发设计了系列标准：（1）考察法院的物质设施配置情况是否达到标准。法院的运行要达到便利性标准，当事人需要获得法院服务时，要能够便利地启动法律程序并获得法院服务。法院向当事人开放的时间、法院为当事人配备的设施，法院配备设施的性能都要满足便利性标准。法院的设施要达到相应标准，座椅的配备要满足尺寸的要求，扬声器的配备要满足音量标准，证人席的设置要达到相应标准。法院的物质设施要满足安全标准，法院环境和设施要达到保证当事人安全的程度。（2）考察法院的远程服务设备是否达到标准。法院要配备电话、传真、邮寄、电子邮件等远程服务机制，从而满足法院利用人的需求。法院服务的提供要考虑当事人多样化的文化要求，美国是文化多元化的国家，利用法院服务的人可能有多样化的文化要求。法院服务的提供，要达到满足多样化的文化要求的程度。（3）考察法院服务是否考虑到了地域和距离的要求。获得法院服务的人，有可能提出交通费、地域特征、距离远近、地域法律冲突等地域方面的要求。法院服务要满足地域标准，因地制宜。（4）考察法院是否设置了当事人交流与反馈的机制：当事人和法院进行必要的交流，提出意见并希望获得反馈。法院服务提供要考虑交流上的要求，配置相应的意见提出以及反馈机制。中国的司法制度与美国的司法制度可能存在社会和文化背景的差异，美国司法评估制度的相关理念也未必完全适合中国司法评估制度。但是，当事人作为亲身经历法院审判的主体，将当事人的视角作为案件质量评估制度设计标准之一，将当事人作为外部评估主体逐渐引入案件质量评估，应该是合适的完善策略。

在我国案件质量评估制度的完善中，可以考虑逐步加大律师参与的程度，将律师作为外部评估主体，引入案件质量评估活动。在美国的司法评估制度发展过程中，律师和律师协会扮演了重要角色，律师作为评估主体也广泛地参与到司法评估活动中。改革开放以来，律师在我国从无到有，数量不断壮大，在我国法治建设中也发挥了重要作用。关于律师的角色定位，司法部前部长张军提出了“律师是法官的朋友的观点”，并认为：尽管律师在法庭上以不同意见提出辩护主张，有时候在法官判断之外，给法官审理带来一定的压力，但正是这种作用促进了司法公正；我们的司法机关对律师依法执业高度重视，这些年来不断为律师执业提供各种便利。[1] 随着律师制度的成熟，律师在我国的法治化进程中，将扮演越来越重要的角色。律师作为评估主体参与评估活动有如下积极意义：第一，律师作为法律专业人士，了解法律知识，熟悉法律程序，对司法制度的运行更容易提出权威意见。律师作为个体可以发表意见：可以是本人代理案件相关的意见和观点，也可以是对司法制度运行其他环节的观点和主张。律师协会作为集体组织也可以发表意见：可以对司法制度和司法体制的完善提出合理建议和改进措施。第二，在一定场合，律师可以处于法官的对立面，提出不同的意见和主张。在对个案的裁判结果上，在法律意见的表达上，律师都有可能站在法官的对立面提出相反的意见；这就对法官和法院形成一种约束和压力机制。这种约束和压力机制对案件质量的提高，能起到积极影响。

社会公众也是重要的司法评估主体，应该逐步扩大社会公众对案件质量评估活动的参与程度。司法为民的理念已经成为我国司法制度运行的基本原则之一，也成为我国司法体制改革的重要价值指引。司法为民理念的内涵是：人民法院既是国家的审判机关，也是群众工作部门，人民法官既是司法工作者，也是群众工作者；司法为民是执政为民思想在司法审判工作中的要求，也是党和人民对人民法院的要求和希望，是人民法院工作的基本出发点

---

[1] 周斌．律师是法官检察官警察的朋友［EB/OL］．［2019－12－21］．http：//news. youth. cn/jsxw/201703/t20170313_ 9278142. htm.

和归宿；司法工作应坚持司法为民的宗旨，坚持人民利益高于一切，通过全部司法活动，实现好、维护好、发展好最广大人民的根本利益，做到司法亲民、司法便民、司法利民，赢得民心，让人民群众深切感受到亲民之声、便民之举、惠民之实、护民之德，真正实现法律效果与社会效果的统一。[1] 可见，人民的利益、社会公众的满意度是衡量案件质量的重要标准，社会公众是重要的外部司法评估主体。美国的审判法院行为标准体系设置了社会公信度指标，用来评价社会公众对司法机关的意见。这一指标的使用，主要目的是提高社会公众对司法机关的评价和监督。美国的审判法院行为标准体系对社会公众的范围也作了较为宽泛的界定，社会公众可以包括法律专业人士、案件的各方主体、需要法院服务的个人或团体，甚至包括与案件没有利害关系的普通公众。我国的案件质量评估制度可以考虑在如下方面引入社会公众作为评估主体：第一，对社会满意度进行评估时，需要社会公众参与。我国的案件质量评估体系设置了社会满意度指标，但是在实践中，地方法院很少实际使用该指标。应该加强该指标的应用，吸引社会公众参与评估。第二，对司法运行其他环节进行评估时，也可以考虑逐步引入社会公众作为评估主体，发表观点和意见。

3. 注意定性和定量评估方法的协调使用

我国的案件质量评估体系依托于案件流程管理系统采集数据、分析数据，较多地采用了定量评估的方法。定量的评估方法具有准确、清晰、客观等优点，但也存在使用范围有限、僵化、无法体现差异化等缺陷。我国的案件质量评估制度在发展过程中，应该逐渐加大定性评估方法的使用范围，注意定性评估方法与定量评估方法的协调使用。

定性评估方法的使用范围应该逐步扩大，从而增加案件质量评估制度的科学性。（1）推进定性评估指标的使用。案件质量评估体系共有 31 个三级指标：这 31 个三级指标分别用来解释和说明审判质量、审判效率、审判效果这些二级指标，三级指标是二级指标的细化，二级指标和三级指

[1] 姜蕾．浅析基层人民法院如何践行司法为民［EB/OL］．［2019－12－21］．https：//www.chinacourt.org/article/detail/2013/04/id/938417.shtml.

标是层层递进的关系。这些指标从设计目的上看，可以分成定量评估的指标和定性评估的指标。从一般意义上看，这 31 个指标除了公众满意度、裁判文书评分这两个指标属于定性评估的指标外，其他指标都属于定量评估的指标。从案件质量评估制度运行的实践看，公众满意度、裁判文书评分这两个指标很少被地方法院采用。案件质量评估制度的完善，应该推进定性评估指标的使用，加大定性评估方法的应用。(2) 定量评估指标在使用过程中，可以结合定性评估的方法，从而使得评估结论更准确。一些定量评估指标使用数据分析评估对象的性质，只能部分反映评估对象的性质，还需要通过进一步的定性分析，全面和准确把握评估对象特性。上诉发改率指标是一个典型的数量指标，但是不分析发改原因的数据无法真实反映一审案件的质量。上诉发改率的使用可以通过两个步骤，结合定量方法和定性方法进行使用：首先采用定量方法统计被发改的案件数量，其次采用定性的方法对发改原因进行分析，分为一审认定事实和适用法律错误、发现新证据、一审、二审法官自由裁量的法律意见不同等原因，从而科学评价一审案件质量。一审服判息诉率和上诉率也主要是定量化的指标，也要注意用定性的方法进一步分析。首先通过数据计算一审服判息诉率和上诉率，其次进行定性分析服判息诉的原因和上诉的原因，不能简单地以上诉案件的数量衡量审判质量。(3) 二级指标的分析可以较多地适用定性评估的方法。案件质量评估体系的三级指标是用来说明审判公正、审判效率、审判效果三个二级指标的。在三级指标综合分析的基础上评价二级指标时，应该注意较多适用定性分析的方法。定性分析数量指标背后的情况，对审判公正、审判效率、审判效果进行科学界定。

案件质量评估过程中，可以采用的具体定性评估方法包括：第一，问卷调查法。问卷法是目前国内外社会调查中较为广泛使用的一种方法。问卷是指为统计和调查所用的、以设问的方式表述问题的表格。问卷法就是研究者利用这种控制式的测量对所研究的问题进行度量，从而收集到可靠的资料的一种方法。问卷法大多用邮寄、个别分送或集体分发等多种方式发送问卷。由调查者按照表格所问来填写答案。案件质量评估的过程中，可以向当事人、律师、法官和社会公众等对象，发放调查问卷，然后进行统计分析。我国的一些法院已经开始尝试使用这种方法，在具体案件的处理过程中，在寄送传票等材料时，同时给当事人寄出调查意见的问卷，让当事人填写。这种方法可以在完善后，进行推广使用。第二，访谈法。访谈，就是研究性交谈，是以口头形式，根据被询问者的答复收集客观的、不带偏见的事实材料，以准确地说明样本所代表的总体的一种方式。尤其是在研究比较复杂的问题时需要向不同类型的人了解不同类型的材料。案件质量评估的过程中可以采用访谈方法，对特定对象进行调查和分析，可以对律师、当事人、社会公众等对象进行访谈，收集相关意见。第三，其他方法。很多法院有法律咨询、判后解释、庭长和院长接待等机制，这些机制在一定程度上也可以成为案件质量评估收集信息的有效途径。

总体上看，案件质量评估体系的设计较为重视定量评估方法的使用，其指标设计多为数量化指标。而反映案件质量的要素是复杂和多方面的，有很多因素无法也不适合量化，需要进行必要的定性分析。虽然定性分析方法的使用存在成本较高、操作困难等问题，但是定性方法是达成科学结论的必要途径，在案件质量评估中，应该逐步推广。

4. 优化评估指标体系

指标体系是案件质量评估制度的核心内容，建立一套内涵清晰、指向明确、功能合理的指标体系，对于推进案件质量评估制度的发展具有重要意义。

（1）指标体系优化的基本原则。

案件质量评估指标体系的优化应该遵循一般的价值指引和基本原则，把握基本方向。下列基本原则可以作为指标体系优化的基本价值指引。

第一，适当性原则。司法运行领域是各种要素交互作用的领域，各种复杂的因素都会影响审判质量和审判效率。如果在设计指标体系时，把所有要素都考虑进来，将会形成杂乱无章的指标体系。另外，反映审判质量的很多关键因素，在价值指引上本身就处于矛盾的对立面，有可能要根据经济社会发展状况，进行取舍。因此，确立案件质量评估指标时，要考虑适当性的原则，根据实际条件，选择指标。首先，根据现实的社会发展条件进行适当性选择。决定审判质量的关键价值可能是随着现实的经济和社会条件而变化的，不同的社会发展阶段，可能有不同的取舍。审判公平和司法效率的重要性，可能随着现实条件的发展而变化。其次，评估指标体系的建构，要考虑现有的技术条件。司法机关收集数据、分析数据要依赖一定的技术设备和技术条件。要根据现有的技术条件，适当地选择指标才会产生良好的效果。不顾现实技术条件的指标，可能无法产生实效。目前案件质量评估制度很大程度上依赖于法院的案件流程管理系统，案件流程管理系统的实际技术完善情况，会制约案件质量评估的效果。第二，灵活性原则。案件质量评估指标体系，带有一般指标体系的特征，是一套最大程度上反映案件质量的一般标准。案件质量评估指标体系不应该是一个相对封闭的体系，而应该是一个相对灵活和发展的指标系统。地方法院在具体的案件质量评估活动中，可以根据评估对象、评估方案、评估目标的不同，对指标进行灵活取舍，也可以发展具体和特殊的指标，从而提升具体评估活动的实际效果。第三，可行性原则。指标的设计要考虑现实的可行性，现实条件中要有配套的数据采集机制和数据分析机制，也就是说该指标有使用的可能性。如果不考虑现实的可行性，设计出来的指标也是空中楼阁，没有现实意义。要对我国的司法体制现状有所了解，立足于我国国情进行研究。要对经费预算有所了解，立足于现实方案进行研究。要对数据采集分析机制和评估主体参与的积极性等条件进行了解，这样才更有针对性。也就是说，指标的设计不能仅仅停留在纸面上，要考虑其实际应用后的效果。

（2）明确指标体系评估目的，优化指标体系结构。

表3-2列举的是案件质量评估指标体系的全部三级指标，表3-3列举的是地方法院使用较多的指标。案件质量评估指标在实际运行中存在的一个很大问题是：很多地方法院将案件质量指标分解成考核法官绩效的标准，通过排名方式使得案件质量指标异化为对法官的行政管理手段。2014年12月，最高人民法院党组研究决定：取消对全国各高级人民法院的考核排名；除依照法律规定保留审限内结案率等若干必要的约束性指标外，其他设定的评估指标一律作为统计分析的参考性指标，作为分析审判运行态势的数据参考；坚决杜绝以保证结案率为由，年底不受理案件的做法；各高级人民法院要按照

最高人民法院的要求，取消本地区不合理的考核指标。❶ 最高人民法院的决定反映出以下信息：案件质量评估指标不是一种对法官行政管理的手段，而是一种侧重对法院整体资源协调的管理手段。

表 3-2　案件质量评估指标

一级指标	二级指标	三级指标
案件质量	审判公正	立案变更率、一审案件陪审率、一审判决案件改判发回重审率（错误）、二审改判发回重审率（错误）、二审开庭审理率、对下级法院生效案件提起再审率、生效案件改判发回重审率、对下级法院生效案件再审改判发回重审率、再审审查询问（听证）率、司法赔偿率、裁判文书评分
	审判效率	法定期限内立案率、一审简易程序适用率、当庭裁判率、法定（正常）审限内结案率、平均审理时间指数、平均执行时间指数、延长审限未结比、结案均衡度、法院年人均结案数、法官年人均结案数
	审判效果	一审服判息诉率、调解率、撤诉率、实际执行率、执行标的到位率、裁判自动履行率、调解案件申请执行率、再审审查率、信访投诉率、公众满意度

表 3-3　地方法院使用较多的指标❷

指　标	使用指标的地方法院
法定审限内结案率	重庆、福建、甘肃、广西、贵州、海南、河南、辽宁、宁夏、青海、天津、西藏、新疆、云南、福建、吉林、北京
生效裁判服判息诉率	重庆、贵州、辽宁、宁夏、陕西、上海、四川、天津、西藏、新疆、云南、浙江、内蒙古、福建、安徽
法院调解、撤诉率	重庆、湖北、江苏、山西、陕西、西藏、云南
简易程序适用率	贵州、河北、山西、上海、天津、西藏
一审息诉服判率	上海、西藏、河南、福建
一审裁判改判发回重审率	重庆、贵州、内蒙古

根据最高人民法院的决定精神，案件质量评估指标体系的评估目的应该进一步明确。笔者认为，案件质量评估指标体系的评估目的应该明确为：通过统计

❶ 胡伟新．最高人民法院决定：取消对全国各高级人民法院考核排名［N］．人民法院报，2014-12-27（1）．

❷ 主要依据 2014 年和 2015 年调研资料进行分析和统计。

分析，对法院整体资源进行协调管理，从而提高审判质量。对该评估目的可以通过如下问题进一步分析：第一，法院管理强调的是法院系统的协调和资源的整合，从而更好地提高审判质量和审判效率。这种管理方式与行政管理方式不同，行政管理更多强调的是层级制的强制管理，法院管理更多的是强调协调与整合。第二，对法官的管理更应该注意司法独立与司法责任的平衡。司法独立是司法制度的基本价值，但是法官独立审判并不意味着不承担责任。这种责任绝不是简单的行政管理责任，对法官的简单行政管理手段，有可能违背司法规律。第三，审判质量与审判效率的提高，在一定程度上，依赖于法院整体资源的协调、案件流程管理水平的提高，并不仅仅取决于办案法官的个人努力。通过对办案法官个人极限施压的方式来提高审判质量和审判效率，有时会起到相反的效果。

最高人民法院区分约束性指标与参考性指标的原则是合理的，指标体系结构的优化可以按照这种分类方式来优化。约束性指标主要是依法对法院进行管理的指标，民事诉讼法等法律规定是司法制度运行的基本标准，法定标准宜确定为强制性标准。参考性指标不是强制性标准，主要是根据司法审判经验总结出的优化标准，这些标准可以让司法制度的运行更加合理化。按照案件质量评估指标体系的目标，应侧重法院整体资源的协调与整合，参考性指标比例应该较高，约束性指标比例应该较低。对指标体系的指标经过梳理后，笔者认为：可以将法定期限内立案率、法定审限内结案率确定为约束性指标；其余的指标确定为参考性指标，如表3-4所示。这主要是因为：立案时间和审限都是民事诉讼法等法律规定的强制性标准，必须严格遵守。而其他的指标应该是根据司法经验确定的最优标准，起到示范性和参考性作用。

表3-4　案件质量评估指标体系结构

指标体系结构	
约束性指标	参考性指标
法定期限内立案率、法定（正常）审限内结案率	立案变更率、一审案件陪审率、一审判决案件改判发回重审率（错误）、二审改判发回重审率（错误）、二审开庭审理率、对下级法院生效案件提起再审率、生效案件改判发回重审率、对下级法院生效案件再审改判发回重审率、再审审查询问（听证）率、司法赔偿率、裁判文书评分、一审简易程序适用率、当庭裁判率、平均审理时间指数、平均执行时间指数、延长审限未结比、结案均衡度、法院年人均结案数、法官年人均结案数、一审服判息诉率、调解率、撤诉率、实际执行率、执行标的到位率、裁判自动履行率、调解案件申请执行率、再审审查率、信访投诉率、公众满意度

（3）完善指标使用的配套机制。

一项指标如果能在实践中产生效果，还要有配套的机制。这些配套机制主要包括如下方面。①计算方法：评估指标要有明确的内涵，计算方法也是明确内涵的一部分，如何对数据进行分析和计算，应该明确。②使用步骤和流程：评估对象如何确定，如何收集数据，如何分析数据，应该明确。③参考标准：对于主要指标，要根据司法审判经验总结参考标准，参考标准的总结十分重要，因为参考标准是评估的基本参照物。所以，对指标体系优化的一个很重要的工作内容就是要完善相关指标使用的配套机制，这是指标产生良好效果的基础。

美国国家州法院中心在建构法院评估工具体系时，十分重视配套的计算方法、评估步骤和参考标准的确立。美国国家州法院中心为了推广法院评估工具指标体系，专门设计了配套的指南。该指南主要内容包括：界定主要指标的内涵，详细阐明计算方法，详细阐明评估步骤。美国国家州法院中心还花费数年时间，通过不同类型案件审判流程的分析，总结了一套案件处理流程关键环节的参考标准，为法院评估工具指标的推广打下基础。明确和确定的配套机制有着重要意义：统一的计算方法和评估步骤，可以使得指标的内涵更清晰和明确，从而使得不同地区的评估结果更有可比性。统一的参考标准是案件审判流程各个环节的最优标准，依据这一标准使用指标，可以得出更准确的评估结论。

以往的案件质量评估指标体系研究，比较注重指标体系的设计与构建。指标体系的确是一项重要工作，但是指标配套机制的完善与研究也十分重要，应该成为以后案件质量评估指标体系研究的重要内容。指标体系配套机制研究的主要内容有两个方面：①为主要指标构建参考标准。主要是为一些数量型和时间型的指标构建数量和时间标准。主要区分不同的案件类型，研究大量的样本，根据不同地区的特点和司法审判经验，构建标准，参考标准往往是司法运行过程中的最合理标准。这样就为数量型和时间性的指标评估建构了标准体系。②为主要指标研究制订评估流程和方案，为地方法院使用该指标建立指南。这样的话，各地法院可以在统一的流程下使用该指标，评估结果也更有可比性。表 3-5 是笔者设计的主要指标所需要的参考标准；表 3-6 是主要指标的评估方案。

表 3-5　主要指标所需要的参考标准

主要指标	参考标准
法定审限结案率	婚姻、房产、合同、继承、交通事故等主要类型案件的审限内结案的数量标准比例
调解率、撤诉率	婚姻、房产、合同、继承、交通事故等主要类型案件的调解、撤诉、结案数量标准比例
一审简易程序适用率	婚姻、房产、合同、继承、交通事故等主要类型案件适用简易程序数量标准比例
平均审理时间指数	婚姻、房产、合同、继承、交通事故等主要类型案件的审理标准时间
平均执行时间指数	婚姻、房产、合同、继承、交通事故等主要类型案件的执行标准时间
一审服判息诉率	婚姻、房产、合同、继承、交通事故等主要类型案件的上诉数量标准

表 3-6　主要指标的评估方案

指　标	评估方案
公众满意度	1. 评估对象选择：50% 涉诉当事人，50% 普通社会公众。 2. 问卷设计： 涉诉当事人回答的主要问题包括是否胜诉，裁判结果是否公正，法院的设施设备是否便利，在法院是否受到平等对待，在法院是否受到公正对待，对办案法官的工作是否满意，对法院的司法工作是否满意，对司法制度的总体评价。 普通民众回答的主要问题包括是否关注热点案件，法院是否会依法判案，司法机关是否是公平和正义的最后保障，对法院的司法工作是否满意，对司法制度的总体评价。 3. 问卷发放：书面邮寄，互联网访问，微信公众号形式发放。 4. 问卷的收集和分析
裁判文书评分	1. 选取一定地区法院一定时间的一定数量的民事裁判文书为样本。 2. 评分标准：说理性占 85%，其他要素占 15%。 3. 构建说理性评估指标：表 3-7、表 3-8、表 3-9、表 3-10 是笔者设计的评估指标

表 3-7　民事裁判文书说理性指标及内涵

指标与内涵	指标	含　义
民事裁判文书说理性	完整性	是否具备基本的说理构成要素
	充分性	1. 从数量上看说理是否充分； 2. 从质量上看说理是否充分
	合适性	1. 不同法律文书说理性的合适程度； 2. 适用简易程序和普通程序等不同法律程序的裁判文书说理性合适程度； 3. 说理构成要素所占比例的合适程度

表 3-8　民事裁判文书说理的完整性指标

构成要素			含　义
民事裁判文书说理的完整性	事实	原告主张的事实描述	明确原告的诉讼请求
			原告主张的事实与理由概述
		被告主张的事实描述	被告答辩意见概述
		证据的分析与认定	证据交换与质证描述
			当事人无争议证据确定
		法院认定的事实与理由	有争议的证据与事实描述
			法院认定的事实
			事实认定的理由
	理由	裁判依据	法律文件名称及其条款内容
		裁判结论	明确裁判结论
		裁判理由	规范要求与事实要件之间的涵摄关系论证

表 3-9　民事裁判文书说理的合适性指标

构成要素			含　义	比例要求
民事裁判文书说理的合适性	事实	原告主张的事实描述	明确原告的诉讼请求	比例不宜过大
			原告主张的事实与理由概述	
		被告主张的事实描述	被告答辩意见概述	比例不宜过大
		证据的分析与认定	证据交换与质证描述	比例适中
			当事人无争议证据确定	
		法院认定的事实与理由	有争议的证据与事实描述	比例不宜过低
			法院认定的事实	
			事实认定的理由	
	理由	裁判依据	法律文件名称及其条款内容	比例不宜过低
		裁判结论	明确裁判结论	
		裁判理由	规范要求与事实要件之间的涵摄关系论证	

表 3-10　民事裁判文书说理的充分性指标

<table>
<tr><th colspan="2">构成要素</th><th>数　量</th><th>质　量</th></tr>
<tr><td rowspan="2">民事裁判文书说理的充分性</td><td>事实认定理由</td><td>1. 满足一定字数要求；
2. 多个争点应该分段认定</td><td>1. 争议事实认定应准确；
2. 理由阐述逻辑清晰、论证合理</td></tr>
<tr><td>裁判理由</td><td>1. 满足一定字数要求；
2. 裁判依据充分列举</td><td>涵摄关系论证理由逻辑清晰、结论合理</td></tr>
</table>

（4）适当引入有效指标。

美国的司法评估制度起步较早，发展较为成熟，一些指标在实践中反复使用，效果较好。我国案件质量评估指标体系的完善，可以考虑适当引入下列效果较好的指标。

①待处理案件的拖延时间。

我国很多法院处于案件量较大的忙碌状态，案件被接受以后，直至立案和处理，往往被拖延很多时间，这很大程度上影响了效率目标。为了了解和反映这方面的情况，可以用待处理案件的拖延时间这一指标评估相关情况。

待处理案件拖延时间主要是指一个案件被法院接收后到处理时被拖延的天数，可以确定一个案件被法院接受的时间，可以确定评估时间，这样的话就能反映出案件被拖延的时间。被拖延的案件是潜在的案件，这些潜在案件被拖延的时间过长将会影响审判效率。我们可以为特定案件建立时间标准，也就是说，按照婚姻、合同、房产、交通事故、继承等案件类型通过统计资料和司法经验确定处理时间标准。待定案件拖延时间可以和特定类型案件的处理标准时间进行比较，如果该案件拖延时间接近或者超过标准时间，就找到了需要解决的问题方向。

该指标的具体使用步骤：首先按照案件类型列举清单，一个类型的案件接收后，标记时间；其次统计该案件被拖延的时间；最后和该类型案件的标准时间进行对比。

我国案件质量评估体系中的法定审限内结案率、平均审理时间指数、延长审限未结比等指标也是评估审限问题的，但是这些指标都是从正面评估超过审限的案件数量和比例，无法反映出未超过审限案件的拖延时间。待处理案件拖延时间能够从案件处理的标准时间角度，反映出审判效率。

②案件成本。

目前，世界上许多国家面临司法资源紧张的问题，如何节约资源实现效益最大化成为被关心的问题。经济理性的思考，也成为司法制度运行的合理性标准之一。如何在司法领域计算投入和效益产出的确是一个难题，在司法领域，效益是一个难以界定的概念。但是，这并不妨碍我们在一定程度上设计指标，来评估司法领域的成本与效益。我国近些年来随着法治化进程的逐步深化，司法资源也呈现出较为紧张的局面。我国的案件质量评估指标体系，也可以考虑引入案件成本这一评估指标。

案件成本是在具体法院、具体部门来考察一个案件平均花费的成本。案件成本通过成本投入和案件数量产出的关系，评价法院及部门的经济效率，从而可以检测到效益低的案件管理环节以及哪些部门存在闲散员工。

案件成本指标的使用步骤：法院的投入可以包括法官和员工工资投入、法院的设施设备投入、法院的日常办公用品投入；然后以工作部门为单位计算案件成本。第一，计算主要工作部门使用人力资源的情况。对法院全部员工进行统计，包括法官、行政人员、辅助人员。计算每个工作部门使用人力资源的情况，法官数量、辅助人员数量，以及使用公共管理与服务人员的比例。第二，计算法院的总支出。总支出主要包括法官和员工的薪资待遇支出、法院设施和设备支出、法院日常办公支出。法院的所有支出都应该被计算出来。第三，将成本摊销给具体工作部门。计算工作部门人力资源成本：法官工资，辅助人员工资，按照使用公共管理与服务人员比例计算相关人力资源成本。计算工作部门其他成本：摊销的设施和设备成本、日常办公成本。然后汇总成该部门的成本总量。第四，计算案件成本。统计该部门一定时间处理案件的数量，然后计算每个案件处理的平均成本。

四、我国法官考评制度完善研究

我国司法评估制度的另外一项重要制度，是法官考评制度。最高人民法院 1999 年发布的第一个《人民法院五年改革纲要》就指出：审判管理改革应该作为一项重要的改革任务。2004 年最高人民法院发布的《人民法院第二个五年改革纲要（2004~2008）》也指出：建立科学、统一的审判质量和效率评估体系。在确保法官依法独立判案的前提下，确立科学的评估标准，完善评估机制。改革法官考评制度和人民法院其他工作人员考核制度，发挥法官考评委员会的作用。根据法官职业特点和不同审判业务岗位的具体要求，科学设计考评项目，完善考评方法，统一法官绩效考评的标准和程序，并对法官考评结果进行合理利用。建立人民法院其他工作的评价机制。❶ 最高人民法院在2009年发布的《人民法院第三个五年改革纲要（2009~2013）》中进一步指出：改革和完善审判管理制度。健全权责明确、相互配合、高效运转的审判管理工作机制；研究制定符合审判工作规律的案件质量评查标准和适用于全国同一级法院的统一的审判流程管理办法；规范审判管理部门的职能和工作程序。❷ 2014年最高人民法院发布的《人民法院第四个五年改革纲要（2014~2018）》也进一步明确：完善法官业绩评价体系。建立科学合理、客观公正、符合规律的法官业绩评价机制，完善评价标准，将评价结果作为法官等级晋升、择优遴选的重要依据；建立不适任法官的退出机制，完善相关配套措施。❸ 因而，完善法官考评制度一直是司法改革的重要内容，加强法官考评制度完善的研究具有重要意义。

（一）我国法官考评制度的实证调研与反思

为了对我国法官考评制度运行的现状和存在的问题进行分析，笔者采取问卷调查的形式面向法官调查了相关问题，同时参考其他相关的调查研究成果，从而能够清晰地分析相关问题。

笔者面向长三角地区的法院系统，对法官发放调查问卷，进行相关调

---

❶ 最高人民法院．人民法院第二个五年改革纲要（2004~2008）［R/OL］．［2019-12-21］．http：//www.law-lib.com/law/law_view.asp?id=120832.

❷ 最高人民法院．人民法院第三个五年改革纲要（2009~2013）［R/OL］．［2019-12-21］．http：//www.court.gov.cn/shenpan-xiangqing-323.html.

❸ 最高人民法院．人民法院第四个五年改革纲要（2014~2018）［R/OL］．［2019-12-21］．http：//www.chinalawedu.com/falvfagui/21752/wa1502273796.shtml.

查，共计发放400份问卷，收回有效问卷312份。❶ 从受访者的基本情况看：从职业上看，专业法官（主要从事审判工作）221人，其他工作（法官助理、辅助人员等）91人，如图3-6所示；从所处法院级别看，基层人民法院法官280人，中级人民法院法官32人，如图3-7所示；从工作年限看，工作10年以下的法官119人，工作年限在10~20年的法官112人，工作年限20年以上的法官81人。问卷设置了若干问题，让受访者回答，然后对主要问题的回答情况进行分析。在回答建立法官考评制度是否有意义这一问题上，153人认为很有意义，占比49%；131人认为有意义，占比42%；25人认为无所谓，占比8%；3人认为没有意义，占比1%；可见，大多数法官还是肯定建立法官考评制度的积极意义（见图3-8）。在回答目前法官考评估制度是否需要完善的问题上，218人认为需要进一步完善，占比70%；62人认为很合理，占比20%；32人认为无所谓，占比10%；可见，大多数法官认为法官考评制度需要进一步完善（见图3-9）。在对目前法官考评制度是否有效果的问题回答上，144人认为没有效果，占比46%；128人认为有积极效果，占比41%；40人认为产生了相反效果，占比13%；认为有积极效果的人数与认为没有效果的人数近似，较多的人不太认同目前的法官考评制

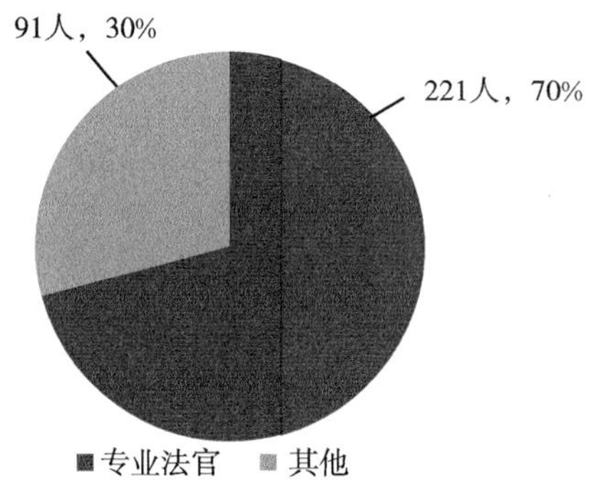

图3-6 职业情况比例

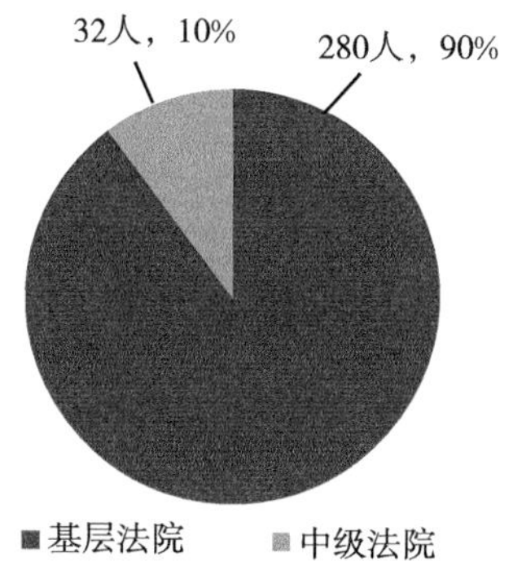

图3-7 法官所处法院等级

❶ 2017年3~12月，课题组向上海、南京、苏州、杭州等地的若干法院发放调查问卷400份，主要通过电子邮件和微信的方式发放问卷，收回有效问卷312份。

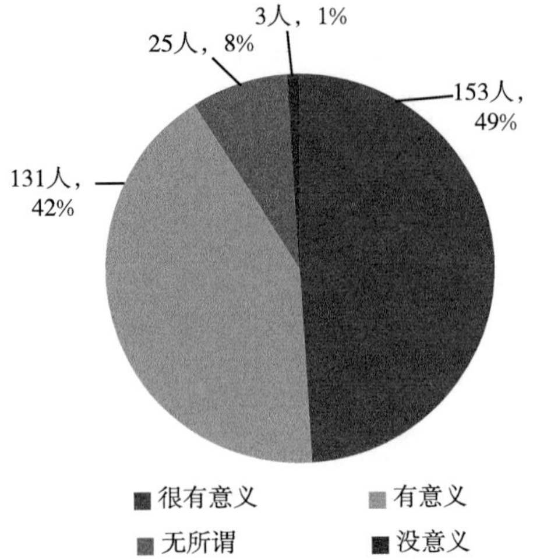

图 3-8　法官考评制度是否有意义

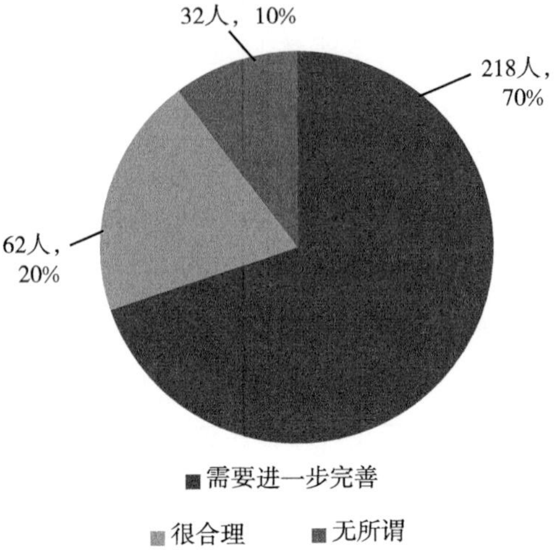

图 3-9　目前法官考评制度是否需要完善

度效果（见图 3-10）。目前法官考评制度存在的最大问题是什么，是多项选择问题，在答案选择上，选择法官考评行政化选项的有 171 人次，选择法官考评数字化选项的有 156 人次，选择考评标准不合理选项的有 128 次，选择其他选项的有 8 次；可见，法官考评行政化、法官考评数字化等问题已经引起较多法官的不满。

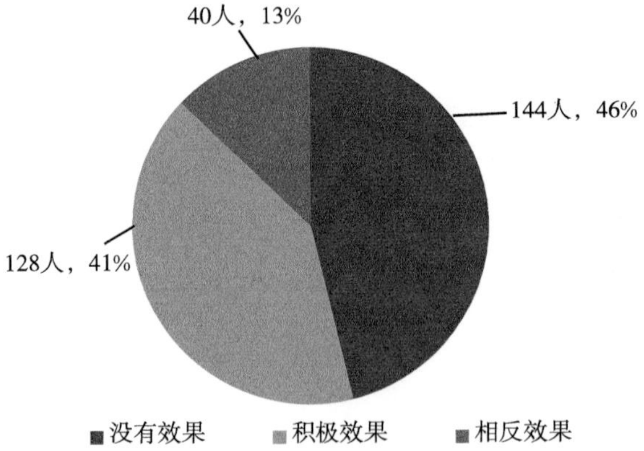

图 3-10　目前法官考评估制度是否有效果

学者杨斌、王启亮、黄丽的调研工作，从制度的具体运行情况上，将我国法院系统的法官考评制度分成两种类型，如表3-11所示。第一种类型法官考评制度侧重主管考评，其特点是：通过德、能、勤、绩等标准，由主管领导和同事通过民主程序进行考评，主管特色明显，程序随意性大并且不透明，行政化色彩明显，考评结果一般并不与法官的晋升、奖惩直接挂钩，对法官的约束力也不是很强。第二种类型法官考评制度侧重客观化考评，其特点是：将案件质量评估体系与法官考评混同，将案件质量评估指标分解为法官绩效考核的具体标准，采用数量化的方法进行评测，客观化趋势明显，但是不能考虑个案差异，很难对法官个人能力提升产生实质影响。北京市第二中级人民法院课题组的相关研究，也对具体的法官考评制度进行了类似分类，将法官考评制度分成模糊化考评和精细化考评两种类型：模糊化考评，即基于法官德、能、勤、绩、廉的职务标准，以办理案件的数量为主要业绩基础，并采取民主测评的方法，用得票数和领导、同事的打分进行绩效考核，综合确定考评等次；采用模糊化考评的法院一般是人员数量少、案件体量小、信息化发展水平不高的法院，比如海南省陵水县人民法院。精细化考评，即在工作量计算方面摒弃以案件数量为基础标准的做法，引入大数据分析方法，打破审级、专业限制，建立统一的评估标准，从案件的复杂程度、工作流程、案件难点等方面确定影响法官工作量的因素，从而对法官办案工作量进行科学量化，并实现不同审判口内法官工作量的直观对比和综合排名，从而为法官综合绩效考评奠定基础；采用精细化考评的法院一般是人员数量多、案件体量大、专业化分工程度强、信息化发展水平高的法院，比如北京市第二中级人民法院早在2012年就建立了涵盖全院各审判执行部门的业务量核定系统。[1]

---

[1] 北京市第二中级人民法院课题组．司法改革背景下法官绩效考评机制研究［J］．中国应用法学，2018（3）．

表 3–11　两种类型法院法官考评制度❶

考评内容	结构	类型一	类型二
绩效确定	方法	采取民主程序，由主管领导及同事主观评议	用数据指标测评，用所得数据分数作为标准
	缺陷	容易造成依靠人际关系倾向	容易造成一刀切倾向
	特征	主观倾向评价	客观倾向评价
考评标准	标准来源	沿用了公务员考评标准	沿用了案件质量评估标准
	特征	行政化管理特点	机械化管理特点
	缺陷	司法规律与行政管理规律混同	数据指标成为指挥棒
考评程序	对规范制度要求的遵守	一般没有按照规范制度要求建立考评委员会	一般能够按照规范制度要求建立考评委员会
	实际运行情况	人事部门、审判管理部门、监察部门、信访部门多头管理	由法官考评委员会集中管理
	缺陷	程序缺乏规范，不透明	过于偏重客观数据
结果运用	方式	一般并不用于法官晋升晋级、奖励惩罚的参考标准	法官考评与案件质量评估混同
	缺陷	无法对法官形成约束力和影响	唯数据是从，无法转化为法官能力的提升

我国的法官考评制度，在实际运行过程中取得了一定成效，但是也存在明显问题，需要反思和总结。笔者认为，目前的法官考评制度主要存在以下问题。

第一，法官考评制度与案件质量评估制度混同。案件质量评估制度和法官考评制度的目标、功能和运行规律都不同，简单混同会带来很多问题。案件质量评估制度是以法院整体为对象，为了提升案件质量，而对法院整体资源进行协调与优化的一种管理手段。法官考评制度是以法官个人为对象，以提升法官个人素质和能力为目的的管理手段。案件质量评估制度与法官考评制度的混同带来了一些问题：案件质量评估指标变成了对法官的数字化指挥棒，违背司法规律；一刀切式的管理方式，不注意个案的差异、法官个体的差异；评估标准无法体现法官个人的绩效标准，对法官个人能力和素质的提

❶ 杨斌，王启亮，黄丽．改革纵深：法官考评机制向审判运行规律回归［C］．2017 全国审判管理工作会议论文集，2017：454.

升效果不明显。

第二，法官考评采用行政化手段。法院管理与行政管理存在本质的差异，利用行政管理手段对法官进行考评可能会因为违反司法规律而产生负面效果。法官考评的行政化趋势表现在如下方面：考评主体行政化，在实践中，各级法院法官考评委员会存在虚置的问题，在司法改革后，绝大部分法院根据司改要求设置了法官考评委员会，但也仅具有形式上的意义，委员会成员职责不清，并没有发挥应有的作用；考评模式行政化，一些法院的部门庭室自己制定考评办法，这就出现一个法院的法官由于所在的庭室不同，同样的绩效却得到不同评价的现象；考评内容的行政化，实践中，各级各地法院对于法官的考评主要针对德、能、勤、绩、廉五个方面，这实则是对公务员"全面考核德、能、勤、绩、廉，重点考核工作实绩"的套搬，而在考核档次的区分上，对于法官绩效进行考评的结果一般分为优秀、称职、不称职三个等次，与普通公务员无异。❶

第三，评估主体上，注重内部评估忽视外部评估；评估方法上，注重定量评估忽视定性评估；评估方式上注重年度评估忽视平时评估。从评估主体上看，法官考评主要在法院内部开展，是典型的内部评估制度。当事人、律师和社会公众一般参与的机会很少。实际上，当事人、律师和社会公众等外部主体，对法官的素质和能力可能有着更独特的视角。当事人是亲身经历庭审过程的人，对法官的能力和素质可能有着直观的认识。律师是法律专业人士，对法官的法律素养和审判能力，可能更有发言权。缺少外部评估主体的评估制度，可能难以保证评估结果的合理性。从评估方法上看，我国现行的法官考评制度过于偏重定量的评估方法，将法官个人的绩效尽量进行量化描述。实际上，法官的个人能力和素质是由多种因素构成的，有的因素适合量化评估，有的因素适合定性评估。过分偏重定量评估，可能带来评估结论不科学、不合理的问题。定量的评估方法应该和定性的评估方法配合使用。从评估方式上看，目前大多数法院开展的法官考评制度都采用了年度考评的方

❶ 北京市第二中级人民法院课题组．司法改革背景下法官绩效考评机制研究［J］．中国应用法学，2018（3）．

式，鲜有法院注意将年度评估与平时评估相结合。这是典型的结果导向的思维模式，而不是过程导向的思维模式。实际上，对法官个人能力和素质的评估，既要注意结果评估，也要注意过程评估。这就需要将年度评估和平时评估结合起来。年度评估主要把握一年的工作实绩，侧重结果；平时评估主要注意法官平时的表现、道德修养、法学理论水平等因素，侧重过程。

（二）我国法官考评制度的完善与重构

针对我国法官考评制度实际运行中存在的问题，研究我国法官考评制度的完善策略、重构我国的法官考评制度，使之成为切实有效的司法评估制度，具有重要意义。

1. 坚持法官考评制度与案件质量评估制度相区分的重构原则

我国法官考评制度在实际运行过程中的一个明显乱象是将案件质量评估制度与法官考评制度相混淆，造成两种评估制度运行的实际效果都不是很理想。我国司法评估制度完善的一个总要原则，就是区分案件质量评估制度与法官考评制度，按照不同标准和程序发展两种制度，使之相互配合共同形成我国完备的司法评估体系。

案件质量评估制度与法官考评制度，在制度构成上，存在显著不同。从评估对象上看，案件质量评估制度以法院整体为对象，强调案件质量的提升；法官考评制度以法院个人为对象，强调法官个人能力和素质的提升。从评估目的上看，案件质量评估制度侧重优化和协调法院整体资源，从而提高案件质量水平；法官考评制度侧重法官个人能力和素质的提升；从功能上看，案件质量评估制度注重协调各个部门的关系、优化管理流程，调动整体资源；法官考评制度注重个体差异和个案差异，注重法官个人能力的提升。司法规律研究表明：第一，案件质量的提高，依赖于法官个人能力的提高，更依赖于法院整体资源的优化配置。第二，司法独立是司法运行的重要价值，司法责任应该与司法独立相互协调。第三，法官的能力和素质体现在多方面，其构成要素复杂，不能简单地同工作量画等号。因此，将案件质量评估指标层层分解成法官个人绩效，对法官进行数量化管理、一刀切式的管理，显然是违背司法规律的。

有学者也在研究过程中，指出了案件质量评估制度与法官考评制度混淆带来的缺陷：自 20 世纪 90 年代中后期开始，法官绩效管理考核在法院审判管理改革中日益凸显，成为法院管理的重要手段；而随着 2011 年最高人民法院发文布局案件质量评估指标体系以后，以 31 项三级指标来衡量法院工作业绩，法院将案件质量评估融合进法官绩效考核；近年来，有的法院直接将案件质量评估作为审判绩效考核的结果，有的将案件质量评估作为审判绩效考核的主要参考，部分计入审判绩效考核分数；但这种本用于考核法院的指标用于考核个人，造成符合法官个人特性的相关指标缺失；虽然业绩数据化在初期激发了办案积极性，但随着工资改革和审判压力增大，绩效考评的效果逐渐减弱，法官不堪重负的情况不断出现。❶

我国司法评估制度完善的总体框架应该确定为，将案件质量评估制度和法官考评制度相互区分，分别完善和建构案件质量评估制度和法官考评制度，这样才会形成科学的司法评估制度。

2. 构建科学的司法管理理论，破解法官考评行政化难题

法官管理行政化一直是我国司法制度运行过程中备受批评的问题，也是一直没有彻底解决的问题。这和我国的审判权运行理论和司法管理理论不足有关，应该构建科学的审判权运行理论和司法管理理论作为制度基础。司法管理的核心内容是特殊化组织化管理，而不是压制性的行政管理。组织管理是指为了达到组织目标，通过持续开放的沟通过程，形成组织所期望的利益和产出，并推动团队和个人实施有利于目标达成的行为。❷ 司法管理虽然遵守组织化管理的一般规律，但是有其自身的特殊性。司法管理中的组织管理有如下特征：第一，法院也是需要管理的组织体，但是法院既不同于行政机关，也不同于一般追求效益最大化的公司企业。行政机关追求效率最大化的目标，是科层制的命令与服从。公司企业是追求效益最大化的组织，目标单一，更容易将团队目标分解成个人和部门目标。司法机关追求多种价值的综

❶ 高江涛．关于法官绩效考核制度的思考［EB/OL］.［2019-12-21］. https：//www.chinacourt.org/index.php/article/detail/2018/06/id/3372302.shtml.

❷ 付维宁．绩效管理［M］. 北京：中国发展出版社，2012：8.

合，质量、效率和效果目标要综合和协调。这就决定了法院对法官的管理是一种组织管理与个人行为的协调，既要尊重法官个人行为的独立性，也要注意法院整体组织目标的实现。第二，司法管理是一个过程和结果并重的管理方式。司法质量、效率、效果的实现都不是简单的结果为导向的过程，而是一个过程和结果并重的过程。司法管理要过程管理和结果管理并重，形成方案规划、过程实施与管理、结果反馈与管理的循环过程，结果的反馈落实到过程管理之中，过程管理又影响结果管理。

3. 内部评估与外部评估、定量评估与定性评估、年度评估与平时评估相结合

在法官考评制度中，注意引入外部评估主体，弥补内部评估的不足。美国法官绩效评估制度在实施过程中，许多州的委员会都由多元化的评估主体构成，由法官、律师、社会人士共同组成。我国的法官考评制度在完善过程中，也可以考虑逐步引入律师、当事人甚至是社会公众的参与。可以通过恰当的渠道，让律师、当事人、社会公众表达对法官能力和素质的看法。有研究指出：除应当包括法院院长、副院长和政工人事部门的负责人外，法官考评委员会还应当包含一定数量的法官代表和社会公众；法官是绩效考评的直接利害关系人，为确保其主体地位能够得以充分凸显，考评委员会中应当有由全体法官推选产生的法官代表，且其人数应至少占到法官考评委员会总人数的一半，充分体现考评工作的民主性；根据内部考评和外部考评相结合的原则，还应当吸收法学专家、人大代表乃至律师等社会公众参与到法官绩效考评中。[1] 在法官考评制度的完善过程中，注意增加定性评估方法的比例，促进定量评估方法与定性评估方法的协调。法官的能力和素质是多方面的，有的要素可以用数量化的方法评价，但是有的要素一定要用定性的评估方法评测。美国法官绩效评估制度在实施过程中，许多州强调对法官能力的360度考评，采用大量定性的方法评估法官的能力和素质。相关研究指出：法官绩效考评量化评价在一定程度上依赖于量化考核指标体系的完备性和科学

[1] 北京市第二中级人民法院课题组．司法改革背景下法官绩效考评机制研究［J］．中国应用法学，2018（3）．

性，在实践中，各级法院制定的量化指标体系虽然相较过去已经进步许多，但不可避免的是，对司法办案的核定或多或少地存在误差，故要摈弃传统的定量评价方式，要对量化的结果进行深入分析，分析产生差距的原因；需要强调的是，定性分析并不意味着定量分析不重要，相反，正是因为有了定量分析，才使得定性分析更为精准。❶ 在法官考评制度的完善过程中，也要注意年度评估与平时评估的结合。年度评估更注重结果的导向，往往忽视产生结果的过程。平时评估注重过程导向，可以弥补单一年度评估的不足。相关研究指出：加强平时考核有利于科学考评法官日常工作，更加有效地进行绩效沟通，并及时改进工作中的不足；平时考核应当与年度考核相结合，平时考核是年度考核的依据，年度考核是对平时考核的综合评定；建立平时考核工作日志制度，应当结合信息化系统，建立工作日志制度，实时记录法官平常工作的内容，为科学考评法官平时工作提供一定依据；建立平时考核沟通机制，平时考核的程序包括个人工作纪实、领导审核评鉴、考核结果沟通等环节，让法官了解自身在工作中存在的问题，及时改进工作，提升绩效水平。❷

4. 法官考评结果运用合理化

我国很多地方法院的法官考核制度实践中，考评结果没有有效利用，这不利于法官考评制度对法官约束力的形成。研究如何合理运用法官考评结果，也是完善法官考评制度的重要内容。如何有效地运用考评结果，使得考评结果成为法官晋升和奖惩的依据，对于提高法官考评制度的实效具有重要作用。法官考评的结果可以在如下方面合理运用：法官考评结果与法官入额制度相互衔接，入额法官分成四等十二级的选任制度，法官考评结果可以作为法官晋升等级的依据；法官考评结果与法官工资奖金待遇相衔接，作为法官工资福利待遇等级的参考依据；法官考评结果可以与法官荣誉相互衔接，作为法官评选先进荣誉称号的依据（见表 3-12）。

---

❶❷ 北京市第二中级人民法院课题组．司法改革背景下法官绩效考评机制研究［J］．中国应用法学，2018（3）．

表 3-12 法官考评结果的合理运用

考评等级	结果运用
优秀	在业绩档案中记录优秀，连续三次优秀可以破格晋升上级法官或评优
合格	在业绩档案中记录合格，按期晋升上级法官
基本合格	未完成考核，减少年度津贴发放等级
不合格	连续三次不合格的，降低法官等级或退出法官员额

实践篇

司法运行领域是广泛复杂的，具体层面的法院行为标准有赖于对具体司法制度运行情况的评估而建立。本书选择劳动争议解决机制、民事上诉制度、案件流程管理制度、民事裁判文书说理机制等代表性的具体司法制度，设计评估指标、收集和分析数据，通过实证分析的方法，对这些具体司法制度的运行情况进行评估，并分析其中存在的问题。

第四章　我国劳动争议解决机制运行效果评估分析

近年来，各种学科专业在发展中不断地相互影响融合；在法学领域对具体法律制度的评估也在不断地吸取着管理学和社会学等学科中的评估标准、评估理论、评估方法。通过评估劳动争议解决机制的效果来探讨完善我国当前的劳动争议解决机制是一个全新的视角，其具体方法是通过管理学和社会学等学科的评估理论、评估方法的尝试与应用来评估与完善劳动争议解决机制。通过管理学和社会学等学科的科学指标、方法来评估研究实际数据和材料，研究分析我国劳动争议解决机制在实践中的实施效果及完善程度，这种方式对于研究我国劳动争议解决机制完善策略具有重要意义。

一、对我国劳动争议解决机制实际运行效果评价的指标设计

开展评估活动的必要前提就是有科学的评估指标，评估指标往往起着指引方向的作用，卓有成效的评估活动必不可少的基础就是合适的评估指标。对我国劳动争议解决机制进行研究完善，其前提是，根据我国的实际国情和劳动关系的特殊性，设计出符合我国国情以及劳动争议解决机制特点的评估标准。

（一）我国当前劳动争议解决机制特点界定

我国目前存在三种机构对劳动争议进行处理，包括人民法院、劳动争议调解和劳动争议仲裁委员会。我国《劳动法》第19条和《企业劳动争议处

理条例》第6条，以及最高人民法院出台的相关司法解释、我国劳动争议调解仲裁法和劳动与社会保障部门的一些有关解释等法律法规和司法实践都表明，在发生劳动争议之后，当事人可先向本单位的劳动争议调解委员会申请调解，若调解不成功，则可向劳动争议仲裁委员会申请仲裁；或者不经调解，直接向劳动争议仲裁委员会申请仲裁，进而提起劳动争议诉讼。

通常将我国的劳动争议解决机制称为“一调一裁两审”模式，该种模式下劳动争议的具体解决主要有以下三个特点。（1）劳动争议产生后提倡双方当事人进行协商解决，如果协商解决不成或者协商的和解协议有一方或双方不履行时方由调解组织进行调解。（2）在双方当事人协商不成功或在和解协议达成之后履行不能的情况下，向劳动争议仲裁委员会申请劳动争议仲裁是一种重要的纠纷解决方式；一般而言，在仲裁庭作出仲裁结果前应当先由调解部门进行调解，仲裁具有一定的法律效力、在特殊的情况下具有终局效力。（3）在劳动争议中，一般情况下仲裁是进入诉讼程序的前置程序，没有经过仲裁的劳动争议案件不可提起诉讼，诉讼只有在仲裁委员会不符合程序的不予受理、逾期不作仲裁裁决或者当事人对于仲裁结果不满意的前提下才可以向法院提起劳动诉讼。

我国法院审理劳动争议案件是由民事诉讼程序处理的，一般情况下都采取两审终审制，同时我国法院可根据当事人意愿、在自愿原则和合法原则的基本原则下进行调解。综上所述，以劳动仲裁程序为核心，连接了两个阶段的单轨程序，即我国运行的“一调一裁两审”的劳动争议解决程序是衔接先调后裁、先裁后审两个阶段的单轨程序，即先调后裁、先裁后审是我国运行的“一调一裁两审”的劳动争议处理程序的主要内容。也就是说，“一调”是可以独立选择的程序，当事人可在自愿的基础上选择是否进行调解；解决劳动争议的必要程序是“一裁”，在未能有效调解解决劳动争议时，仲裁介入纠纷解决的程序，在劳动争议后续起诉救济的过程中，仲裁裁决也是重要的程序要件；“两审”是当事人对劳动仲裁裁决不服，从而进一步地寻求司法救济。[1] 设置该项机制，对于有效提高劳动争议解决效率具有积极意

---

[1] 张丽霞．我国劳动争议解决制度的功能与结构研究［J］．法学杂志，2011（11）．

义，通过调解及仲裁程序有助于劳动争议案件的有效分流，同时通过采用诉讼机制解决了劳动争议中所涉及的公平正义问题。这个将公平正义与效率相结合的模式充分吸收了很多国外的成功经验，形成我国目前劳动争议解决机制，“一调一裁两审”的模式也被看作我国劳动争议解决机制的一个标志性特点。图 4-1 反映了我国劳动争议解决机制流程上的特点。

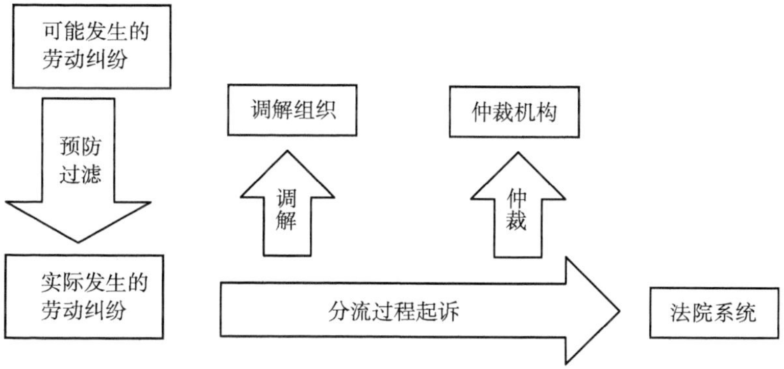

图 4-1　我国劳动争议解决机制流程

（二）我国当前劳动争议解决机制实际运行效果评估指标体系设计

设计出一个恰当的评估指标是一件很复杂的事情，因为在劳动争议解决机制的评估中不仅是学理上的理论设计，还包括实际情况的考察，在评估指标中不仅体现理想化的法理价值要求，而且要考虑我国劳动争议解决的实际情况和我国国情。在实际应用方面，我国现行的劳动争议解决机制是否与我国的国情相适应，劳动争议解决机制是否能够达到所期望的效果、劳动争议解决机制的设计目的能否得到真正实现、现存的劳动争议解决机制是否实现了资源最优化都是从实际应用方面判断的重要标准。在法理价值要求方面，则是要求劳动争议解决机制在程序上尽可能地尽善尽美，劳动争议解决机制的完善程度也是其在法理层面的重要衡量因素。劳动争议解决机制的程序，要体现出诉讼程序的价值要求；诉讼程序的正义和效率等被学界广泛认可为重要的基本的价值要求，要在劳动争议解决机制中得到体现。因为正义在法的价值系统中是最高的价值，在法的价值系统中，效率则是其他价值的最终归依，同时必须要以正义价值为基础，才能够对效率进行追求。正如20世纪以来的法律经济学以效率定义正义的观点，强调正义与效率的价值追求是相互统一的。美国著名法学家波斯纳认为，效率是正义最为普通的含义，在资源稀缺的环境下，对资源的浪费无法获得正义的评价。[1] 从波斯纳的观点可以得出，对资源进行有效配置，增加社会的财富是全部的法律制度和所有法律活动都必须达成的，追求效率即追求正义。[2] 因此，在诉讼过程中，尽可能地追求财富最大化的正义也是效率的体现，与此同时，越来越多的学者认识到法的价值系统中效率与正义的重要意义。

对于非诉讼程序来说，纠纷终结、满意度、社会效果及代价是评价准审判过程功能的一般标准；其中纠纷终结是指纠纷是否得以彻底解决，满意度则指当事人对解决纠纷的程序形式及过程的满意程度，评价社会效果的标准具体是指纠纷当事人之间良好关系的回应以及社会规范的确认，代价则指解决纠纷的成本，具体包括社会为对制度进行维护，其自身所必须付出的代价以及当事者、第三者在直接参加解决过程时不得不承受的代价。[3] 在出现纠纷的情况下，对当事人的主体合意进行最大程度上的保证是其中的关键因素。由此可见，在以上四项评价标准中，满意程度是评价纠纷处理效果的最本质的标准，其主要原因在于解决纠纷是根据当事人的合意进行的，只有符合当事人的意志需要才是解决纠纷的最佳方式。当然，在实践中，当事人可以按照自己的意思解决纠纷问题也很大程度上体现了立法者对于当事人尊重的态度。结合实际应用和法理方面的综合考虑，笔者针对我国现行的劳动争议解决机制设计出如表4-1所示的劳动争议解决机制的评估标准体系，该评估标准体系是由一级指标、二级指标和评估值三个评估指标组成。

---

[1] ［美］理查德·A. 波斯纳. 法的经济分析［M］. 蒋兆康，译. 北京：中国大百科全书出版社，1997：31-32.

[2] 刘祥林. 论法对正义价值及其实现路径［J］. 江海学刊，2012（4）.

[3] ［日］棚濑孝雄. 纠纷解决与审判制度［M］. 王亚新，译. 北京：中国政法大学出版社，2004：26-35.

表 4-1　我国当前劳动争议解决机制评估指标体系

一级指标	二级指标	评估值
效果	法院系统年审结劳动争议案件的数量和法院系统在解决劳动争议过程中的作用	定量或定性
	劳动人事争议仲裁机构年审结劳动争议案件的数量和仲裁机构在解决劳动争议过程中的作用	定量或定性
	调解组织年调解劳动争议结案数量和调解组织在解决劳动争议过程中的作用	定量或定性
	调解机制分流劳动争议的效果	定量或定性
	仲裁机制分流劳动争议的效果	定量或定性
效率	劳动争议所需解决的时间	定量或定性
	调解、仲裁和诉讼程序的衔接过程	定量或定性
成本	劳动争议解决的个人成本	定量或定性
	劳动争议解决的社会成本	定量或定性

评估指标体系一级指标包括三个评估基础，分别为劳动争议解决机制的效果、效率和成本。“效果”是对劳动争议解决机制进行评估的首个一级评估指标，其主要是为了衡量劳动争议解决机制在运行实践中是否真正达到了法理上所要求实现的立法目的的基本要求。我国设计“一调一裁两审”的劳动争议解决机制的法理目的主要是通过劳动争议调解机制和仲裁机制的分流作用将劳动争议纠纷分流，减缓人民法院在处理劳动争议问题的压力，减少法律资源浪费、合理地利用法律资源，从而充分发挥劳动争议解决机制的调解组织、仲裁机构以及法院系统的作用，促进我国的劳动争议问题的有效解决，提高法律效率。

出于实现劳动争议解决机制的法理目的的要求，笔者根据我国的现存劳动争议解决机制设计了法院系统年审结的劳动争议案件的案件数及法院系统在解决劳动争议中发挥的作用、劳动人事争议仲裁机构年审结的劳动争议案件数以及仲裁机构在处理劳动争议纠纷中体现的价值、调解组织关于劳动争议的年结案量及调解组织在处理劳动争议案件整体中发挥的作用、调解机制在实际的劳动争议中起到的分流作用的效果、仲裁机制在解决劳动争议案件中起到的效果等二级指标。虽然案件数量并不能够代表案件解决质量，单独的案件数量只能从一个侧面反映出司法相关机构在劳动争议中能够发挥的能动作用，不能够全方位地反映我国现行的劳动争议解决机制在投入实践时发挥的实际作用和效果，但是如果将案件数量和案件质量这两方面相互结合综合评估，就能够通过数量指标和质量指标达到对于劳动争议解决机制进行评估的目的。

因此，在设计评估体系时对于“效果”的评估往往是根据评价质量指标与数量指标之间的相互结合而得出的。在上述的二级指标中“调解组织的处理劳动争议年结案量及在处理劳动争议案件的过程中调解组织发挥的作用、劳动人事争议仲裁机构的年劳动争议案件数量和在处理劳动争议中仲裁机构所发挥的作用、法院系统的年劳动争议案件的结案数和在处理劳动争议中法院系统所发挥的作用”等二级评估指标，强调通过案件数量来体现我国当前的劳动争议解决机制在实践中的实施效果，而“调解机制在实际的劳动争议中起到的分流作用的效果、仲裁机制在解决劳动争议案件中起到的效果”等二级评估指标，强调通过处理案件质量来从侧面体现我国当前劳动争议解决机制在实践中的实施效果。

设计评估体系的第二个一级指标是“效率”，其主要目的是评估劳动争议解决机制在解决劳动争议时的效率，劳动争议解决机制效率的评估需要考虑在解决劳动争议时所花费的时间以及机制程序在实际劳动争议解决中运行是否合理顺畅，只有耗时少、各阶段程序合理对接衔接顺畅才能够真正推进合理高效的运行劳动争议解决机制。因此，笔者通过分析“调解、仲裁和诉讼程序过程的连接”“解决劳动争议所需要的时限”等与劳动争议解决效率密切关联的二级指标，从而实现评估劳动争议解决机制的“效率”这个一级指标。

设计评估体系的第三个一级指标是“成本”，劳动争议的解决往往都会涉及人力、物力、财力多个方面，怎样才能以最合理、最小的代价来达到所预期的解决劳动争议的目的也是立法者需要考虑的问题。所以，这就要求从成本的角度来对行政和司法资源在解决劳动争议中的消耗来分析评估现存的劳动争议解决机制是否是最优的选择；从行政和司法资源方面来考虑往往会涉及个人成本和社会成本以及二者的协调，因此把“处理劳动争议的社会成本”和“处理劳动争议的个人成本”当作两个二级指标来评估一级指标“成本”。

二、我国劳动争议解决机制运行的实际效果评估分析

劳动关系对维护社会的长治久安具有重要的意义，是一种基础性的社会关系；同时，劳动关系与普通的民事关系不同，通常来说，劳动者的工作场所一般由用人单位提供，被用人单位管理，双方之间有着密切的关联，良好的合作关系对双方来说都是十分重要的，因此，在市场化的劳动用工制度的环境下，虽然劳动关系具有流动性，但法律设计的首选目标依然是劳动关系的长期性和稳定性。[1]“效果”这个一级指标主要是考察立法者的立法目的在法律实际应用中的实现程度，所以为了评估劳动争议解决机制的实际运行效果，我们往往需要先采集如上文所述的相关二级指标进行定量或定性的分析评估，并以这一系列的二级指标为基础来综合评估“效果”这个一级指标。

（一）法院系统劳动争议案件的年审结数与在解决劳动争议过程中法院系统发挥的作用

图4-2统计了2004~2012年全国法院系统劳动争议案件的年审结数，[2]通过这一数量指标从侧面展示了法院系统在实际解决劳动争议的过程中所发挥的作用。根据图4-2可以看出，法院系统年审结的劳动争议案件的数量每年都在不断上升，呈明显的上升趋势；随着我国劳动合同法的颁布，由于法律对劳动者的倾斜保护以及国际金融危机的双重作用，法院审结劳动争议案

---

❶ 李雄．我国劳动争议调解制度的理性检讨与改革前瞻［J］．中国法学，2013（4）．

❷ 中国法律年鉴编辑部．中国法律年鉴（2004~2013）［M］．北京：中国法律年鉴社，2004—2013；最高人民法院．人民法院工作年度报告（2004~2010）［M］．北京：人民法院出版社，2004—2010．

件的数量出现大幅增长，2008 年全国法院系统一审年审结案件就达到 28.6 万件，较 2007 年审结案件 14.7 万件增长 94.56%。劳动争议案件快速地大幅增加给各级法院带来了巨大的压力，这种压力的来源不仅是工作量的增加，还有更加重要的是维护社会稳定的大局观。[1] 2010~2012 年，法院系统年结审案件数量的增长趋势趋于缓和，但是相较于劳动合同法颁布之前仍属于居高不下的状态。对于法院在解决劳动争议的过程中所起到的作用，笔者认为应该首先着眼于法院自身存在的意义。关于法院在司法体系中的作用，学界存在两种不同的观点，即实现公平正义和解决纠纷说。[2] 关于实现公平正义说，一些学者认为，不论是哪种社会，公平都是最基本的要求，公平正义是法治的最高原则，若放弃公平正义、表面上平静的社会根本不是法治社会，因此公平应为法治社会解决纠纷的最高原则。[3] 但是，持该种观点的学者对于解决纠纷过程中法院所起到的作用过于重视。对于解决纠纷说，有学者认为司法的本质就是法院对各类纠纷进行判断，正是由于案件双方对公平的认识不同，彼此之间产生差异，才会产生争执。因此，司法的目的就是通过对纠纷的裁判，进而在全社会实现公平、正义。[4] 在实践中，我们可以看出法院系统为不服仲裁程序的当事人提供了司法补救程序，从一定程度上来说，对劳动争议案件的当事人来说，相比于现实补救，这种法院系统的心理补救更为充分。[5] 由此可见，法院系统是处理劳动争议的最后一道屏障。从法院系统中劳动争议案件的审结数量角度来分析，不断增加的劳动诉讼案件数量在一定程度上体现了人们对于法院以及法律的信赖程度，表明了人们对于公平正义的诉求，与之相对，法院系统也随之不断发展并在劳动争议解决的过程中发挥了保证作用。

---

[1] 徐道稳．地方法院司法能动的社会效果研究——以劳动合同法的实施为例［J］．河北法学，2013（4）．

[2] 杜承秀．论多元纠纷解决机制中法院的作用［J］．河南财经政法大学学报，2015（3）．

[3] 周永坤．论强制性调解对法治和公平的冲击［J］．法律科学（西北政法学院学报），2007（3）．

[4] 姜小川．司法权基本属性之探析［J］．法学杂志，2007（5）．

[5] 谢文哲．劳动争议仲裁与司法诉讼的关系探究［J］．河南社会科学，2011（5）．

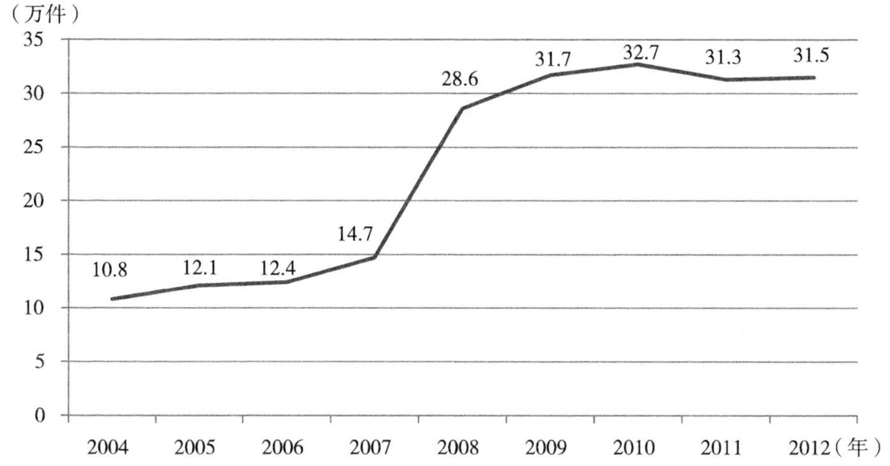

图 4-2　2004~2012 年全国法院系统一审年审终结劳动争议案件数量

（二）劳动（人事）争议仲裁机构的年劳动争议案件审结数及在处理劳动争议解决过程中仲裁机构所发挥的作用

图 4-3 综合统计了 2000~2012 年全国范围内的各级劳动（人事）争议仲裁机构的年劳动争议案件审结数，❶ 通过案件数量这个二级指标对于劳动争议解决机制在实践中发挥的作用，进而作出对于效果这个一级指标的分析评估。劳动（人事）争议仲裁机构的年审结数量主要通过三种途径相加获得，具体包括仲裁的调解、仲裁的裁决和通过其他方式解决的劳动争议案件。通过图 4-3 可以清晰地看到，从整体上来说，全国各级劳动（人事）争议仲裁机构的劳动争议案件的年审结数一直是处于逐年上升的状态，全国各级劳动争议仲裁委员会的案件审结数在 2008 年有明显上升，从 2007 年的 34 万件增至 2008 年的 62.3 万件，增幅达 83.24%，直至 2011 年和 2012 年上升趋势得以缓和。图 4-4 显示了 2010~2013 年劳动（人事）仲裁机构每年的结案数量。通过图 4-4 也可以看到，通过仲裁方式结案的案件数量明显

❶ 国家统计局人口和就业统计司，人力资源和社会保障部规划财务司．中国劳动统计年鉴（2012 年）[M]．北京：中国统计出版社，2013.

高于通过其他方式结案的数量。究其原因主要可能在于 2008 年 5 月 1 日《劳动争议调解仲裁法》正式实施，该项法律的颁布实施巩固完善了我国特色的行政主导、“一调一裁两审”体制，也就是说该项法律在劳动争议仲裁中未能坚持贯彻仲裁的私力救济性质，主要表现如下：第一，争议当事人没有权利自由选择仲裁，仲裁被强制进行；第二，国家依法决定设立劳动争议仲裁委员会，而且劳动争议仲裁工作由省、自治区、直辖市人民政府的劳动行政部门进行指导。❶ 因此，部分学者认为，该法确立了具有中国特色的劳动争议仲裁机制，即以行政为主导；除此之外，该法的确立也在一定程度上节省了劳动争议解决的成本，有助于尽可能地通过高效快捷、低成本的方式来处理劳动争议案件。❷但是仲裁的行政化特点也导致劳动争议仲裁委员会对其自身定位的不明确，软硬件的配置都未能尽如人意，因此，可能无法应对不断增长的劳动争议案件。从劳动争议案件的审结数分析，作为诉讼前置程序的劳动仲裁虽在实践中仍存在一些问题，但是不可否认的是劳动（人事）争议仲裁机构在处理劳动争议的过程中作为关键发挥了中心作用。

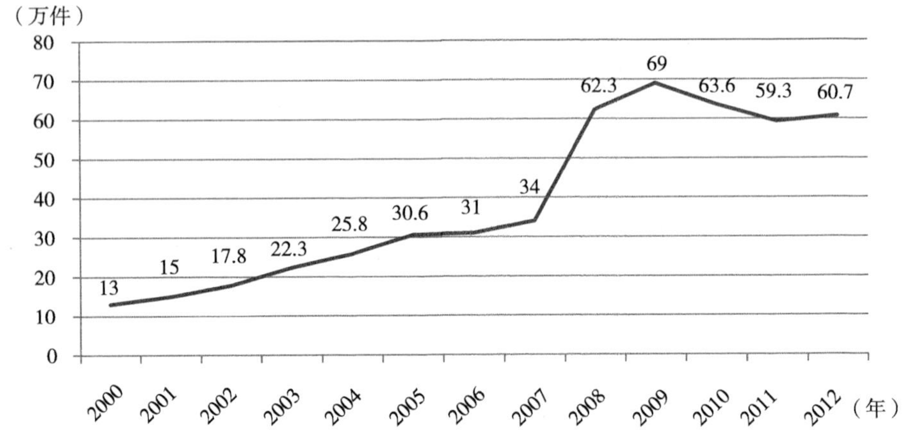

图 4-3　全国各级劳动（人事）争议仲裁委员会年审结劳动争议案件数量

---

❶❷ 王蓓．我国劳动争议仲裁制度的缺陷与完善［J］．河北大学学报（哲学社会科学版），2013（3）．

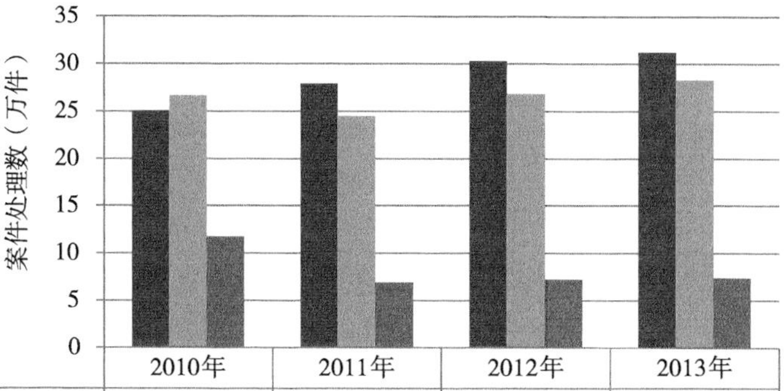

	2010年	2011年	2012年	2013年
■仲裁调解劳动争议案件处理数（件）	250 131	278 873	302 552	311 806
■仲裁裁决劳动争议案件处理数（件）	266 506	244 942	268 530	283 341
■其他处理方式劳动争议案件处理数（件）	117 404	69 008	72 210	73 915

图 4-4　劳动（人事）争议仲裁机构年结案数量

（三）调解组织劳动争议案件的年调解量和在解决劳动争议过程中调解组织所发挥的作用

通过分析我国人力资源和社会保障部公开的 2010～2012 年的年度人力资源和社会保障事业发展统计公报，综合统计了这三年全国各级劳动（人事）争议调解组织劳动争议的年调解结案数，2010 年这一数值达到了 87.9 万件，到 2011 年有了大幅度降低，低至 59.4 万件，2012 年又开始缓慢上升，上升到 61.8 万件（见图 4-5）。在我国现行的劳动争议处理制度中，调解制度作为一道法定的处理争议的程序被设置在劳动争议仲裁的前一阶段。立法者希望把大部分的劳动纠纷通过调解这一较为缓和的方式消除在萌芽阶段，从而减少进入仲裁与诉讼阶段的劳动争议数量。2008 年 5 月 1 日发布的《劳动争议调解仲裁法》可以证实这一点。该法第 10 条规定按照我国劳动关系的变化增加调解组织来解决劳动争议，即把劳动争议的解决组织由一类增加至三类，包括依法建立的基层人民调解组织、企业劳动争议调解委员会和在乡镇街道设置的一些具备劳动争议调解职能的组织，希望构建一个全方位、社会化的处理劳动争议的网络，从而使调解组织对劳动争议的分流功能得以充分发挥。

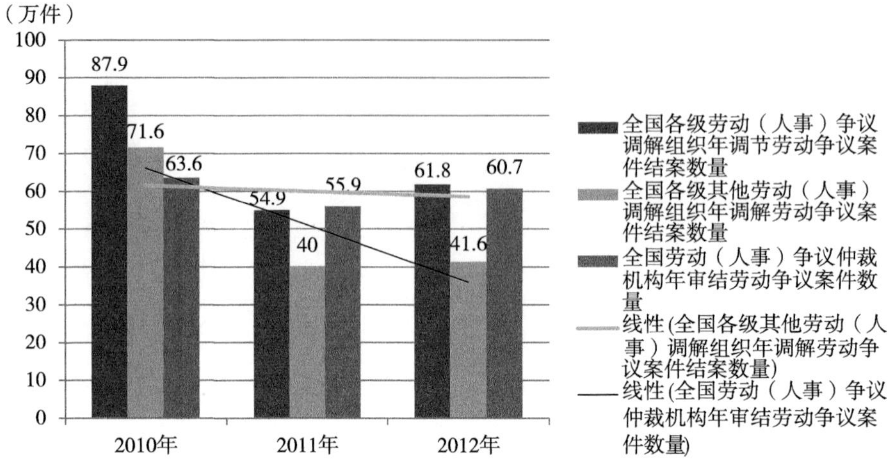

图 4-5　2010~2012 年全国各级劳动（人事）争议调解组织年度调解劳动争议案件结案数量

在解决我国劳动争议案件的实际操作中，劳动争议调解组织具体有如下三类：劳动（人事）争议仲裁机构的案外调解和人民调解组织、行业性和区域性的劳动争议调解组织、企业内部的劳动争议调解组织。从 2010~2012 年的统计数据可以看出，全国各级劳动（人事）争议调解组织处理劳动争议案件的结案数，不但包含全国各级劳动（人事）争议仲裁结构案外处理劳动争议案件的结案数，还包括全国各级其他的劳动（人事）调解组织处理劳动争议案件的结案数，是全国各级劳动（人事）争议调解组织处理劳动争议的结案数与全国各级其他的劳动（人事）处理组织调解劳动争议案件的结案数的总和。如图 4-6 所示，2010~2012 年，全国各级劳动（人事）争议仲裁机构的处理劳动争议的结案数分别为 16. 3 万件、19. 4 万件和 21. 2 万件，❶ 据此，我们可以对全国各级其他劳动（人事）调解组织的处理劳动

❶ 国家统计局．劳动争议处理统计数据［EB/OL］．［2019-12-21］．http：//data. stats. gov. cn/adv. htm？ m=advquery&cn=C01.

争议案件的年结案量进行预测，即2010~2012年，处理劳动争议案件的年结案量分别是71.6万件、40万件和41.6万件。若分析笔者已掌握的2010~2013年数据，如图4-5所示，就可以很明显看到：全国各级劳动（人事）争议仲裁机构的年案外调解结案数还是相对较多的；且若把全国各级劳动（人事）争议仲裁机构的年案外调解结案数去掉，就可明显看到其他劳动争议调解组织调解劳动争议的结案数显著减少。

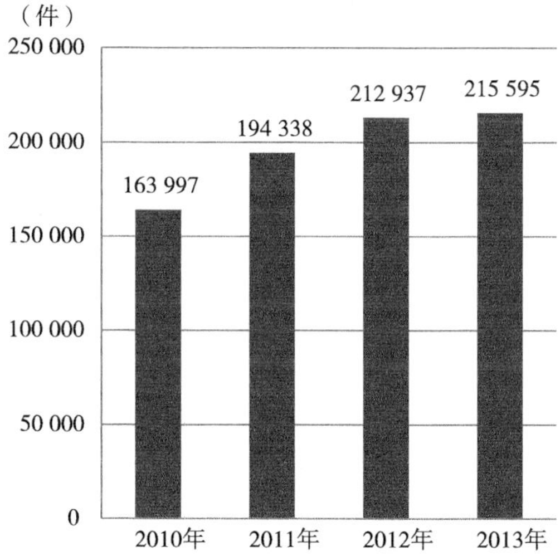

图4-6　案件调解劳动争议案件数

调解的本质即需要由中立的第三方从中斡旋，综合考虑我国“一调一裁两审”制度，在解决劳动争议的过程中调解发挥着相当重要的作用，其发挥的作用具体包括如下三个方面：第一，有助于维护社会劳动关系的稳定，相较于其他解决劳动争议的方式，调解这种方式还是较为缓和的，尤其是对有些矛盾不大、争议较小的劳动争议案件来说，适用调解这种解决劳动争议的方式有助于防止用人单位和劳动者之间劳动关系的破裂，指引劳动争议双方当事人从彼此“对抗”走向“对话协商”，从而实现共赢，当事人之间的友好和睦的关系需要通过案件的处理程序来恢复，从而确保劳动关系的稳定性。第二，有助于促进劳动争议解决的高效性、快捷性、迅速性，申请调解劳动争议是较为方便的，形式比较多样，不局限于书面形式或口头形式，且程序灵活方便，只要双方当事人在自愿的基础上达成调解的共识就可以进行调解，在未解决争议前，不论发生任何情况都可以进行调解，促进双方当事人达成调解协议不仅是基层调解机构的责任，而且对于适合调解的劳动纠纷案件，仲裁机构在进行裁决之前、审判机构在进行判决之前，都应该先进行调解，若调解不成才会进入下一程序。第三，终局解决劳动争议，相较于用诉讼手段来处理劳动争议，通过法律规范来对是非对错进行判断，从而通过生效的法律文书来对彼此之间的义务责任进行确定，通过调解这种较为温和的方式来处理矛盾冲突，使当事人双方在宽容与理解中自愿协商并达成一致，更有助于帮助双方当事人进行辨法析理，增加认同感，减少分歧，与此同时，当事人双方基于合意共同选择调解的结果，有助于当事人双方自觉履行调解协议。❶ 由此可见，相对于仲裁与诉讼，调解更易劳动争议解决目的之达成。我国《劳动争议调解仲裁法》第 16 条规定："因拖欠支付工伤医疗费、经济赔偿金或补偿、劳动报酬等事项达成调解协议，用人单位未在协议约定期限内履行的，劳动者可以持调解协议书依法向人民法院申请支付令，人民法院应当依法发出支付令。"这深刻地体现了对于劳动争议调解程序的重视。由此可见，劳动者要想通过向法院提出申请来拿回自己的工资报酬等经济待遇的话，调解程序是一条快捷通道。❷

然而在实际操作中，在处理劳动争议的过程中，调解所起到的作用并没有达到立法者的预期，调解结案的功能在日渐削弱，大量的劳动争议案件进入劳动争议仲裁委员会，而导致这一问题的主要原因可能为以下几个方面：第一，企业劳动争议调解委员会的功能弱化，没有发挥其应有的作用；第二，依法设置的基层人民调解组织以及在乡镇、街道设置的具备调解劳动争议职能的组织缺乏权威性，无法获得劳动争议当事人双方认可；第三，相对来说，劳动争议调解协议的法律效力不足。❸ 我国《劳动法》第 80 条规定，

---

❶ 何平．我国劳动争议调解制度功能缺失之反思［J］．河北法学，2014（1）．

❷ 张居盛，邓陕峡，高玉林．论我国劳动争议解决机制的完善［J］．理论月刊，2009（10）．

❸ 徐丽雯．我国劳动争议处理制度存在的问题与完善之策［J］．北京行政学院学报，2014（2）．

可以在用人单位内，设立劳动争议调解委员会。从这一规定可以看出，对于设置劳动争议调解委员会，法律并没有强制要求，由企业自主决定是否设立劳动争议调解委员会，正是因为法律的非强制性，部分企业会考虑到成本问题，选择不设置调解委员会。除此之外，因为调解委员会设置在企业内部，我国《劳动法》第 80 条规定，用人单位代表、职工代表和工会代表组成劳动争议调解委员会，而 2008 年实施的《劳动争议调解仲裁法》第 10 条规定，由企业代表和职工代表组成企业劳动争议调解委员会，也就是说仅有当事人双方，由于劳动争议调解委员会在调整之后缺少第三方介入，并从中进行调解，而且企业劳动争议调解委员会的成员都要受到企业行政管理的制约，因而不论是职工代表还是企业代表，其在人力与财力上都要依附于企业，这就在一定程度上避免不了企业的单方面操控，从而在保障绝对公正地调解用人单位和劳动者之间的冲突上有相当的难度。《劳动争议调解仲裁法》第 11 条规定，应该由对调解工作有热情，为人正派，积极联系群众，并具备一定的法律素养、文化水平和政策水平的成年公民来担任劳动争议调解组织的调解员。根据该条规定可以得出结论，对于调解组织人员的具体资格法律并未规定详细的标准，相对比较笼统，这也在一定程度上导致调解组织中调解员的素质参差不齐，专业程度以及法律知识储备相对较低，面对人员如此不完备的调解组织，也就不难解释当事人为何不信任调解组织。《劳动争议调解仲裁法》第 15 条规定，调解协议达成之后，一方当事人未在约定的履行期内履行的，另一方当事人可依据法律向劳动争议仲裁委员会申请仲裁。据此得出，在劳动争议过程中，双方即使通过调解委员会达成了调解协议，但若一方不履行，另一方也只能通过申请仲裁来解决劳动争议。这种结果就表明调解组织消耗人力与财力进行调解而达成的最终调解协议，会因为当事人一方不能或不愿履行而成为一纸空文，这种情况的产生一方面浪费了资源，另一方面也严重打击了当事人运用调解解决劳动争议的积极性。还可以进一步分析如下：首先，区级及行业劳动调解争议组织、企业内部调解劳动争议组织、人民调解组织等多元化的其他调解组织的基数是很大的，但是解决纠纷效果不明显；其次，与其他劳动（人事）争议调解组织的年结案数相比，劳动（人事）争议调解组织的年结案数明显处于劣势，比劳动

（人事）争议仲裁组织的年审结数要低；最后，2010～2012 年，其他劳动（人事）争议仲裁组织的年审结数从逐渐减少到趋于平缓，而在这三年中，从总体增减趋势上看，其他劳动（人事）争议调解组织的年劳动争议调解结案数也明显下滑。

从总体上分析可以得出，在一般意义上说，解决劳动争议的首要程序即区级以及行业劳动争议的调解组织、企业内部的劳动争议解决组织、人民调解组织等多元化的其他劳动（人事）争议调解组织机构不能够达到立法预期的理想效果，在实践中实际的劳动争议解决过程中这些调解组织机构只起到了一定的辅助作用，并未为劳动争议的解决带来决定性的作用。

（四）调解机制对劳动争议分流的实际效果

我国的劳动争议解决机制具有“一调一裁二审”特点，其设立目的之一就是充分发挥调解机制和仲裁机制的分流过滤作用，对于我国现有的全部劳动（人事）争议造成分流的效果，从而实现人民法院审理劳动争议案件的压力的减轻。

在实践中，解决劳动争议的第一道程序是区级及行业调解劳动争议组织、企业内部解决劳动争议组织、人民调解组织等多样化的其他调解劳动（人事）争议的调解组织，分析图 4-5 的数据可以得出以下两个结论：第一，与各级劳动（人事）争议仲裁机构的年案件审结数相比，组织机构设置基数庞大的其他劳动（人事）争议调解组织的年结案明显要比各级劳动（人事）争议仲裁机构的年审结的数量低；第二，其他劳动（人事）争议调解组织的年调解劳动争议的结案数呈明显下滑趋势，这从侧面反映出大多数人更加期望通过仲裁和诉讼的方式来解决劳动争议，这也符合中国大多数民众不相信调解更相信仲裁和诉讼的国情。这种结果一定程度上体现出，相对于仲裁和诉讼，调解的方式虽然有很多优点，但是调解组织自身公信力不足及权威性缺失等原因使得当事人对于调解方式并不能感到满意，导致调解结案的数量偏低，大部分劳动争议的当事人针对调解的结果不愿服从，而会选择仲裁或者诉讼的方式，以求更加公正权威的处理结果。

从全国总工会的历年工会组织和工会工作发展的状况统计公报中统计得

出表 4-2 与表 4-3，通过对其分析可以清楚地呈现行业性与区域性以及企业的劳动争议调解组织在实际操作中的实施效果。对比分析表 4-2 和表 4-3 可以得出如下特点：第一，行业性与区域性的企业劳动争议调解组织和劳动争议调解组织受理的劳动争议案件数量，并未因为 2008 年之后劳动争议数量的明显增长大趋势而增长，甚至在一些年份还呈现下滑的趋势。第二，相较于其他的劳动争议案件解决数，单个行业性与区域性的企业劳动争议调解组织和劳动争议调解组织的年均调解成功的案件数还是很低的；虽然行业性与区域性的劳动争议调解组织有着较高的调解成功率，但若考虑到行业性与区域性劳动争议调解组织基数是很大的这一点，可以发现其实我国的区域性与行业的劳动争议调解组织工作效率还是较低的，并没有合理地达到预期的解决效率。

表 4-2 区域性与行业性劳动争议调解组织实际效果

年份	区域性与行业性劳动争议调解组织数量（万个）	受理劳动争议案件数量（万件）	调解成功案件数量（万件）	调解成功率（%）	单个调解组织成功调解案件平均数量（件）
2007	1.1	8.7	7.2	82.9	6.55
2008	1.1	12.3	10.4	84.2	9.45
2009	1.2	8.6	6.9	79.5	5.75
2010	1.5	12.4	10.1	81.5	6.73

表 4-3 企业劳动争议调解委员会实际效果

年份	企业劳动争议调解委员会数量（万个）	受理劳动争议案件数量（万件）	调解成功案件数量（万件）	调解成功率（%）	单个调解委员会成功调解案件平均数量（件）
2007	31.1	31.9	5.9	18.5	0.19
2008	38.9	32.3	6.7	21.7	0.17
2009	42.7	27.6	6.8	24.6	0.16
2010	51.7	27.0	7.5	27.8	0.15

导致这一问题的主要原因可能还是在于我国的行业组织自身的发展不规

范，在实践中有很多时候，行业组织对于劳动争议的解决结果存在一定的倾向性，这就使得劳动纠纷调解的质量以及调解的公平性受到严重挑战，也就导致行业组织调解成功的案件数量无法达到一个相对较高的水平。此外，区域性与行业性劳动争议调解组织在人力以及财力上所取得的支持相对较差，其在社会上所处的地位也导致劳动争议当事人对于其的重视程度相对较低，调解的结果也因此很难具有说服性以及权威性，劳动者选择该调解组织进行调解的可能性也相对较低。

因为企业劳动争议调解组织的年度平均调解劳动争议案件的案件总数量还是显著偏低的，并且企业劳动争议调解组织的调解成功率也是很低的，故而可以得出这样的结论，在我国现阶段的劳动争议解决机制中企业劳动争议调解组织其实仍是一个形同虚设的部门。究其原因，其实上文已经提及：一方面，《企业劳动争议条例》对于企业是否需要设立劳动争议调解委员会并没有一个硬性规定，致使部分企业并未设置劳动争议调解委员会，或即使设置了劳动争议调解委员会，也未能使其发挥应有的作用，基本处于虚置的状态；另一方面，尽管现代的人力资源管理注重劳资双方之间的合作，但我国大部分企业并没有与劳动者合作的习惯与精神，以至于发生劳动争议时，因劳动者对企业内部劳动争议调解委员会的不信任，致使劳动者不愿意寻求企业内部调解委员会解决纠纷。[1]

对于我国的区域性与行业性劳动争议调解组织和企业的劳动争议调解组织为主要构成机构的劳动争议解决机制的实际工作效果，通过上述分析讨论可以得到这样的评估结论，即尽管从理论意义上来说，我国解决劳动争议的第一道程序是行业性与区域性以及企业的劳动争议调解组织，但在实际操作中，它们并未能够在实际上解决劳动争议，其主要原因除了这些组织机构并没有在严格意义上的实行其应实行的规范标准，还有调解组织在实际中的法律地位也没有得到相应的完善等原因。人们的首选解决劳动争议的选项中，调解机制没有成为大多数人的首选解决方案，即在我国的区域性与行业性劳动争议调解组织和

---

[1] 翟玉娟．劳动争议 ADR 研究——兼及《中华人民共和国劳动争议调解仲裁法》之解读［J］．法学评论，2009（4）．

企业的劳动争议调解组织为主要构成机构的劳动争议解决机制中，区域性与行业性劳动争议调解组织和企业的劳动争议调解组织等调解机构并没有实现其在立法目的中应当实现的对于劳动争议的分流和过滤作用。

（五）仲裁机制分流劳动争议的实际效果

在实践中我们可以发现相对于调解机制的分流和过滤效果，仲裁机制的分流与过滤效果明显强于调解机制。图 4-7 是将 2004~2012 年我国法院系统的一审审结劳动争议案件的数量和全国各级的劳动（人事）争议仲裁委员会的审结劳动争议案件数量相对比的直观表现。由于《劳动法》第 79 条规定："劳动争议发生后，当事人可以向本单位劳动争议调解委员会申请调解；调解不成的，当事人一方要求仲裁的，可以向劳动争议仲裁委员会申请仲裁。当事人一方也可以直接向劳动争议仲裁委员会申请仲裁。对仲裁裁决不服的，可以向人民法院提起诉讼。"也就是说，仲裁是诉讼程序的一道前置程序，在多数情况下，劳动争议案件进入人民法院的诉讼程序前都需要经过仲裁程序的仲裁，也因为这个原因导致仲裁机制的分流和过滤作用很明显，所以对仲裁机制的过滤和分流作用进行评估相对来说也比较容易。

根据图 4-7 直观的数据对比，可以清楚地发现，在实践中，仲裁机制对劳动争议案件的分流和过滤作用是十分明显的，根据统计数据可以得知仲裁委员会的年劳动争议案件的审结案件数甚至是人民法院系统一审年审结劳动争议案件的两倍多，也就是说作为前置程序的劳动争议诉讼案件的仲裁机制对劳动争议案件的过滤和分流作用达到了 54.2%，分流过滤了一半多的劳动争议案件，通过仲裁机制的作用在很大程度上减轻了我国劳动争议解决中人民法院系统的审理劳动仲裁诉讼案件的压力。并且，相对于烦琐的劳动诉讼程序而言，劳动争议仲裁具有及时、简便、灵活等特点，简化的劳动争议仲裁机制，使得劳动（人事）争议能够在较短的时间内解决，可以在一定程度上促进劳动关系和社会关系的稳定。[1] 此外，仲裁设立的目的就是简化劳

---

[1] 范跃如．劳动争议诉讼与劳动争议仲裁关系的重构［J］．河南师范大学学报（哲学社会科学版），2008（3）．

动纠纷解决程序，同时提高劳动纠纷解决的效率。

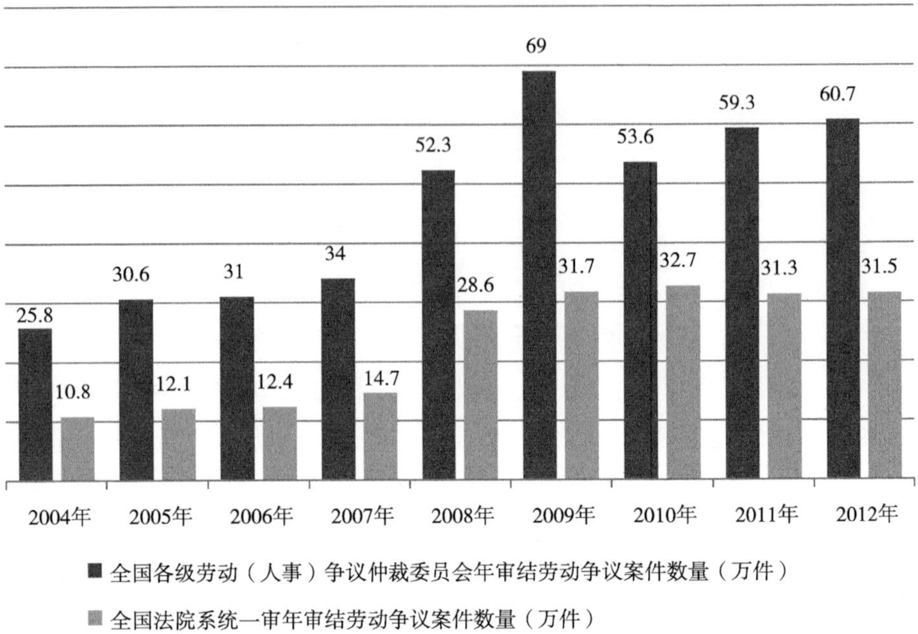

图 4-7　2004~2012 年全国仲裁机制分流劳动争议结果

从前文的数据可以看出，仲裁机制很好地实现了立法者设立该机制的目的，较好地承担了劳动争议的分流作用，将很大一部分劳动争议终结在仲裁程序。与此同时，对比劳动仲裁与劳动诉讼之间的法律制度，我们也应该看到，劳动仲裁与司法诉讼二者的价值追求有着很多相似之处，其制度之间也存在一些共性，因此也就需要将二者进行有机的贯通，合理发挥两种程序之间的联系。劳动争议仲裁与诉讼司法制度两者之间的贯通在一些规定中已有一些表现，例如仲裁时效的中止中断、仲裁裁决的撤销、举证责任倒置、案件的管辖、开庭回避等。❶ 但是，由于仲裁程序与诉讼程序在案件的法律适用的标准、受理范围及证明责任的分配等方面还尚未做到无缝衔接，这就造成很多当事人对仲裁裁决结果的权威性存在质疑，以至于很多仲裁裁决没有

❶ 章群，牛忠江．劳动争议仲裁与司法诉讼之衔接分析——基于“公平”与“效率”价值的展开［J］．财经科学，2008（11）．

完全得到实施。[1]

此外，根据劳动法的规定，劳动争议的仲裁应当采用同级工会、劳动行政部门、同级经济主管部门三方共裁的原则，然而在实际操作中，基本上由劳动行政部门一家独裁，再加上我国当前实施的“一裁两审”、裁审依次进行的单轨制，劳动争议仲裁机构具有双重的性质，即兼具准司法性和行政性，在仲裁过程中，其运用了大量的劳动与社会保障部门制定的行政规章及其他规范性文件，而作为独立司法机关的人民法院，在审理劳动争议案件时，仅将行政规章及其他规范性文件作为参照。[2] 在审理劳动争议案件时，法律运用标准不一致的状况造成法律适用的混乱局面，这在一定程度上会损害法律的权威性。按照“一裁两审”模式，诉讼程序应该是对仲裁程序进行监督，既然仲裁与诉讼之间是监督与被监督的关系，诉讼程序和仲裁程序应采取相同的审理标准和方法。[3] 据此可知，将劳动诉讼和劳动争议仲裁制度进行有机衔接，提高两者的一致性，可以在为劳资双方各自维护其自身的合法权益提供更加便捷、更加高效、更加合理的救济机制的同时，顺应我国劳动争议解决“一调一裁两审”制度中仲裁制度所应该起到的分流作用。就目前的实际情况来看，虽然劳动仲裁程序还存在一些不合理的因素，但是其对于劳动争议的处理已经有很大成效，可以说，劳动仲裁对于劳动争议的分流与过滤作用较好。

（六）我国劳动争议解决机制的实际运行效果

通过结合质量指标和数量指标，即强调数量指标的法院系统的年劳动争议案件审结数以及在劳动争议的解决中法院系统所发挥的作用、劳动人事争议仲裁机构的年劳动争议案件审结数及在劳动争议的解决中仲裁机构所发挥的作用、调解组织每年调解劳动争议的年结案数及在解决劳动争议案件整体中调解组织所发挥的作用和偏重于质量评估的调解机制在实际的劳动争议中

---

[1] 周隽超．我国劳动纠纷解决机制的实践困境与创新之维［J］．四川理工学院学报（社会科学版），2012（6）．

[2] 徐智华．劳动争议仲裁制度的缺陷与完善［J］．法学评论，2003（6）．

[3] 王工厂．我国劳动争议处理制度存在问题及完善［J］．学术论坛，2011（10）．

起到的分流作用的效果、仲裁机制在解决劳动争议案件中起到的效果，通过评析上述二级指标，可以对劳动争议解决机制的“效果”这个一级指标进行综合评估。

我们可以根据我国劳动争议解决机制在实际运行中的“效果”指标综合评估，得出以下两个结论：第一，在实际操作中，面对我国劳动争议解决机制中的仲裁机制、调解机制及法院系统，当事人对自己所遇到的争议，更倾向于通过法院系统与仲裁机制来处理；而在仲裁机制和法院系统中，仲裁机制更是充分发挥了其分流和过滤的中心功能，是整个劳动争议解决机制实施的核心，作为劳动争议解决的最终手段的法院系统，则充分体现了其保证作用。在实际运行中，调解机制并没有发挥出立法目的要求的在解决实际劳动争议案件中的作用，只是发挥了一定的辅助作用。这其实与立法者本意并非完全一致，作为采用相对温和的方式的调解组织本应在劳动争议中起到更主要的作用，却在实践中因为企业现实利益以及实际调解人员专业素养差异等原因，导致调解组织很多时候存在形同虚设的现象；并且其处理结果中所产生的权威性的缺失等问题也导致调解组织无法取得劳动争议当事人的信赖，这在很大程度上影响了调解组织在劳动争议解决过程中所发挥的作用。

第二，调解机制在劳动争议解决机制中对于劳动争议的分流和过滤很差，远远达不到立法目的的要求，立法者想要通过调解机制的分流和过滤减少司法资源的浪费、提高司法效率的目的在实践中并未得到实现。但是，仲裁机制在劳动争议解决机制中对于解决劳动争议案件起到了很好的分流和过滤效果。由此可以得出这样的结论，仲裁机制作为人民法院的诉讼程序的前置程序起到了很好的作用，在很大程度上缓解了法院的劳动争议案件的压力，如果没有仲裁机制，可能我国的法院系统面对数量庞大的劳动争议案件将会产生程序紊乱崩溃的情况。目前的仲裁机制是我国劳动争议解决机制的重要环节，我们应当正确处理调解机制、仲裁机制和法院程序三者之间的关系，从而在发挥仲裁机制的分流和过滤作用的同时，强化调解机制的过滤和分流功能。

三、我国劳动争议解决机制运行效果评估：效率指标的评估

效率指标是指对劳动争议解决机制的实施顺畅度所提出的指标要求，高效便捷地解决劳动争议是立法者的立法预期。综合评估“效率”这个一级指标需要首先分析评估“劳动争议解决的时间”“仲裁、调解及诉讼程序衔接程度”等二级指标的数据，然后综合评估“效率”这个一级指标。

（一）劳动争议解决的时间

劳动争议解决的时间指的是在劳动争议发生之后，当事人通过劳动争议解决机制解决其劳动争议从一开始到最终成功解决所需要的时间。劳动关系的特征决定了劳动争议的特征，由此可以看出劳动争议的本质特征就是社会性，具体表现在四个方面，即兼容性、及时性、群体性、普遍性。[1] 劳动争议涉及劳动者的切身利益，也关系到劳动者的正常生活，并且由于劳动关系的普遍性，劳动纠纷的解决一定程度上影响着社会的稳定性。对用人单位而言，考虑到其自身利益等相关问题，用人单位也希望能够尽快解决与劳动者之间的纠纷，从而恢复正常的生产状态，保持用人单位的良好声誉，因此，劳动争议解决的时间也是一个需要关注的问题。

从最长的劳动争议的解决时间计算的话，一个劳动争议可能经过调解、仲裁、一审、二审、再审等所有的劳动争议解决机制程序；由于“一裁两审程序”是我国劳动争议解决机制的最基本特点，即在劳动争议的解决中，它是最具代表性的程序，所以这里只重点分析“一裁两审程序”过程中可能需要的时间。图 4-8 是根据法律规定的“一裁两审程序”理论上所需的最长时间，工伤纠纷是典型的劳动争议案件，以工伤纠纷的具体流程和所需时间为例：第一，认定工伤的程序，依据我国《工伤保险条例》第 20 条规定，认定权利义

[1] 洪伟毅．劳动争议解决中的仲裁中心主义——对调解、仲裁、裁判相关关系的思考［J］．福建法学，2008（4）．

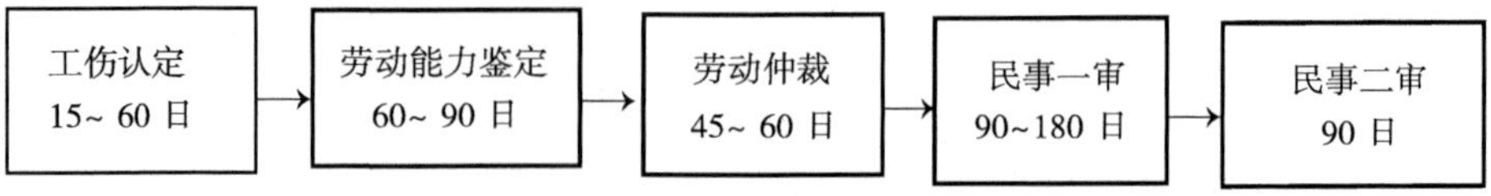

图 4-8 “一裁两审程序”理论上所需的最长时间

务清楚、事实清楚的工伤的申请，社会行政保险部门应该在 15 日内对工伤的认定做出最终结论，需要对于一般的工伤事实进行调查，判定权利义务关系的申请也应在 60 日内对工伤认定做出决定。第二，鉴定劳动者的劳动能力的程序，按照我国《工伤保险条例》第 25 条的规定，设区的市级劳动能力鉴定委员会应自收到劳动能力鉴定申请之日起 60 日内对劳动能力的鉴定做出结论，在必要时，如事实认定困难，可以延长劳动能力鉴定结论的期限 30 日，即共 90 日。第三，劳动仲裁程序，按照《劳动争议调解仲裁法》第 43 条的规定，劳动争议的仲裁裁决应在劳动争议仲裁委员会受理仲裁申请日起 45 日内做出，案件情况复杂时经劳动争议仲裁委员会主任批准可以延长 15 日，即 60 日。第四，民事一审程序，根据我国《民事诉讼法》的规定，权利义务明确、案件事实清楚的可以适用简易程序，简易程序的审限一般为 3 个月，普通程序的审限一般为 6 个月。第五，民事二审程序，按照《民事诉讼法》的规定，一般来说，民事二审的审限为 3 个月。在实际操作中，因实际原因的限制，全国各地有不同的司法资源、不同的案件纠纷发生数，不同地区实际解决劳动争议各个环节所需要的时间也会有所不同。一方面，经济发达地区相对于不发达地区社会关系复杂，劳动纠纷也主要集中发生在这些地区；另一方面，经济发达地区的法律为了适应这种实际情况与落后地区相比也会更加完善，同时劳动者的维权意识相对落后地区更加强烈，于是就造成发达地区司法资源较为紧张的局面，若每个劳动纠纷都必须经过仲裁程序、一审和二审这三个程序才能够解决，那么由于缺乏司法资源，解决劳动纠纷所需的时间则会较长。所以，在实际操作中，经过仲裁程序进入一审程序的案件数量、经过一审程序进入二审程序的案件数量，就对解决劳动争议整体所需的时间及劳动争议解决的效率产生直接、深刻的影响。

图 4-7 清晰地展示了全国劳动（人事）争议仲裁结构的年劳动争议案

件审结数和全国法院系统的年一审劳动争议案件的审结数的对比，若把全国的劳动（人事）争议仲裁机构的年劳动争议案件审结数当作分母、把历年的数据分别用全国法院系统的年一审劳动争议案件审结数作为分子，可以得出每年度进入一审程序的劳动争议数量的大致比率，而该项数据也真实体现了经过仲裁程序后进入一审程序的劳动争议案件的数量。再平均计算 2004～2012 年的数据，就可得出我国劳动争议解决机制中进入一审程序的劳动争议案件数量比率约为 45.8%。

图 4-9 对比了全国法院系统 2005～2007 年劳动争议案件一审结案数与二审收案数，若图中一审结案数量被当作分母，二审收案数被当作分子，就可以直观地得出，2005～2007 年，每年进入二审程序的案件比例平均大约为 32%。

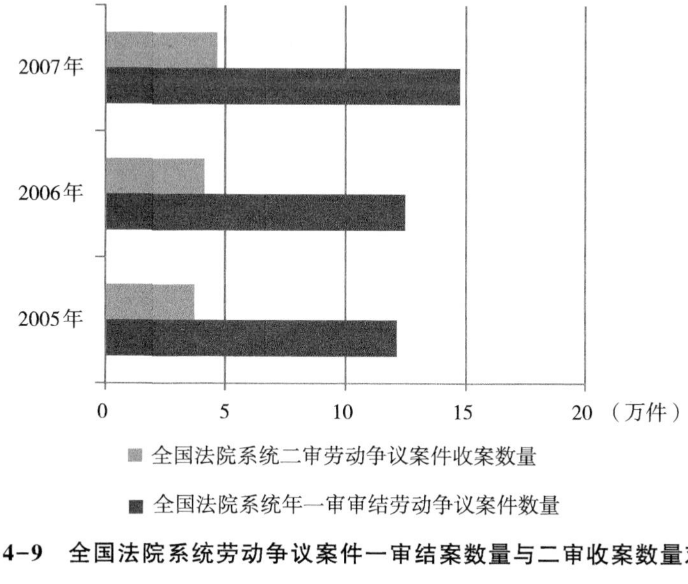

图 4-9　全国法院系统劳动争议案件一审结案数量与二审收案数量对比

表 4-4 体现了我国 2005～2007 年全国法院系统劳动争议案件的上诉率，[1] 从该表可以清楚地看到 2005～2007 年全国法院的平均上诉率为

[1] 中华全国总工会．劳动争议案呈现六个特点，涉诉高层管理人增多［EB/OL］．［2019-12-21］．http：//acftu. people. com. cn/GB/67574/7196736. html.

31.7%。表4-5体现了2007年后一些地方法院劳动争议案件的上诉率，以广州市萝岗区人民法院为例，可清晰地看到2007年之后，劳动争议案件的上诉率呈现出逐年上升的趋势。2007年4月1日生效的《诉讼费用交纳办法》把劳动争议案件的诉讼费下降为每件10元，撤诉、调解结案的费用减半，引起劳动争议案件上诉率上升的一个重要原因是诉讼费用的降低。此外，劳动者维权意识的提升以及用人单位希望通过利用时间成本，以上诉来拖延支付时间达到减少实际履行金额的目的的情况也在一定程度上导致上诉率的升高。现今，劳动争议解决机制相关的所有人都知道我国劳动争议案件上诉率高，从表4-5的数据也可以明显看出，在某些经济发达地区甚至产生了一种极端情形，劳动争议案件上诉率甚至达到90%左右。

表4-4　全国法院系统劳动争议案件的上诉率

	2005年	2006年	2007年	平均值
全国法院系统年一审审结劳动争议案件数量（件）	121 516	124 966	147 576	
全国法院系统二审劳动争议案件收案数量（件）	37 077	41 354	46 646	
上诉率（%）	30.5	33.1	31.6	31.7

表4-5　地方法院劳动争议案件上诉率统计

地方法院	2007年	2008年	2009年	2010年	2011年	2012年	2013年
广州市萝岗区人民法院❶	62.94%	76.06%	78.84%	79.45%	80.95%	92.72%	—
东莞市第三人民法院❷	—	—	73.36%	—	—	—	—
海口市美兰区法院❸	—	—	—	—	86%	—	—

❶ 袁兆升．谁来为劳动争议案件的上诉埋单［EB/OL］．［2019-12-21］．http：//court. luogang. gov. cn/lxyd/fltt/2013/10/22095936062. html.

❷ 东莞市第三人民法院研究室．2009年度案件上诉率分析调研报告［R/OL］．［2019-12-21］．http：//www. dgdsfy. org/fxsw/dycg/2011/09/05114713421. html.

❸ 海口市美兰区法院．海口劳动争议案件为何上诉率畸高［EB/OL］．［2019-12-21］．http：//www. legaldaily. com. cn/index/content/2011 - 08/22/content _ 2891057. htm?node=20908.

续表

地方法院	2007 年	2008 年	2009 年	2010 年	2011 年	2012 年	2013 年
中山市第一人民法院❶	—	—	49. 62%	49. 78%	—	—	—
河南太康县法院❷	—	—	—	—	33. 33%	35. 71%	54. 81%
四川彭州市法院❸	—	68%	—	—	—	—	—
郑州市法院系统❹	36. 21%	—	—	—	—	—	—
广东省法院系统❺	—	—	99. 23%	—	—	—	—

通过以上数据可以发现，在目前我国的劳动争议解决机制中有很大比例的劳动争议案件在解决过程中都需要经过仲裁、一审和二审三个程序，需要经过三个程序就意味着劳动争议的解决需要较长的时间，过程也会相对复杂，并没有实现劳动争议解决机制原有的预期目的——高效、便捷地解决劳动争议，提高司法效率。所以，通过实际评估可以发现，我国现有的劳动争议解决机制中，劳动争议案件的解决需要耗费大把的时间和大量的司法资源。

（二）仲裁、调解及诉讼程序的衔接程度

仲裁、调解及诉讼程序的衔接程度指的是在劳动争议解决机制中各环节

❶ 中山市第一人民法院．劳动争议诉讼情况白皮书（2009~2010）[R/OL].[2019-12-21]. http://www.zsnews.cn/Column/2011/09/08/1825875.shtml.

❷ 李文勇．劳动争议案件上诉高的原因及对策建议 [EB/OL]. [2019-12-21]. http://zkzy.chinacourt.org/public/detail.php? id=13069.

❸ 该数据是 2006~2008 年的平均统计数据。彭州市法院．劳动争议案件存在的问题 [EB/OL]. [2019-12-21]. http://www.chinacourt.org/article/detail/2009/04/id/352676.shtml.

❹ 该数据是平均统计数据：自 2004~2008 年（1~5 月），郑州市法院受理的劳动争议案件上诉率平均为 36.21%. 李建丽，钟青．劳动争议案件分析 [EB/OL].[2019-12-21]. http://hnfy.chinacourt.org/article/detail/2011/10/id/779661.shtml.

❺ 广东省高级人民法院．广东近三年劳动争议案件上诉率近 100%，建议修改民诉法实行一审终审制 [EB/OL]. [2019-12-21]. http://www.dgdsfy.org/fxsw/dycg/2011/09/05114713421.html.

程序间是否存在冲突、重复的因素，进而对整个程序流程运作的效率进行分析。若在仲裁机制、调解机制及诉讼程序的交替过程中存在较多的冲突、重复的因素，就必然会降低整个劳动争议解决过程的运行效率。

虽然我国在《人民调解法》《劳动争议调解仲裁法》及最高人民法院的相关解释中都对劳动争议调解协议的效力，即劳动争议调解应当和仲裁及诉讼进行衔接有所涉及，但有关规定的原则性较强，导致实践中操作性并不强。在《劳动争议调解仲裁法》中，在劳动争议仲裁、调解和诉讼程序的过渡与连接中，相关规定也有所体现，比如，该法第16条规定，因支付拖欠工伤医疗费、劳动报酬、经济补偿或者赔偿金事项达成调解协议，用人单位在约定履行期内不履行的，劳动者可持调解协议书依法向人民法院申请支付令。人民法院应当依法发出支付令。该条规定了在四类劳动纠纷调解协议达成之后，用人单位对调解协议不履行的，劳动者可持调解协议书向人民法院申请支付令，这是由调解直接过渡到非诉程序的规定；又如该法第29条规定，对劳动争议仲裁委员会不予受理或是否受理逾期未作出决定的，申请人可就该争议事项向法院起诉。该条是对仲裁不予受理及逾期受理的司法救济，当事人可以在法律规定的情况下越过仲裁前置程序直接获得诉权。

而按照我国《劳动争议调解仲裁法》，在调解程序中达成的调解协议其实并没有明确的法律效力。调解作为从落后时代演化而来的机制，其所依赖的传统社会、经济、文化基础基本消失，加之调解人员专业性不足以及公信力、权威性相对较弱，此外还要考虑到调解的非程序性以及非规则性，这就使得调解程序在劳动争议的解决过程中只能起到辅助作用。调解被日本学者纳入非规范性的纠纷解决机制中，如棚濑孝雄认为纠纷解决类型的区分标准有两个，即产生结果途径与产生结果的依据；按照产生结果的途径，纠纷解决的类型可分为合意性的与决定性的；从产生结果的依据来看，纠纷的解决类型可以分为规范性的和状况性的。[1] 从棚濑孝雄的观点来看，其实调解自

---

[1] 周永坤．论强制性调解对法治和公平的冲击［J］．法律科学（西北政法学院学报），2007（3）．

身就是一种合意性的解决纠纷方式。当事人的合意即双方真实意思的表示，其解决纠纷的依据可能并非来自法律，而是当事人双方利益协商的结果。这也充分体现出调解自身所带有的非规范性特征。

实践中，在仲裁程序和诉讼程序中均有一定比例的案件是通过调解方式解决的，且劳动仲裁调解以及诉讼调解在时间与精力上的付出相对裁决而言处于较高的水平，但在一定程度上真正公平、公正地保护了劳动争议双方当事人的权益。即使调解组织的权威性比不上劳动仲裁委员会、人民法院以及产生该现象的原因之一是调解程序本身的规范性和公正性相对较差，但是这并不妨碍我们认定“效率”这个一级指标，即劳动争议解决机制在实践中从效率的角度分析，调解程序与仲裁机制、诉讼程序的衔接并没有达到预期的情况。

如果对劳动争议诉讼法律制度和劳动争议仲裁法律制度进行对比分析，在实践中，劳动争议诉讼程序与仲裁程序中的重复与冲突环节也是层出不穷的。以至于在现阶段的实践中，劳动争议诉讼程序与冲裁程序衔接不畅，而且存在许多重复和冲突环节的根本原因是我国现行的法律法规并没有对劳动争议仲裁程序和诉讼程序的相互关系给出清晰明确的定位。表4-6对劳动争议诉讼程序与仲裁程序中所存在的重复环节和冲突环节进行了清晰描述；从中可以看到，劳动争议诉讼程序与冲裁程序之间的重复环节具体包括事实认定重复、裁判对象重复、举证、质证重复、案卷建立重复及争议裁判重复，冲突环节具体包括管辖冲突、裁判依据冲突及诉讼请求和仲裁请求冲突。由此可见，仲裁程序与诉讼程序还未能达到良好的衔接效果，甚至两者之间还存在脱节现象。如《劳动争议调解仲裁法》第50条规定，当事人不服其他劳动争议案件的仲裁裁决，可以自收到仲裁裁决书之日起15日内向人民法院起诉，期限届满不起诉的，裁决书生效。这也就意味着，根据法律的规定，在作出劳动争议仲裁以后，并不是即刻生效，只有在允许提起诉讼的法定期限届满且当事人未提起诉讼的情况下，仲裁才获得终局的效力。与此同时，按照最高人民法院对劳动部《关于人民法院审理劳动争议案件几个问题的函》的答复第2条规定，裁定书、判决书、调解书中不应该包含撤销或者维持仲裁裁决的内容。据此可知，在劳动争议诉讼的过程中，法院不涉及是否正确判断仲裁裁决，也不审查仲裁裁决。尽管说仲裁是诉讼的前置程序，但两者其实并不是一体的，而是割裂开的，一旦当事人提起诉讼，审判活动就从头开始，最终法院仅针对该劳动争议作出判决，仲裁裁决则在所不问。根据《最高人民法院关于审理劳动争议案件适用法律若干问题的解释》第 2 条规定，人民法院对仲裁机构作出的不予受理的书面裁决、决定或通知进行审查后，认为属于劳动争议案件的，应该由法院受理，而不是或者根本无权发回仲裁机关进行仲裁，这也足以说明法院并不对仲裁发挥程序上的影响力；从性质上来说，仲裁与诉讼，一个是私力救济，一个是公力救济，二者本身的性质不同，属于两种完全不同的救济方式。❶ 由此可见，其实诉讼和仲裁都是各自独立的程序，诉讼对仲裁缺乏监督，造成仲裁的效力和权威在实质上是缺失的，这也使得争议处理时进入诉讼成为常态，有违立法本意。❷ 由此可知，从效率的角度来分析，劳动争议诉讼与仲裁程序之间的衔接并不十分理想。

表 4-6　劳动争议仲裁程序与诉讼程序对比

<table>
<tr><th>重复环节</th><th colspan="2">冲突环节</th></tr>
<tr><td rowspan="3">1. 裁判对象重复；
2. 事实认定重复；
3. 举证、质证重复；
4. 争议裁判重复；
5. 案卷建立重复</td><td>裁判依据冲突</td><td>仲裁除了依据法律法规外，还以国家政策、国际惯例、企业规章为依据；
诉讼严格依据法律规定</td></tr>
<tr><td>管辖冲突</td><td>一裁终局的裁决，劳动者不服提起的诉讼由基层人民法院管辖；用人单位不服申请撤销仲裁裁决的案件由中级人民法院管辖；在特定情形下，会引起管辖权冲突</td></tr>
<tr><td>仲裁请求与诉讼请求冲突</td><td>1. 在仲裁请求基础上增加诉讼请求时，判断增加诉讼请求与劳动争议是否具有不可分性，有时引起冲突；
2. 在仲裁请求基础上，减少诉讼请求时，减少的诉讼请求无法强制执行，有时引起冲突；
3. 由于劳动争议诉讼判决不能撤销或维持仲裁裁决，劳动仲裁中败诉的一方有时无法在诉讼中提出合适的诉讼请求引起冲突</td></tr>
</table>

（三）我国劳动争议解决机制的效率

通过对“仲裁、调解及诉讼程序的连接程度”“劳动争议解决的时间”

❶ 顾玉彬，吴明霞．再论劳动争议仲裁程序与诉讼程序的合理衔接——对《中华人民共和国劳动争议调解仲裁法》中仲裁程序设置的再思考［J］．行政与法，2009（4）．

❷ 淡文婷．劳动争议调解仲裁与诉讼的衔接问题探究——以《劳动争议调解仲裁法》为视角［J］．法制与社会，2012（6）．

等二级指标的分析可以对评估体系中的“效率”这个一级指标作出综合评估。根据对以上两个二级指标的分析，可以知道“效率”这个一级指标存在以下两个特点。

第一，在现存的劳动争议解决机制下，在实践中，劳动争议案件的高上诉率在我国全国各地各级法院是一种极具普遍性的现象，尽管仲裁机构在劳动争议案件解决过程中起到了核心的分流和过滤作用，而且在一定程度上对于我国的劳动争议调解仲裁法也在一定程度上压缩了仲裁程序所需要的必要时间而提高了司法效率；但是我国在目前的国情下仍有相当大基数的劳动争议会在仲裁之后还要向法院提起诉讼，并没有解决劳动争议。而造成这一现象的具体原因包括两方面，一方面，劳动仲裁裁决并非终局性，致使部分当事人出于妨碍仲裁裁决的心理或侥幸心理而继续提起诉讼；另一方面，因为前置仲裁程序的强制性违反了当事人的自愿原则，自愿原则本该是仲裁的基本原则之一，然而在当前的劳动争议仲裁处理制度中，只要一方当事人提交了申请书，无须征得对方当事人的同意，仲裁机构就可即刻立案，这样就不能体现出仲裁本该有的自愿原则，从而影响了仲裁机构的权威性和裁决的执行。❶

这就造成大部分的劳动争议需经过劳动争议仲裁、一审和二审三个程序，加上由于劳动争议的分布具有一定的地域性，大量的劳动争议会集中在经济发达地区，但是每个地区无论经济是否发达，其能够利用的司法资源都是有限的，当部分地区有限的司法资源面对大面积的爆发式的劳动争议案件时，无论是劳动仲裁委员会还是人民法院都将面临超负荷运转这一现象，并且如果劳动争议需要经历仲裁、一审和二审三个程序的话所需要的时间也是随着量的增长成比例增长的，这就造成司法资源的浪费、司法效率低下等多种问题。

第二，由于我国现行的法律法规的局限性导致的调解程序、仲裁程序和诉讼程序之间的衔接不流畅，存在许多的重复和冲突环节，也是司法实践中

---

❶ 陈忠谦．从仲裁的本质谈我国劳动争议仲裁制度的改革［J］．仲裁研究，2007（3）．

所需要面临的一个普遍性问题。仲裁程序和诉讼程序之间存在的重复、无法流畅衔接，不同地区不同级别的法院的处理方式也不尽相同，这就使得劳动仲裁程序和诉讼程序之间的关系也变得多样化，就更容易产生司法程序紊乱、司法效率低下等问题，达不到原本的建立劳动争议解决机制的目的。

综上所述，不论如何分析仲裁、调解与诉讼程序间的衔接度或者解决劳动争议所需的时间等几个二级指标，都只能得出我国现行的劳动争议解决机制的运行效率不高这个结论。

四、我国劳动争议解决机制运行效果评估：成本指标的评估

司法资源的最优化指的是在司法实践中，预期的立法目的可以以最低的成本达到。评估劳动争议解决机制的一级指标之一就是评估劳动争议解决机制在实际运行中的成本问题。劳动争议解决机制的运行成本主要包括当事人的个人成本和社会资源消耗的社会成本两部分，本书主要是根据“劳动争议解决的个人成本”和“劳动争议解决的社会成本”这两个二级指标分析的，通过对于二级指标的分析从而作出对于“成本”这一指标的综合分析评估。

（一）劳动争议解决的个人成本

社会实践中个人对于劳动争议会付出的成本往往都是多方面多角度的，例如时间成本、金钱成本等多种方面，在评估“劳动争议解决的个人成本”时，主要是以金钱成本为讨论的主题方向，因为在所有成本中对于当事人而言最核心最重要的因素就是金钱方面的。在我国的法律法规中，出于对于劳动者这一弱势群体的保护考虑往往对于劳动者的金钱成本都只是作出了最低的要求。我国《劳动争议调解仲裁法》第 53 条就做出了劳动争议仲裁不收费的规定；2007 年 4 月 1 日生效的《诉讼费用交纳办法》第 13 条也只作出了劳动争议案件每件缴纳 10 元费用的极低要求。

在我国劳动争议解决机制中，个人所需要支付的金钱成本可以说是微乎

其微，对于个人而言几乎可以说是不需要缴纳诉讼费。其实劳动争议案件中个人成本的下调是有其现实性和合理性的，这是我国政府在“情为民所系，利为民所谋”的大原则下实现“司法为民”的重要举措，其现实意义不仅仅在于通过降低劳动争议案件的诉讼受理费、仲裁费等举措降低了劳动者对劳动争议提请诉讼、仲裁的门槛，使老百姓强烈反映的“打不起官司”的难题得以缓解，更在于对实践中人民法院和劳动争议仲裁委员会收费的合法裁量权进行了限制，使得劳动争议仲裁委员会与法院经费和案件收费的关联得以彻底切断，从根本上解决了乱收费的问题。❶

然而，我们也可以清楚地看到，人民法院为之支付的诉讼成本与如此低廉的劳动争议受理费用之间存在明显收支不对称问题，而且这在一定程度上也会对投资环境产生间接的影响。在市场经济条件下，在人才流动相当频繁的社会环境下，这种低廉的案件受理费用的规定是不全面的，它虽强调劳动者的利益，但忽视了用人单位的利益，导致用人单位的用人成本增加，在保护劳动者合法利益的同时也间接地刺激了劳资纠纷的发生，这必然会造成许多原本不必通过诉讼途径来解决的劳动争议进入法院系统，既浪费了司法资源，也对投资环境造成影响，最终损害的还是人民群众的利益。除此之外，许多纠纷进入法院的门槛并不高，这必然会造成未来缠诉、滥诉和机会型诉讼的增多。❷据法制网报道，自从《诉讼费用交纳办法》降低诉讼费用后，杭州市两级法院受理一审劳动争议案件比上一年同期上升 442.86%，大大高于平均上涨幅度。❸ 由于诉讼可以对劳动争议案件一锤定音，其公信力相对于调解和仲裁而言有大幅度提升，因此大部分劳动者在处理解决劳动争议纠纷时稍遇阻碍，就到法院起诉，试图通过法律途径解决，以求得更加公正权威的处理办法，获得相应的权益保护。

对于劳动争议解决的个人成本的下调是出于一种公平公正、为人民服

---

❶❷ 傅春燕，赖民勇．劳动争议案件程序费用下调之利弊分析［J］．司法改革论评，2008（1）．

❸ 余东明，李建平．杭州：诉讼费用降低民商案激增 劳动争议案增 4.5 倍［EB/OL］．［2019－12－21］．http：//www.chinalawinfo.com/News/NewsFullText.aspx？NewsId＝19295.

务、为人民着想的初衷，希望能够全面地更好地利用法律的权威性来达成对于劳动者的更好保护，从而实现法律的教育意义和预测作用；在实践中却暴露出了极大的问题，由于低廉的个人成本导致大多数人在遇到劳动争议案件时会理所应当地选择更加具有权威性的解决方法从而形成权力的滥用，造成人民法院的工作量突增从而影响工作效率，不仅劳动争议案件的上诉率产生不正常的增长，也造成司法资源不合理的浪费。

事实上，作为国家公权力支持下的终局性解决方案的司法途径，从资源配置上来看是稀缺的，这种资源稀缺性的终局解决应着重处理那些疑难复杂、重大的劳动争议案件。❶ 而实践中并没有合理配置司法资源，很多相对简单、标的较小的案件也进入了司法系统，造成目前很多经济发达的地区司法资源的相对紧张。综上所述，在我国现阶段的劳动争议解决机制中，劳动争议案件的低廉的个人成本不可避免地会造成很多人滥用权力，从而致使产生高昂的外部成本，并且增加了人民法院的高负荷运转极易造成司法资源的浪费；这种情况不利于司法资源的最优化，不利于实现最低成本的劳动争议解决机制的形成。

（二）劳动争议解决的社会成本

与个人成本一样，劳动争议解决机制中的社会成本也包含许多方面，比如，国家投入的司法资源、行政资源以及社会组织或企业耗费投入的经济资源等都可以归类为劳动争议解决需要的社会成本；其中所要讨论的重点是国家投入的行政资源和司法资源。国家的行政资源和司法资源都属于稀缺资源，所以为了达到预期的立法目的却造成过多的社会成本的使用仍然是一种浪费；设计劳动争议解决体制的评估体系就是为了通过评估体系的作用实现劳动争议解决体制的最优化，实现资源的合理利用的同时达到预期的立法目的。

调解机制需要政府的投入与支持，需要投入成本。在调解机制的运行过

❶ 王蓓，程龙，吕国凡．劳动争议诉讼的实证考察与对策研究——以公平与效率的关系为视角［J］．四川大学学报（哲学社会科学版），2012（5）．

程中，政府成本的投入以及相应的乡镇、街道调解委员会的建设都需要成本投入。如果进行了相应的成本投入，配置了各种调解委员会，调解后如果一方当事人不履行或者不愿履行已经达成的调解协议，就会导致成本浪费。在实践中调解的分流作用并没有达到预期的效果，也显示了目前我国在调解过程中成本的负担很重，这在一定程度上也大大增加了政府的压力。表4-7是《劳动争议调解仲裁法》实施后关于各地仲裁机构劳动纠纷工作情况的调研统计，可以直观地看出《劳动争议调解仲裁法》实施后，很多地区的仲裁机构受理的劳动仲裁案件数量猛增，同时在劳动纠纷案件快速增长的同时各地的仲裁机构也都面临工作量的骤增，造成高负荷运作的状态，这一点会造成劳动仲裁机构相关的一系列的行政资源处于一种十分紧缺的状态，那么就必然会造成为了满足当前的劳动争议解决就投入高额的行政经费。除此之外，相较于调解而言，仲裁在程序上更为规范，具体表现为在提出仲裁请求，仲裁员对争议的审理及判断，当事人就纠纷所涉及的有关事实和法律问题的陈述、证据的提出及调查等方面都有相应的程序规范。[1] 程序的规范性必然与增加相应资源的运用相对应，因此在成本上，仲裁程序要高于调解程序。

表4-7　各地仲裁机构劳动纠纷工作情况调研统计

仲裁机构	调研时间	劳动纠纷仲裁工作情况
北京市朝阳区劳动争议仲裁机构[2]	2009年5月	2009年“五一”是《劳动争议调解仲裁法》实施满一周年之日。由于该法律规定“申请仲裁免费”，一年来所受理的劳动仲裁案件相当于过去5年的总和。北京市朝阳区劳动保障局劳动争议仲裁科负责人认为，虽然法律规定从受理到结案应在45天内完成，但是现实中超时限审理已成为不争的事实

[1] 康桂珍．贯彻《劳动争议调解仲裁法》强化非诉讼解决机制作用［J］．中国劳动，2008（4）.

[2] 劳动仲裁员一天审四案［EB/OL］．［2019-12-21］．http：//news.163.com/09/0504/01/58ECAO5U000120GR.html.

续表

仲裁机构	调研时间	劳动纠纷仲裁工作情况
南京市雨花台区劳动争议仲裁机构❶	2008 年 7 月	随着《劳动合同法》和《劳动争议调解仲裁法》的实施，劳动争议仲裁案件猛增。南京市雨花台区劳动仲裁员半年人均办案 381 件，一天至少要办两个案子。免费劳动仲裁带来了一些新问题，打劳动官司不花钱后，很多申请人担心要求的金额低了“会吃亏”，提出七八项乃至十多项要求。有些简单的案件，索赔金额甚至高达 100 多万元
天津市劳动争议仲裁机构❷	2010 年 10 月	天津市各仲裁机构收到的劳动争议仲裁申诉每年都在成倍递增，仲裁案件的不断增多也让劳动仲裁员“全线告急”，很难想象一名劳动仲裁员，工作时间上趟厕所都要“小跑”，每人每天都会接新案子
上海市劳动争议仲裁机构❸	2009 年 4 月	上海市总工会认为，由于新法律规定申请劳动争议仲裁不需支付相关费用，标的小的争议案件急剧增多。上海市总工会已向相关部门递交了关于加强本市劳动争议仲裁工作的提案，针对专职办案仲裁员数量少且超负荷工作现象，建议在本市各功能区设立仲裁机构派出庭

表 4-8 直观地呈现了各地法院劳动纠纷审判白皮书中劳动纠纷审判的工作情况，由此可看出类似的情况：2008 年，劳动争议案件的数量出现井喷式增长，各地法院受理劳动争议案件的数量始终处于高位运行势态，劳动纠纷案件的数量增长巨大，致使很多法院面临较大的审判压力，司法资源的紧缺也必会引起国家投入高额的司法经费。一方面，用法经济学中成本收益方法来分析，由于在实践中先裁后审的现象普遍存在，即两次处理的模式，这就导致纠纷解决的成本要比单纯的诉讼成本高得多；另一方面，法院和仲裁机关之间机制的非对接性、差异性导致当事人和国家需要花费更多资源来对这些差异冲突进行处理，尤其是在仲裁裁决以后，无法约束后续诉讼的情形下，一旦当事人向法院提起诉讼，仲裁裁决便成为一纸空文，在不服仲裁后

❶ 劳动仲裁员一天办案两起［EB/OL］.［2019-12-21］. http://news.sina.com.cn/s/2008-07-25/030314214304s.shtm.

❷ 天津市劳动仲裁案“井喷”的背后：经济性争议占六成［EB/OL］.［2019-12-21］. http://ent.163.com/10/1018/11/6J9BHDB500032DGD.html.

❸ 上海劳动争议案件上升，仲裁员超负荷工作［EB/OL］.［2019-12-21］. http://news.163.com/09/0424/15/57M3LM9O00001124J.html.

起诉的案件中，仲裁成本将沦为沉没成本，诉讼不以仲裁为基础，对同一案件进行重复审理，不仅对仲裁的权威进行了严重的弱化，而且造成法律资源的严重浪费，这不符合法经济学中提倡的节约法律资源的理念。[1] 因为劳动争议有时需要经过调解、仲裁、诉讼三个程序，而每个程序都需要运用很多资源，以及很多劳动争议案件的解决需要经过这三个程序之后才最终得以处理；所以可以得出这样的结论：在我国现行的劳动争议解决体制下，解决劳动争议是需要较高的社会成本的。虽然引起劳动争议解决的行政资源和司法资源短缺的因素是多样的，但是其主要原因应当还是现行的劳动争议解决体制下低廉的个人成本引起的纠纷数量上升；个人成本低廉必然会导致外部成本增加，浪费司法资源。

表 4-8　各地法院劳动纠纷审判白皮书中劳动纠纷审判工作情况统计

法院	白皮书及发布时间	劳动纠纷审判工作情况
上海市黄浦区法院[2]	《上海市黄浦区劳动争议诉讼情况白皮书（2008 年）》	2008 年劳动争议案件数量呈明显上升趋势，2008 年收案同比增加逾三成，特别是下半年收案 393 件，同比增加一倍多； 部分劳动者利用劳动争议诉讼收费固定 10 元的规定，滥用诉讼权利，故意提出不合理的请求，申请赔偿数额动辄数十万元甚至高达数十亿元，给企业及法院均带来困扰
北京市海淀区法院[3]	《北京市海淀区法院劳动争议审判情况白皮书(2012~2013 年)》	自 2008 年《劳动合同法》实施以来，海淀法院劳动争议案件受理数量始终保持高位运行态势，在经历 2008~2009 年案件井喷后案件增长量逐渐趋缓，但自 2013 年第一季度起，案件再次呈现出爆发式增长的态势。在案件数量井喷的背后，诚信度缺失问题逐渐浮出水面。海淀法院经调研统计发现，伴随着“诚信危机”的愈演愈烈，因诚信度缺失所引发的劳动纠纷在诉讼中所占的比重日益凸显，诚信度缺失的行为不仅耗费大量人力资源和诉讼成本，成为制约企业人力资源管理良性发展的瓶颈，也对法官查清案情造成困扰

[1] 王蓓．以“或审或裁”模式重构个别劳动争议处理机制［J］．法学，2013（4）.

[2] 上海市黄浦区法院．上海市黄浦区劳动争议诉讼情况白皮书（2008 年）［R/OL］．［2019-12-21］．http://www.legaldaily.com.cn/zmbm/content/2009-04/02/content_1064265.htm?node=7570.

[3] 北京市海淀区法院．北京市海淀区法院劳动争议审判情况白皮书（2012~2013 年）［R/OL］．［2019-12-21］．http：//bjhdfy.chinacourt.org/public/detail.php? id=1561.

续表

法院	白皮书及发布时间	劳动纠纷审判工作情况
深圳市中级人民法院及下辖基层法院❶	《深圳市中级人民法院劳动争议审判白皮书（2005～2011年）》	2008年深圳市各区法院受理的劳动争议案件出现井喷式增长，其中宝安区法院新收劳动争议案件19 457宗，同比增长458.63%；龙岗区法院新收劳动争议案件10 271宗，同比增长207.24%，结案工作压力巨大。深圳市中院受理的劳动争议案件在2009年出现大幅增长，新收14 191宗，同比增长110.33%。为应对案件迅猛增长的形势，深圳市中院通过提高法官办案任务指标、开展办案竞赛活动，最终审结劳动争议案件11 755宗，同比增长119.72%
上海市第二中级人民法院及下辖基层法院❷	《上海市第二中级人民法院劳动争议审判白皮书（2009年）》	2009年上海市第二中级人民法院劳动争议案件相比2008年剧增66.92%。二中院辖区的各个基层法院，更是承受着巨大的收案压力，其中尤以青浦、宝山、嘉定等区为最。青浦法院2009年收案1661件，较2008年收案剧增150.53%，数量居辖区法院之首，同期结案1652件，同比增加169.49%；宝山法院2009年收案1186件，同比增加85%，结案1135件，同比增加74%；嘉定法院2009年收案1265件，同比增加67.56%，结案1217件，同比增加59.92%

（三）劳动争议解决机制的运行成本

我国现行的劳动争议解决机制设计运行成本等相关指标的主要目的，是在于以最低的资源消耗实现预期的立法目的；通过对于劳动争议解决所需的个人成本和劳动争议所需的社会成本的评估，可以知道实现劳动争议的最优化配置的主要途径就是协调和平衡在劳动争议解决时所需要的个人成本和社会成本。法律的经济分析理论认为，如果滥用权利就必然导致高昂外部成本，所以怎样处理个人理性和集体理性之间的冲突，怎样解决个人权利和集体权利之间的矛盾，最终会影响整个法律的效率目标，处理不到位甚至可能

❶ 深圳市中级人民法院．深圳市中级人民法院劳动争议审判白皮书（2005～2011年）[EB/OL].［2019-12-21］. http：//www.szcourt.gov.cn/ArticleInfo.aspx？id=4197.

❷ 上海市第二中级人民法院．上海市第二中级人民法院劳动争议审判白皮书（2009年）[EB/OL].［2019-12-21］. http：//www.shezfy.com/book/bps/p5.html.

会引起法律的不公正不公平。[1]

个人理性和集体理性的主要冲突是因为，局部最优化和整体最优化之间的矛盾，归根结底其实质仍然在于特定的行为的私人成本收益和社会收益之间的矛盾。如果着重于社会收益，不在乎个人理性和个人偏好的法律，必定会因为失去民意这一点而难以推行。

我国目前劳动争议解决体制所面临的问题就是不能合理地处理个人成本收益同社会成本收益之间的关系，不能平衡和协调两者之间的关系。低廉的个人成本必定会引起权力的滥用从而形成高昂的外部成本即社会成本，从成本指标分析是不能实现资源的最优化的；提高个人成本必定会引起部分劳动者的不满，造成法律工作难以推进的状况，劳动争议解决体制更加难以推行。

综上所述，通过对我国劳动争议解决机制运行中的“效果”“效率”和“成本”这三个一级指标的综合评估分析，可以发现我国的劳动争议解决机制存在以下三个问题。

第一，从实践运行效果看，我国现行的调解机制并没有实现预想的分流和过滤劳动争议的功能，仲裁机制较为充分地发挥了劳动争议的分流和过滤功能，可以基本确保法院系统和劳动争议仲裁机构在现行的劳动争议案件中发挥出其自身应有的核心功能和保证功能；现在的重点应当放在加强和完善调解机制的分流和过滤作用；调解机构在我国是数量很大的纠纷解决机构，如果能够充分发挥其作用，应当能够改变目前的部分经济发达地区的仲裁机构和法院系统在处理劳动争议纠纷时的高负荷运行状态。

第二，从实践运行效率看，目前我国处于一种劳动争议上诉率畸高的状态；并且调解、仲裁和诉讼三个程序之间存在许多重复、冲突的环节，明显衔接不畅。我们主要的关注点应当放在降低劳动争议的上诉率以及减少三个程序之间的冲突和重复，协调三个程序之间的关系使得其在实践运行中可以更加流畅。

---

[1] 钱弘道．法律的经济分析工具［J］．法学研究，2004（4）．

第三，从实践运行成本看，我国仍然没有平衡协调好个人成本收益同社会成本收益之间的关系，个人成本同社会成本之间的不平衡导致我国目前的劳动争议解决机制的运行成本相对较高，没有达到预期的实现资源最优化的设定。

第五章　民事上诉制度效果评估
——以上诉率和上诉发改率指标分析为视角

民事上诉制度是司法制度的重要组成部分，民事上诉制度的运行效果也是司法质量的重要组成部分。对民事上诉制度的运行效果进行评估，考察民事上诉制度目标的实现情况，是司法运行情况评估的一个重要内容。确定上诉制度的重要目标后，通过民事上诉制度在实际运行中对预期目标的实现情况，来评估上诉制度的实际运行效果。一般认为，民事上诉制度的功能和目标大致包括两个方面：第一，实现对当事人的合法有效救济；第二，实现上级法院对下级法院的审判监督。正如权威学者在谈到上诉制度时指出的那样，上诉制度的建立是“为了保护当事人和其他诉讼参与人充分行使法律赋予的诉讼权利，维护当事人的合法权益；确保上级法院对下级法院的审判监督权，纠正错误判决，提升办案质量，具有重要意义”。❶ 部分学者认为，对人民法院来说，设立二审程序首先是人民法院系统内的自我监督程序体系，帮助上级法院监督与指导下级法院；其次是二审程序可以帮助当事人维护自己的合法权益。❷ 笔者认为，民事上诉制度的重要功能在于实现效率与公正的基本目标，民事上诉制度实际效果的评估标准主要考察的是效率目标的实现和公正目标的实现。典型目标的实现是制度和规范的灵魂，民事上诉制度的设计和完善很大程度上取决于该制度的典型目标的实现程度，以民事上诉制度的典型目标的实现为视角，为了解决民事上诉制度运行中的问题，需要结合上诉率和上诉发改率来评估民事上诉制度的效果。

---

❶ 刘家兴．民事诉讼法教程［M］．北京：北京大学出版社，1994：289-290.

❷ 常怡．民事诉讼学［M］．北京：中国政法大学出版社，1994：271.

一、民事上诉制度的基本目标概述

（一）上诉制度的理论分析

上诉制度是重要的司法制度，相关理论分析也比较成熟。陈计男教授指出：“上诉是一种方法，通过这种方法，一方当事人拒绝接受上级法院未确定的不利判决，以获得更有利的判决。”❶ 陈荣宗等分析指出：“上诉指的是一方拒绝接受不利且尚未确定的最终判决，并要求高等法院在听取判决后撤销或改变判决的诉讼救济方法。”❷

美国《布莱克法律词典》的定义是：“上诉是指将一个决定提交给更高一级的复议机关的程序，特别是将下级法院或行政机关的决定提交给更高一级的法院审查，以决定是否应该撤销。”美国学者认为，“在法院作出判决后，受害方包括作出判决的被告、追回被驳回的原告以及追回少于其索赔的原告，上诉法院应对此判决进行复审”。❸

英国《牛津法律词典》将其定义为：“上诉是指请求上级法院对下级法院的裁决进行司法审查。在现代英国司法实践中，大多数上诉案件都是通过重新听审的办法进行审理。上诉审法院重新审理下级法院已审结的案件时，通常使用下级法院的证据材料或记录来代替对证人的听证。”❹

澳大利亚学者认为，“上诉是指一方为了上诉人的利益向上诉法院申请推翻或改变初步判决的诉讼程序。立法规定了上诉审判的范围，同时确定了上诉审判管辖权。初审法院的裁决可以上诉，在某些情况下，诉讼判决也可以上诉”。❺ 日本学者在《民事诉讼法》中提出，“上诉审判程序是基于当事

---

❶ 陈计男．民事诉讼法论［M］．台北：三民书局，2000：255.

❷ 陈荣宗，林庆苗．民事诉讼法（下）［M］．台北：三民书局，2001：853-854.

❸ ［美］哈泽德．美国民事诉讼法导论［M］．张茂，译．北京：中国政法大学出版社，1998：184.

❹ 王学雷．论民事上诉制度的完善［D］．呼和浩特：内蒙古大学，2011：2.

❺ B. C. Cairns. Australian Civil Procedure［M］. Law Book Co. , 2002：541.

人的上诉，更高一级的审判继续审理案件并重新审理案件，以判断更低一级的审判判决是否正确”。❶ 法国学者则认为，“上诉是指阻止判决的决定，这样案件就转移到上诉中”。❷

我国法律界更权威的观点是：“上诉是指一方当事人拒绝接受一审法院尚未生效的判决，并要求上级法院在法定期限内进行审判、撤销或变更判决的诉讼行为。”❸

通过以上对上诉制度的分析可以看出，上诉作为一种救济方法而存在，包含以下特点：（1）当事人享有上诉权是上诉制度的前提，提起上诉的主体是原审案件的当事人，原审案件的原告和被告均有上诉的权利。（2）上诉的对象是尚未生效的（未确定的）裁判，例如，根据我国《民事诉讼法》：“如果一方当事人拒绝接受在地方各级法院没有法律效力的一审判决或裁决，他有权利在判决或裁决送达后的第二天起的法定期限内（判决为15天，裁决为10天）向上一级人民法院提出上诉。”（3）上诉的目的是请求上级法院审查下级法院的裁判，并撤销或变更该裁判。民事诉讼审判之后，对于诉讼结果不满意的大多是败诉方，而很多败诉方也不愿意接受这个判决的结果，自己也不怕折腾，于是就会提出上诉，希望能得到改判可能。（4）上诉还应满足某些特定的条件。与起诉和一审相比，法律对上诉的行为和程序有一些特殊的限制。例如，一些国家规定上诉需要上诉利益；部分国家则对上诉的标的额做出了特殊要求；在一些实行三审终审的国家和地区，上诉被分为第一次上诉和第二次上诉，分别使用不同规则。

（二）民事上诉制度的目标和功能分析

民事上诉制度目标和功能的确定是对民事上诉制度进行评估的前提。对民事上诉制度运行效果的评估，在一定程度上是考察该制度预期目标的实现

---

❶ ［日］兼子一，竹下守夫．民事诉讼法［M］．白绿铉，译．北京：法律出版社，1999：223.

❷ 张卫平，陈刚．法国民事诉讼法导论［M］．北京：中国政法大学出版社，1997：277.

❸ 江伟．民事诉讼法学原理［M］．北京：中国人民大学出版社，1999：655.

程度。笔者认为，民事上诉制度的功能和目标包括如下三个方面。

1. 纠正一审裁判的错误

由第二审程序来弥补原审法官对案件处理上的局限与漏洞。法官在遇到相同案件事实的情况下，受个人职业价值、价值观的影响常常会得出不同的处理结论，而且有的法律条文精简抽象，即使有法学基础的加持，法官在对个案进行解释的时候也难免出现差异，更不用说法官有时会存在认识的缺憾，在事实认定与法律适用上所做的决定并不合理。除了法官自身认识主观方面的局限，还有一些客观因素的影响，如有新的证据出现等一些证据和事实问题；据以作出原判决、裁定的法律文书被撤销或者变更的；原审存在严重的程序违法。由此上诉审判的设定起着法律补救的作用，通过上一层级法院来统一法的解释至关重要，较高层级法院所作的判决对下级法院有着示范作用，就好比最高人民法院每年发布的指导性案例在全国范围内实现法律解释与适用的统一。同时也修正了第一审判决中的错误，个案当事人十分看重上诉制度的此项功能。然而，加强上诉审判的补救功能将不可避免地导致人们盲目服从上诉审判法院，过度依赖上诉法官从而把不必要的案件引入上诉审判。从一定程度来说，相较于原审，上诉法院作出正确判决的可能性更大，因为案件争议的焦点在原审中得以澄清和细化，上诉法院可以把精力放在最重要或曾被忽略的问题上，从而为判决的正确性提供了更强的保障。从另外角度来说，上诉制度也减轻了法官的责任负荷。

有学者指出：从当事人角度观察，可以要求上一级人民法院对一审判决的正确性和合法性进行审判，并通过行使上诉权和二审程序进行最终确认；与此同时，这也为他们提供了补充新事实、新理由和新证据的机会，使他们能够进一步维护自己的合法权益；避免一审败诉没有补救措施的不合理现象。[1] 学者张卫平指出：上诉是法律赋予当事人的诉讼权利，通过行使这一权利，当事人也可以在二审程序中补充或者提出新的证据，并进一步陈述，以保护自己的合法权益不因原审人民法院的错误判决而遭受损失。[2]

---

[1] 江伟．民事诉讼法学原理［M］．北京：中国人民大学出版社，2002：654.

[2] 张卫平．民事诉讼法教程［M］．北京：法律出版社，1998：333.

2. 为审判者设置审判者

法官审判案件时有时会存在偏私，需建立层级之间的制约机制来减少和避免类似情形的发生。法官的“肆意妄为”在当代的诉讼程序面前明显受到控制。但法官依然是普通人，难以摒弃作为普通人的偏袒，这种偏袒仍会在一定程度上致使法官作出恣意判决。我们要把权力关进制度的笼子里，没有监督的权力等同于腐败。因此，上诉制度已经成为限制法官偏见和有效控制法官偏见的笼子。有学者认为：上诉制度是一种责任制度，这无疑限制了下级法院的独立性；然而，上诉是作为一种责任制度提出的，它促进了与独立性密切相关的司法系统的重要理想：依法裁决、作出准确的裁决、维持上诉法院管辖权内裁决的一致性等；此外，如果上诉法院本身是独立的，其裁决将直接改善整个司法机构的独立性，因为腐败和不公正约束了下级法院；上诉系统还通过减少其他机构介入处理法院系统内滥用权力和错误的必要性，提高了司法独立性。

因此，上诉制度的重要功能之一是监督功能，上诉制度是一种责任手段，是对法官的一种约束机制。

3. 保障当事人合法利益

此项功能也是民事上诉制度设立的初衷，为当事人提供释放不满的渠道。制度都是在不断的发展与改进中日渐完善，对于诉讼制度而言可能存在其本身的缺陷，比如程序设置、人为失误、适用误差。一些当事人可能对诉讼程序和结果不满意，因此冲突没有得到有效解决。“这项决定不能取得令人满意的结果，因此它需要吸收一些甚至所有相关方的不满。程序要求的满足可以使决策更容易被失望的人接受。”❶ 最终审判可能不会达到解决争端的效果，而上诉系统为各方释放不满提供了渠道。上诉也是为了安抚失败的一方，美国学者提出：“上诉权的主要功能之一是为那些在一审中败诉的人提供心理出路和社会保障。因为上诉允许败方不攻击法律制度的合法性，也不拒绝服从初审法院在理论上要求其合法权利。事实上，由于向高等法院提

---

❶ 季卫东．法治秩序的建构［M］．北京：中国政法大学出版社，1999：36.

出的上诉表明了他们对合法性的承认，败诉方的不满导致了进一步的合法性诉求。”❶ 通过上诉制度的指导，当事人表达和解决不满的方式进入了合理的轨道，从而避免了当事人通过不适当的手段寻求正义。有学者认为：“受害者提起诉讼往往不是因为他们的实际利益，而是因为他们的权利和感情，他们对非法行为感到痛苦；上诉审判制度首先为败诉方提供了心理出路和社会保障，允许败诉方在理论上主张其合法权利，而不损害法律制度的合法性或拒绝服从一审法院。”❷ 因为在一个公正的程序之中，各方的要求或反对意见可以得到充分表达，并且在相互斗争的各个层面上的价值或利益都得到全面考虑和权衡，最终，败诉方可以通过上诉来减轻败诉的耻辱心。即使诉讼进入上诉程序，当败诉的心理压力减轻后，上诉人在诉讼过程中可能会表现得更加理性，有利于冲突的有效解决。

综上所述，关于上诉审判的功能有以下观点和意见：第一，给审判者设置审判者；第二，二审法官通过法定程序来补充初审法官理解的偏差，以保证审判者理解的准确性；第三，确保当事人的合法权益；第四，降低初审法官的责任负荷；第五，统一法律的适用。笔者认为，虽然民事上诉制度的功能和目标是多方面的，民事上诉制度的基本价值目标可以确定为效率目标和公正目标。效率和公正是司法制度运行的终极目标，也是上诉制度运行的重要价值目标。正如陈桂明提到：“上诉审判的所有功能的总和在于通过程序的复合装置来确保判决的准确性和实现诉讼的公正。”❸ 上诉制度对公正目标的实现，表现在其纠错功能的实现程度。在实现公正和纠错目标的同时，上诉制度也要兼顾效率目标。上诉制度效率目标的实现，主要考察上诉制度运行过程中，节约司法资源的程度。民事上诉制度的实际运行效果，可以通过民事上诉制度效率目标和公正目标的实现程度来考察，对民事上诉制度运行效果的评估，主要是评估民事上诉制度效率目标和公正目标的实现程度。

---

❶ ［美］夏皮罗．法院［M］．朱云汉，译//［美］格林斯坦，鲍尔斯比．政府制度与程序．台北：幼狮文化事业公司，1983：484.

❷ 杨一平．司法正义论［M］．北京：法律出版社，1999：187-188.

❸ 陈桂明．民事审判方式改革与发展［M］．北京：中国法制出版社，1998：266-269.

二、民事上诉制度的效率目标评估研究：以上诉率指标分析为视角

民事上诉制度的效率目标指的是上诉制度的运行是否满足节约司法资源、快速解决纠纷的标准。在当前司法资源紧张、案件数量增长较快的背景下，司法效率成为衡量司法运行质量的一个重要标准。上诉制度的运行和设计也要满足效率标准，上诉制度的设计和运行要能够节约司法资源，快速解决纠纷。上诉率指标在一定程度上，可以反映出民事上诉制度的效率情况，过高的上诉率可能造成纠纷解决迟延和司法资源的浪费。上诉率的变动情况，可以在一定意义上反映出上诉制度的效率目标实现情况。

一些学者将民事二审收案量和民事一审收案量的比值定义为民事上诉率，认为其可以衡量司法的公正程度与当事人是否承受了不公正的判决。笔者认为此种定义欠缺合理性，不能真正反映上诉率的内涵；由于程序的原因，有大量的民事一审案件无法上诉而通过调解结案，而且调解结案量也会受到外界诸多因素的影响变化巨大。如果将此加入民事上诉率的分母之中，计算出来的上诉率很难真正反映当事人采用上诉这一救济方式的频率，当事人对一审判决的满意程度也难以有效衡量。基于此，笔者将民事上诉率定义为，民事二审收案量与民事一审判决量的比率。由此可见，上诉率越高，往往意味着一审法院的判决并不能令当事人信服，甚至可能暴露一审过程中存在的一些程序问题。我们希望通过上诉率的分析来评估上诉制度效率目标实现情况，上诉率变动可能是一审程序的原因、法院本身的原因、上诉制度本身的原因等多种因素综合作用的结果；但不可否认的是，上诉制度本身的原因是一个不可或缺的因素，因为只有满足上诉制度的启动条件，才能启动上诉案件；过高的上诉率本身也就说明了上诉制度运行启动口径太宽，效率较低。我们首先对上诉率指标的变化及其原因进行分析，并总结上诉制度本身的原因、找到上诉制度本身存在的相关问题；然后找到上诉制度提高效率目标的途径。苏力指出：民事上诉率与初审法官的司法素质成反比，即如果民事上诉率持续下降，那么意味着初审判决公正性不断上升，即初审法官的司

法素质在不断上升。[1] 苏力教授的这一观点，遭到很多人的质疑。那么，这些质疑都有何依据？民事上诉率是否真的仅与初审判决质量有关？上诉率变化背后的原因是什么？波斯纳将其归纳为“从属裁决的增加”“法律更不确定”“上诉审法官数量增加”以及“地区法院的诉讼越来越简易”。在笔者看来，过高的上诉率背后的原因可能是上诉权的滥用，不利于节约司法资源和提高效率。

前文关于民事上诉的功能阐述中也或多或少地阐述了当事人上诉的原因，但是诸多媒体报道只是泛泛地谈论上诉问题，没有深层次地探索其中的原因，也未能提出一些切实可行的完善措施。现行的研究主要还是停留在理论层面，对于一些问题虽然使用实证方法，也往往只是建立在零散的数据之上，欠缺对数据的深度剖析。在上诉制度效率目标评估过程中，本书尽量采集较充分的数据、进行较为充分的分析和研究，进而分析上诉率变动背后的原因。

（一）关于上诉率变动需要验证的问题

关于上诉率的变动，笔者总结了若干需要验证的问题，这些问题长期被理论界和实务界所关注。这些问题的总结，可以为后续的数据分析找到方向。

（1）案件撤调结案率会影响上诉率的变迁。法院近些年将提高案件结案率作为衡量法院办案效率的一个重要指标，这往往对案件质量产生负面影响，主要表现为调解工作不到位。审判人员为了一味地提高结案率难以避免地会将手中的案件进行判决结案，从而没有过多的精力投入到调解工作，致使一些本可以调解结案的案件只能以判决的方式结案，由此提高了案件上诉的可能性。

（2）经济发展程度会对上诉率的变迁产生影响。不同地区经济发展程度不同，案件复杂程度不同，公民的整体素质有所差异，这些因素可能会影响案件数量甚至可能上诉率。

---

[1] 苏力．基层法官的司法素质——从民事一审判决率透视［J］．法学，2000（3）．

（3）不同的案件类型会对上诉率产生影响。某些类型案件上速率高而某些类型案件上诉率低。为了验证这一问题，本书将“案件类型”作为一个分析变量；并选择婚姻家庭继承纠纷、合同纠纷、侵权纠纷等类型案件分析上诉率。

（4）民事诉讼制度本身的因素可能影响上诉率。其一，上诉费用的多少会影响上诉率。上诉预期收益减少再加之上诉成本增加，将会导致上诉率减少；反之诉讼费降低，则可能导致上诉率提高。当事人恶意上诉的一个原因，可能是因现行的诉讼收费标准大幅度下降，当事人启动诉讼程序的成本降低了，尤其是劳动争议案件上诉收费只有 10 元；部分当事人明知上诉的结果会是败诉，也要上诉，其目的是拖延履行义务的时间，甚至希望在二审时通过向对方当事人施压而达成更有利于己方的调解结果。其二，受立案登记制改革的影响。经过立案登记制改革后，一方面法院新收案件数量大幅度增加，相应地增加了案件的数量；另一方面加大了办案人员的工作压力，法院民事审判庭近年来一直处于案件多、人员少的状态，长期超负荷的工作往往导致审判人员性情变得急躁，缺乏耐心与细心，致使在案件审理阶段未能认真倾听当事人的诉求，及时释明诉讼中可能存在的法律风险，在宣判时亦未能就判决书的内容耐心地为当事人做好释法析理工作，从而导致当事人对判决结果不理解，对审判人员不信任，进而导致判决服判率低、上诉率偏高的不利局面。

（5）年轻法官所审理的案件更容易上诉。虽然这个问题表面看起来很荒谬，但其背后的逻辑是法官的个人司法经历会对其工作的质量产生影响。为了验证这个问题，本书设计了一组变量。如何将“司法经验”提炼出抽象标准，笔者使用“法官年龄”作为一个粗略的标准来判断法官是否有丰富的司法经验，并以此确定了“30 岁以下（包括 30 岁）”“30 岁和 45 岁之间（包括 45 岁）”和“45 岁以上”三个等级。

（二）数据的采集和分析

本书使用的数据主要有两类：第一类是司法运行情况公布的官方数据，为 2000~2016 年全国法院审理民事一审案件各类情况；第二类数据是笔者在实地调研中获得的较具代表性的四法院（A、B、C、D）2004~2010 年的相关数据。笔者对这些数据进行了加工整理和分析，以分析上诉率变动的情况及其原因，从而评估上诉制度效率目标的实现情况及其完善方向。

1. 案件撤调结案率、判决率对上诉率变迁的影响

（1）图 5-1 为 2000~2016 年全国民事一审判决、一审调撤率、民事上诉率的情况；此处的民事一审调撤率是通过调解撤回和解决的一审案件数量与通过调解解决的一审案件数量之比。一审上诉率是二审收到的案件数与一审判决数之比。

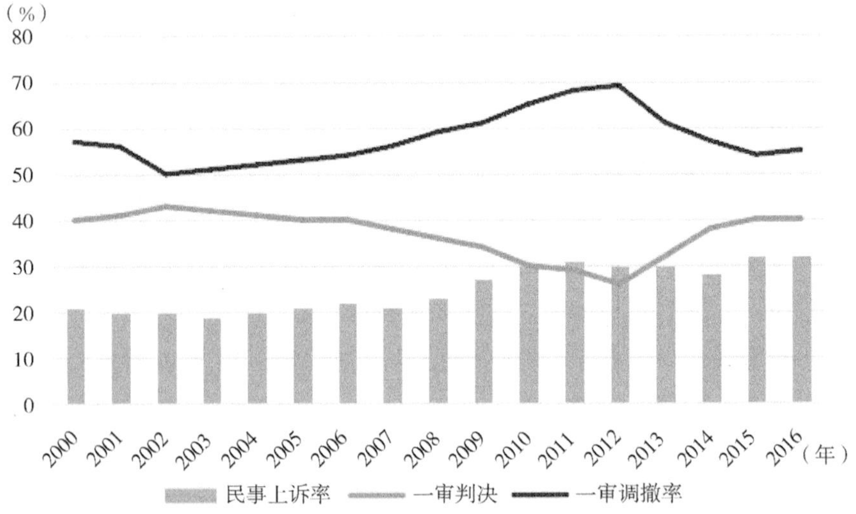

图 5-1　2000~2016 年全国民事一审判决、一审调撤率、民事上诉率❶

根据图 5-1，我们不难发现，步入 21 世纪以来呈现出如下情形：第一，民事上诉率的变化呈现出先轻微下降，再浮动中上升到剧烈上升，最后有所下降再陡然上升的趋势，在整个上诉率的变迁中 2007 年、2011 年与 2015 年是三个拐点。上诉率从 21 世纪初的 21.1% 逐步下降到 2003 年的 18.3%，自此以后，呈现增长状态直至 2006 年的 22.4%，2007 年为转折点，下降到 20.5%，2008 年增长到 23.1%，2009 年则表现出激增，2010 年上诉率持续

❶ 本部分数据汇总自：《中华人民共和国最高人民法院公报》（2000~2016 年卷）“司法统计”部分内容。

走高直到2011年才有些许回落，2014年开始陡然下降，2015年上诉率又开始上升，随后一年上诉率变化不大。第二，民事一审判决率与民事上诉率的变迁趋势在大体上呈现相反的趋势，即先轻微上升，再在浮动中下降，最后突然上升。具体而言，从2000年的40.0%上升到2002年的43.5%，此后一审判决率在浮动中呈现较大趋势的下滑直至2012年的27.5%，随后的三年间有所回升，在2016年又有小幅度下降。第三，民事一审调撤率的变迁趋势与民事上诉率大体一致，却与民事一审判决率的变迁趋势正好相反。从2000~2002年比率由57.9%下降到50.3%，之后稳定提升到2012年的68.2%，然后下降至2015年的56%，2016年存在较小幅度上升。

（2）图5-2为四家法院2004~2009年一审调解结案率变化图。这里的一审调解和解率是指当年县级法院和中级法院解决的一审调解案件总数与县级法院和中级法院解决的一审调解案件总数之比。

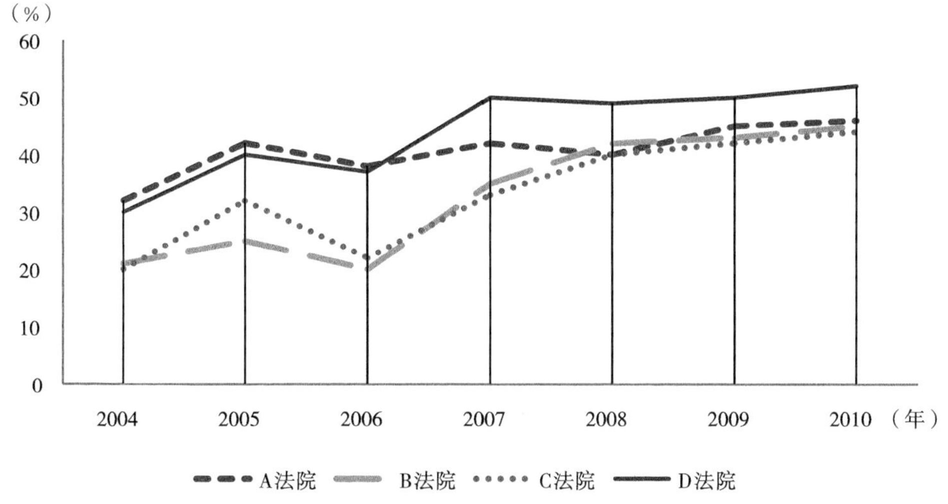

图5-2　四家法院2004~2010年一审调解结案率变迁

由图5-2可知，2004~2010年，四家法院的一审调解和解率成曲折增长。具体而言，A法院一审和解率变化相对温和，2006年、2008年有所下降，其他年份有上升趋势。B法院和C法院之间一审和解率趋势基本相同，2006年有所下降，其他年份有所上升。D法院一审和解率在2005年呈上升趋势，2006 年稍微有所下降，2007 年再次上升，2008 年又下降，经过几年上下反复，2009 年之后缓慢增长。需要注意的是，四家法院在 2006 年都出现了调解率的最低点，2007 年调解率猛增，而在 2008 年往后几年中调解率变化不大，基本趋势是稳中有升。

由此可以明显观察到民事撤调率与民事上诉率为正相关，因为撤调率包括撤诉、调解两种结案方式。笔者为了论证民事调解率与民事上诉率之间的关系，特意抽取了不同地区的四家法院为样本进行分析，得出 2004~2010 年一审调解结案率呈波动中上升的趋势。特别是在 2006 年之后增长呈剧烈增长势头。这与图 5-1 中 2000~2016 年的上诉率大致呈现出正相关的趋势。

2. 经济发展程度对上诉率的变迁产生影响

由图 5-3 可以看出，不管是经济发达的东部、发达程度居中的中部，还

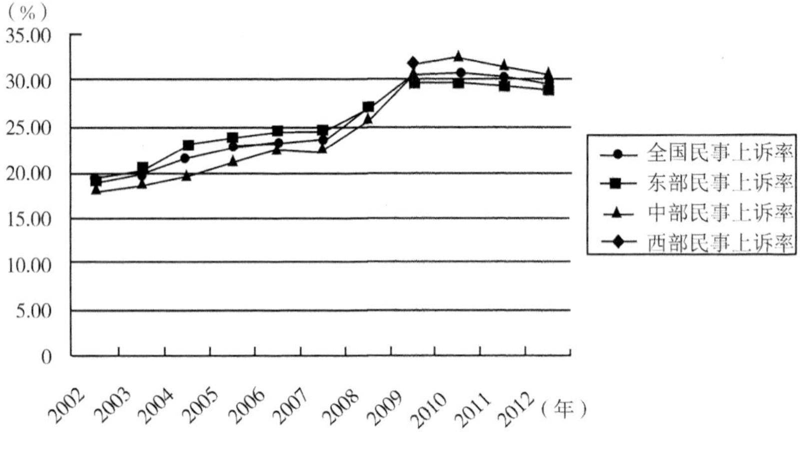

图 5-3　2002~2012 年全国、东部、中部、西部地区民事上诉率变迁❶

---

❶ 数据来源：艾佳慧．制度环境、诉讼策略与民事上诉率变迁——理论模型与初步检验［J］．法治与社会发展，2017（5）．需要说明的是，这里的东部、中部和西部地区的划分是根据国家统计局官网的分类。具体而言，东部地区包括北京、天津、河北、辽宁、上海、江苏、浙江、福建、山东、广东和海南，中部地区包括山西、吉林、黑龙江、安徽、江西、河南、湖北和湖南，西部地区包括广西、内蒙古、重庆、四川、贵州、云南、西藏、陕西、甘肃、青海、宁夏和新疆。

是经济欠发达的西部，不同地区的上诉率变迁与全国上诉率的变迁呈现几乎重叠的趋势，呈现高度相关性。所以，无论是纵向的全国数据还是横向不同时点的地方数据，都一致证实经济发展程度与上诉率之间并无直接关系。因此，我们可以合理地排除地区差异和经济发达程度（进而案件复杂程度）对上诉率变迁的影响。

3. 不同的案件类型对上诉率的影响

由图 5-4 可以发现，虽然不同种类案件的上诉率在某一年不同，但变化的长期趋势是一样的。下面提取 2002~2012 年三类纠纷平均上诉率进一步分析。

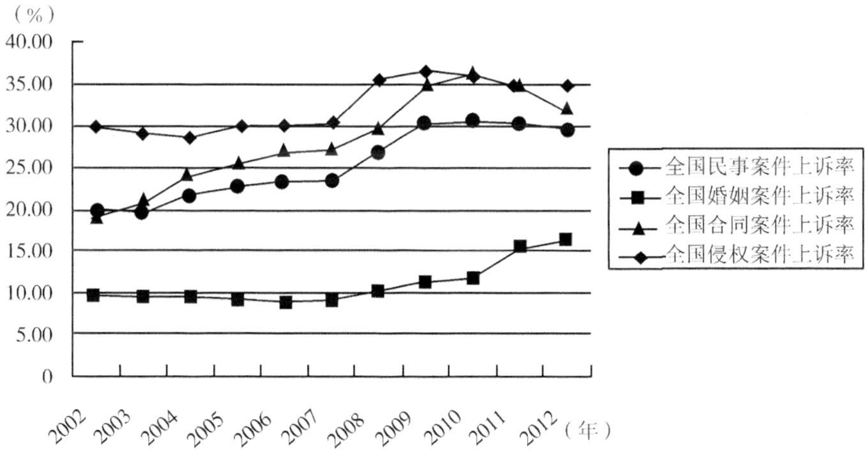

图 5-4　2002~2012 年全国婚姻家庭继承纠纷、合同纠纷、侵权纠纷上诉率变迁[1]

从图 5-4 可以看出，上诉率的变迁虽然不会因为案件类型的变化呈现出整体趋势的变化，但是不同的案件类型与上诉率呈高度相关，婚姻家庭继承案件上诉率最低，侵权案件上诉率最高，大约为婚姻家庭继承案件上诉率的 3 倍，合同案件的上诉率较侵权案件略低，但是也大大高于婚姻家庭继承案件。

[1] 艾佳慧．制度环境、诉讼策略与民事上诉率变迁——理论模型与初步检验［J］．法治与社会发展，2017（5）．

下面采用 A、B、C、D 四家法院婚姻家庭继承案件、合同案件、侵权案件年平均调解结案率作为研究样本进一步分析。从图 5-5 可以看出，四家法院中婚姻家庭案件的调解结案率最高，其次是合同案件，侵权类案件调解率最低。婚姻家庭案件平均年度调解和解率高于合同案件、侵权案件；合同案件平均年度调解和解率比侵权案件高 8 个百分点。

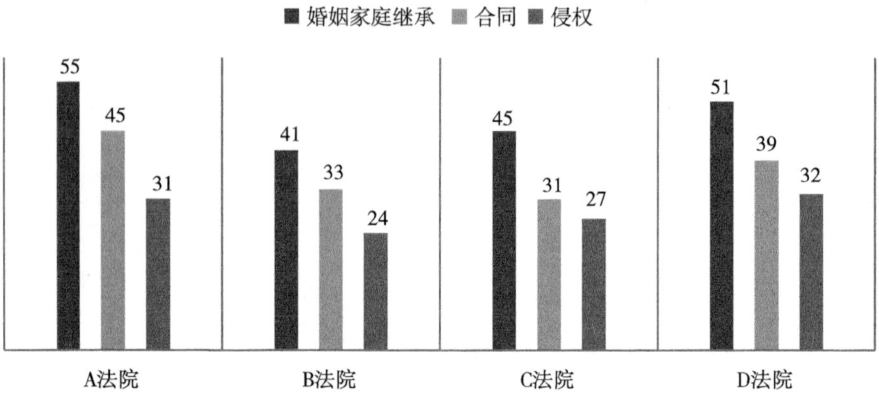

图 5-5　四家法院婚姻家庭继承案件、合同案件、侵权案件年平均调解结案率（%）

从图 5-5 可明显看出，婚姻家庭继承案件的和解率高于其他案件，而上诉率低于其他类型的案件，这是否从另一个侧面推翻了前述观点即调解结案率越高，上诉率也越高的推断呢？而合同和侵权案件的调解结案率和上诉率则呈现出正相关，与前述调解结案率越高上诉率越高的结论相印证。笔者认为对于婚姻家庭继承案件调解率大大高于其他类型的案件且与笔者关于调解结案率与上诉率的结论相左的原因是《最高人民法院关于适用〈中华人民共和国民事诉讼法〉的解释》（以下简称《民诉法司法解释》）第 145 条明确规定："人民法院审理民事案件，应当根据自愿、合法的原则进行调解。当事人一方或者双方坚持不调解的，应当及时裁判。人民法院审理离婚案件，应当进行调解，但不应久调不决。"这是民诉法唯一一处以类型化的形式明确规定的应当调解的案件类型。所以，笔者认为，可以将婚姻家庭继承案件的调解结案率从研究样本中剔除，因其缺乏普遍性。

4. 民事诉讼制度的变化可能影响上诉率

（1）上诉费用的多少会影响上诉率。

我国现行诉讼费用制度主要是由国务院制定的《诉讼费用交纳办法》（以下简称《交纳办法》）和一系列相关的司法解释组成。客观地说，自2007年的《交纳办法》实施以来，诉讼支付标准大大降低，诉讼制度也有所改善，第一，诉讼费用对当事人的负担已经减轻；第二，“为人民伸张正义”的理念已经实施，并在司法实践中发挥了应有的作用。随着司法实践的日益复杂和诉讼成本相关理论研究的深入，现行诉讼成本制度在实际运行中确实暴露出制度本身的一些缺陷。首先，《民事诉讼法》只有第181条对诉讼费用作了非常简短的规定，使得诉讼费用的收取必须采用“行政法规”性质的《交纳办法》来适用。此外，根据现行《交纳办法》的规定，涉及财产利益的诉讼，当事人必须先对诉讼请求的金额进行估算，并在起诉书中记载，然后向法院提起诉讼。法院只根据当事人在上诉状中提出的纠纷数额，预先收取诉讼费用。也就是说，我国现行法律在诉讼程序中提前将确定诉讼标定金额的工作分配给当事人，这原本属于法官的职责范围。在诉讼成本核算程序中，当事人承担精算师的工作，而法院最多承担计算器的功能。这种程序分配似乎减少了法院的工作量，节省了司法资源，但由于大多数当事人都不具备专业法律知识，往往会因为核定不准确而使得诉讼请求价额不准确，反而变相增加了法官在审判程序中的工作量，不利于保护当事人的权利。“程序的塑造——只要它还是由法院来控制——应该首先服务于下面这一目标：实现权利保护请求权。”❶ 从这一角度看，把诉讼标的数额核定程序重新放置于民事诉讼法中，具备权利保护和程序保障的价值。邱联恭教授就提出了程序利益保护原则，立法者在涉及诉讼制度或法院运作程序时，应该致力于赋予程序主体平衡追求程序利益的机会。特别是应该提供当事人程序选择权与程序处分权之保障，以达成迅速而经济的裁判机会。❷ 构建合理

❶ ［德］施蒂尔纳．当事人的诉讼促进义务与法官的责任［C］//德国民事诉讼法学文萃．赵秀举，译．北京：中国政法大学出版社，2005：387.

❷ 邱联恭．程序利益保护原则．民事诉讼法之研讨（十二）［M］．台北：元照出版社，2005：80.

的诉讼费用制度旨在简化当事人面对的烦琐程序，节约时间与劳动力，减少诉讼费用，从本质上说是以保护当事人诉权为视角。因此，虽然在实践中正义与效率的冲突远未结束，但制度设计不应盲目要求加快诉讼，从而减少对当事人合法权利的保护。此外，如上所述，上诉成本低会间接导致当事人恶意上诉，浪费司法成本。

2015 年 2 月 4 日正式施行的新《最高人民法院关于适用〈中华人民共和国民事诉讼法〉的意见》（以下简称《意见》）中关于诉讼费用的章节是填补《交纳办法》中核定诉讼费用程序空白的重要依据，促进了缴费制度的日益完善。

笔者认为，诉讼费用是影响上诉率的一个原因，当事人选择是否上诉时，会考虑经济成本的要素。尤其是根据现行的收费制度，某些类型的案件上诉费过低，这很容易造成当事人滥用诉权，动辄启动上诉程序，影响了上诉制度的效率目标的实现。

（2）立案登记制度改革影响上诉率。

2014 年 10 月 28 日，中共十八届四中全会通过并颁布了《关于全面推进依法治国若干重大问题的决定》。应中共中央在该决定中提出的“改革法院案件受理制度，将立案审查制度改为立案登记制度”的要求，最高人民法院于 2015 年 1 月 30 日发布了《民事诉讼法司法解释》，其第 208 条规定：“人民法院收到当事人提起的民事诉讼，符合民事诉讼法第一百一十九条规定，不属于第一百二十四条规定的情形的，应当立案；如果不能当场确定是否符合起诉条件，应当接收起诉材料，并出具注明接收日期的书面证明。”显然，《民事诉讼法》中关于民事案件受理和立案的规定将转化为登记和立案程序。4 月 1 日，中共中央审议通过《关于人民法院推行立案登记制改革的意见》，对包括民事案件在内的立案登记制度制定了更为细致的指导性意见。5 月 1 日，在各级法院正式实施注册制度后，全国各级法院的案件数量激增。根据最高人民法院发布的权威数据，2015 年 5 月 1 日至 9 月 30 日，全国各级法院登记的一审案件超过 620 万起，同期增加 31.9%，民事案件同期增加 22.9%，并且“案多少人”的矛盾变得非常尖锐。[1]

所以笔者认为，图 5-1 中所反映的 2015 年上诉率激增的一个部分原因可能是受到立案登记制度改革的影响。

目前来看，我国民事立案登记存在以下几点问题：第一，我国民事立案登记制度存在制度上的困境。我国的民事立案登记制度还未突破现有法律规定，我国目前只有《民诉解释》与《立案规定》有立案登记的规定，而效力更高的《民事诉讼法》规定的仍为立案审查制。从法理上来说，首先，司法解释不能与法律规定相冲突；其次，民事立案登记制缺少宪法依据；最后，民事立案制度欠缺相应的配套机制，与民事立案登记制直接的配套规定截至目前仅有最高人民法院于 2015 年 5 月 13 日出台的《关于人民法院案件案号的若干规定》。民事立案登记一直以来的随机分案程序、诉讼送达职权区分、案件流转机制等技术治理规范尚未形成明确统一的制度规范，全国各地法院各行其是，适用较为混乱，即使是在立案登记的试点法院也尚未形成相对统一的立案登记具体操作规范。缺少相对统一和明确的配套制度规范，必然对民事立案登记的实际运行效果产生不利影响。第二，民事立案登记制度存在运行上的困境。部分地区法院存在官僚主义，阻碍了民事立案程序的实际效果，部分法院对于一些明显符合起诉条件，但是牵扯地方政府利益或者一些比较棘手的案件故意提高受理条件、拖延受理时间，有时还采取“不接收、不回复、不出具”的“三不”主义的做法把当事人挡在诉讼救济之外；案件数量大幅度增加，大多数法院增加的幅度都在 30%～50%；案件质量有下降的趋势，主要体现在上诉案件增加较多。法官没有时间仔细研究案件，只能囫囵吞枣地处理；信访案件增多。无论是否属于法院处理的范围，都因为实行登记立案，导致大量纠纷涌入法院，法官压力增大。这不仅是案件数量增加导致法官加班，更因为信访导致法官身心疲惫不堪，工作积极性受到影响。第三，在现实生活中滥用诉权的现象，表现为对“恋爱权”“追

---

[1] 罗书臻．最高法院通报立案登记制改革实施情况　全国一审案件同比增长三成多　最高法院前九月新收案件增长近六成［N］．人民法院报，2015-11-16（1）．

悼权”等权利的诉讼，像新闻中观众就“赵薇瞪眼”❶ 这样的案件向人民法院起诉，这是一种对诉权的滥用。而伴随民事诉讼立案登记制而来的最大问题就是诉权滥用，之所以造成这种局面，不仅在于我国民众法律水平的薄弱与法官释明权的行使不够全面等因素，更多的原因在于我国缺乏滥诉的规制程序，当事人滥诉基本上不用付出代价，从而造成许多没必要的纠纷都涌向法院的局面，以至于还出现更多的虚假诉讼、恶意诉讼，使得被告权利遭受不必要的损失，诚实信用为我国民诉法的基本原则，应当对这类滥诉行为予以规制，以减少和避免司法资源的浪费，侵害其他当事人合法权益的情况。如果对滥诉行为进行规制，民事诉讼立案登记制下法院的压力就可以减轻很多。

5. 司法经验对上诉率的影响

从图 5-6 可以看出，虽然四家法院不同年龄段法官审理案件的上诉率有具体差别，但整体来说仍然不能否定的是年龄越大的法官审理案件上诉率越低。

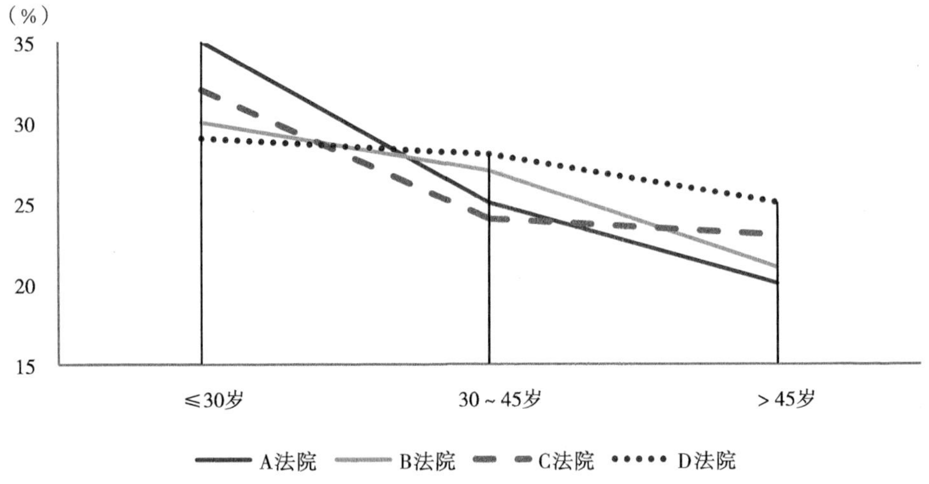

图 5-6 四家法院不同年龄段法官审理案件的上诉率

❶ 上海高院回应赵薇被诉“瞪眼”：不予立案［EB/OL］.［2019-12-21］. http：//news. qq. com/a/20150611/057836. htm.

我们都有一种生活常识，每当需要我们做决定的时候，都会有一种本能反应，基于这些本能可以使我们不加思考即可以快速做出决定，这种本能被称为直觉，也可以称为“前见”或“先前理解”。如同大多数判决一样，直觉在司法判决中也起着重要作用。面对某个案件，法官往往有强烈的直觉来指导他们作出判断，但是法官要进行司法说理，这就变成了要对凭自己直觉作出裁判的案件进行说明，尽管有些时候说明将会推翻其根据直觉作出的判断结论。法官可以凭据直觉迅速作出判断，而无须花费较长时间进行比较、衡量等烦琐的工作去分析其中的利弊。我们可以把直觉理解成一种能力，一种快速渗透到潜意识知识储备中的能力，而这些知识储备通常来自教育，尤其是快速找到相关因素，根据经验作出决策的能力，一种实践自动化的能力几乎是无意识的。❶ 从这个意义上说，直觉与经验有着广泛的联系，拥有丰富经验的法官通过直觉作出快速判断。然而，法官的经验越多，就越容易相信自己的直觉，也很难被某种系统性的方法吸引。

直觉所依赖的经验的主要来源是法官在以下方面的专业知识和审判经验，即法官的所谓“法律意识”，这体现在法官根据他们对案件性质和法律可能适用范围的专业知识和审判经验对法官生活经验的初步总体判断中；法官根据自己的生活经历对案件所涉事实的判断，以及法官对某一情况的个人评价或对某一价值的个人观点和意见。这些因素都和司法经验有关系，长期积累的司法经验更容易使法官形成快速合理的判断。

所以，笔者认为，法官的年龄和司法经验也是影响上诉率的一个重要因素；在一定程度上，年龄大的法官司法经验更丰富，这些法官的判决上诉率更低。

（三）评估与启示

1. 评估总结

上诉制度的价值实现，取决于多种价值目标的协调与综合，尤其是取决于效率与公平的价值目标的协调。效率目标是上诉制度重要价值目标之一，

---

❶ ［美］波斯纳．法官如何思考［M］．苏力，译．北京：北京大学出版社，2009：100.

单从效率目标上看，上诉制度的运行要能够节约司法资源、快速解决纠纷。从效率目标上看，上诉制度的设计要考虑适当采取较严格的启动条件，排除掉部分诉权滥用的案件，从而节约司法资源，提高审判效率。引起上诉率变动的因素可能是多种多样的，有上诉制度本身的因素，也有上诉制度之外的其他因素，但是上诉制度本身的因素尤其是启动上诉审的条件是上诉率变动的必要条件；因而，较高的上诉率会反映出上诉制度效率低下的情况。

通过上文的数据分析可以认为：我国法院系统的上诉率处于较高的水平，我国上诉制度运行的效率目标的实现情况也不是很理想。上诉制度运行的理想状态应该是：降低上诉率，排除干扰案件的数量，专注纠正一审判决错误。目前我国的上诉制度运行并没有达到高效率的状态，上诉率较高，干扰案件数量较大。

通过上文的分析，我们可以认为，导致上诉率较高的原因是多方面的：一审结案的方式、法官的年龄和司法经验、上诉制度本身的原因等都可能引起上诉率的变动。我们比较关注的问题是：如何从上诉制度本身因素入手，完善相关因素，降低上诉率，提高上诉制度的运行效率。

2. 完善启示

通过上诉率的分析以及引发上诉率变动的原因总结，可以通过如下方面的对策，对上诉制度本身因素及其运行环境进行完善，从而提高上诉制度的效率价值。

（1）明确法院的审判职能。

第一，完善多元化纠纷解决机制，使得法院真正成为解决纠纷的最终机构。笔者在前文具体分析了调解对上诉率的影响，由此可以推导出，社会存在多种解决纠纷的渠道，应当在穷尽调解、和解、协商与仲裁等方式之后纠纷仍无法解决的情况下，才会启用社会救济的最后一种救济手段即司法裁判。

从外部环境来看，社会对法院存在一定的错误定位，社会上多把法院当作解决一切纠纷的渠道，把法院看作可以处理一切纠纷的场所；这导致法院从最终争议解决机构转变为解决各种纠纷的机构。无论是简单的还是棘手的纠纷，群众统统将其交给法院，导致法院收录的案件过多难以应付，以致很多案件草率结案，判后答疑工作做得不够到位，法律文书说理针对性不强，不足以使当事人服判息诉。法律文书是法院居中裁判、查明事实、辨法析理的载体。一篇好的裁判文书事实条理清楚、法理论证明晰，足以使当事人心服口服；但是法律文书事实条理不清、法理论证不明，甚至存在矛盾或含混不清之处，无法说服当事人，也可能导致当事人上诉。

作为公平正义的最后一道屏障，法院应该集中精力在解决纠纷时使用恰当的方式。正如苏力所说，中国基层法官在处理司法时最关心的问题之一是如何解决争端，而不是执行现有的法律规则……相关法律条款通常只是法官处理问题的合法依据，或者在某些条件下必须考虑甚至故意回避的限制条件。❶

法院与其他纠纷解决机构不同，法院主要是通过司法裁判或者调解两种手段来解决争端。要根据案件的具体情况恰当运用裁判或调解的方式处理纠纷，这样的话，处理结果更容易被当事人接受。在综合考虑具体的案件类型、当事人的关系、矛盾冲突的激烈程度等因素的情况下，恰当地选择裁判或调解方式，更容易发挥法院独特的优势。恰当地运用调解的方式，可以化解矛盾，降低上诉率。但并不是所有案件都适合调解的方式，在有些情况下必须采用裁判的方式。

第二，去繁就简，将法院的审判职能加以明确。

从法律规定来看，法院的职能是依法审判。从《人民法院组织法》与《宪法》中法院的定位来看，法院的职能是“行使司法权”；法律也非常明确，“法律”是“行使司法权”的唯一标准（《宪法》第126条，《人民法院组织法》第4条）。

然而，社会环境和其他因素导致法院立场的模糊和职能的泛化。这主要表现在以下几个方面：其一，从他人手中接过的“法律宣传”。作为一个司法机关，法院通过法律的应用进行必要的“普法宣传”是非常必要的。与以宣传为基础的法律普及活动相比，“逐案处理”更生动，更容易被普通人接受。《人民法院组织法》也明确提出，要求人民法院用司法活动教育公民

❶ 苏力．送法下乡［M］．北京：中国政法大学出版社，2000：181.

自觉地遵守宪法和法律。从正式制度可以看出，法院不应该也没有权力开展特殊的“普法活动”，它应该通过“诉讼活动”来开展法制教育。然而，在实践中，特殊的“普法宣传”活动层出不穷，图 5-7❶ 就是这方面的数据统计。一方面，法院抱怨“大量案件和少量人手”；另一方面，法院津津乐道地进行了法律宣传，法律宣传其实应该是司法行政机关的任务。一些专家认为“当法院院长谈论法律宣传时，法院院长不再是院长，而是司法总监”。❷

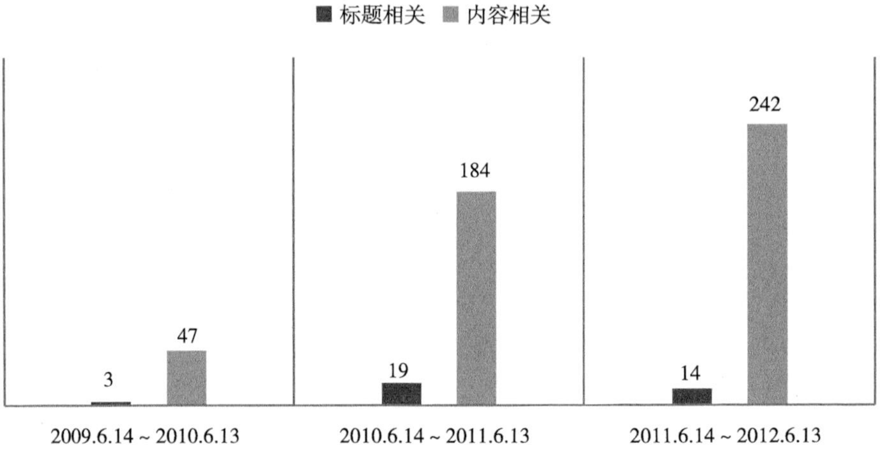

图 5-7 《人民法院报》报道的普法情况统计

其二，不同级别的“送法活动”。“消极”“中立”“公正”“被动”是法院的重要属性。一般来说，法院不应主动干预社会生活，只有远离世俗麻烦，法院才能保持足够的理性，对社会纠纷作出公正的判决。然而，令人遗憾的是，法院目前过多地参与“为当地经济服务”的活动。作为地方经济发展的引擎，工业园区是 GDP 持续上升的关键，也是政府关注的焦点。因此，法院“服务地方经济”的核心是更好地服务于工业园区的发展。向企

❶ 利用《人民法院报》网站提供的“阿帕比”搜索引擎以“普法宣传”为内容进行搜索发现，与普法宣传有关文章出现大幅度增长，并且对法院的普法宣传持正面报道，比如 2012 年 5 月 28 日第 1 版醒目位置报道“彭州市人民法院濛阳法庭把开展法治宣传活动作为法庭的一项重要工作”。

❷ 徐显明．司法改革二十题［J］．法学，1999（9）．

业发送法律事务和向园区发送审计事务等活动孕育而生。即使他们进入园区提供法律服务，这些服务也是有选择性的。他们选择与“重点企业”匹配，服务中存在逆向选择：教员工如何遵守法律和劳动纪律。[1] 当然，一些法院也意识到这种选择性法律服务是不公平的，不符合法院自身的职能地位。因此，他们经常声称“帮助他们提高依法发展、管理和维护自身权利的能力”。[2] 然而，这也存在一些鲜为人知的问题，如果被帮扶的重点企业与非重点企业发生纠纷，或者企业与工人之间发生纠纷，即使法院站在公正角度上作出裁决，如果非重点企业或工人败诉，法院的信誉也会受到影响。这些不当的角色扮演已经破坏了法院的中立地位，导致法院信誉下降。归根结底，这无疑是一种浪费司法资源的行为。

因而，法院应该明确其角色定位，专注于审判功能的行使，提高审判质量，提高司法公信力。

（2）规制当事人上诉权滥用。

上诉权滥用引发的上诉率过高问题，已经成为妨碍我国上诉制度效率指标实现的一个重要障碍。上诉制度的完善和设计，应该考虑对上诉权滥用进行规制，从而排除干扰案件数量，提高司法质量。

①完善对恶意上诉的惩戒机制。我国现存的法律制度并未规定对滥用上诉权的惩治措施与对受害者的保护措施，受害者难以寻求救济渠道，滥用上诉权的人却无须承担法律责任，这就形成了受害者的无助和滥用权力者的猖狂，从客观上纵容了当事人滥用上诉权。在这样的社会大背景下，由于存在处罚和规制上诉权滥用的立法缺陷，将诉讼的受害者置于无助的处境，而司法者也处于尴尬的境地。因为对于一方当事人滥用上诉权提起上诉的行为的性质不明确，又缺乏处罚的法律依据，人民法院只能对无辜的被上诉人作出胜诉的肯定性评价，而对于无辜者无端身陷诉讼后为证明清白而四处奔波、调查取证、聘请律师等所花费的代价，法官也只能深表同情，爱莫能助。[3]

---

[1] 宁海打造矛盾纠纷调解网络［N］．人民法院报，2012-05-06（8）．

[2] 上门听取意见深化对接机制［N］．人民法院报，2011-07-12（1）．

[3] 工方．关于保护舆论监督的法律探讨——建立滥用诉权损害赔偿责任制度［J］．西南政法大学学报，2001（5）．

即使受到侵害的当事人提出损害赔偿之诉，法院也只能让当事人面对以下几种选择：其一，法院不予立案；其二，立案受理，但由于存在实体法的缺陷只能规劝当事人撤诉；其三，驳回当事人的诉讼请求。这一状况在很大程度上反映出我国司法的现实与无奈。与之相对的是，滥用诉权而导致的消极社会影响却不容忽视：其一，无辜的公民、法人及其他组织的权益因此遭受不应有的侵害，使现存的和谐秩序出现裂缝，善良的人们受到莫名的损伤，内心平静的心态和平静的生活横遭骚扰；其二，人民法院宝贵的司法资源被白白浪费，加剧了人民法院案多人少的矛盾；其三，滥用诉权所导致的受害者在受害后，由于无法通过法律手段保护自己的合法权益，不可避免地对法律的作用产生怀疑，出现信任危机，从而去寻求法律以外的方式找回公平，这必将增加社会不安定因素。

2012 年之后，因为新修改的《民事诉讼法》规定了小额诉讼制度和对滥用诉权的惩罚制度，❶ 我们预测基于预期上诉收益的寻租性上诉有所减少。根据图 5-1 可以发现，2012 年后的民事二审调撤率确实在逐年下降，而 2002~2012 年，民事二审调撤率在逐年上升，这在一定程度上证实了假设。

②上诉的条件严格化，提高启动上诉的标准。正如前文提到的 2007 年民事上诉费的减少，带来了民事上诉率持续增加。这可以反映出当事人的上诉成本（包括制度繁简程度、上诉费用、提起上诉的难易程度等方面）越低上诉率越高的规律。

我国民事诉讼法只规定了当事人行使上诉权的期限，即当事人对地方人民法院一审判决不服的，有权在判决书送达之日起 15 日内向上一级人民法院提起上诉。至于当事人是否应该有一定的条件行使上诉权，没有规定。上诉权基本上被视为一种自然权利。也就是说，只要当事人拒绝接受一审法院所作的尚未生效的判决，可以在法定期限内宣布拒绝，并请求上级法院撤销或更改判决。从法院的角度看，不受限制的上诉权不仅导致二审法院的重复

---

❶ 《民事诉讼法（2012 年修正）》第 112 条规定了对滥用诉权的惩罚制度，第 162 条规定小额诉讼一审终审制。

劳动和司法资源的极大浪费，还导致一些当事人滥用上诉权，上诉案件的数量逐年递增，使二审法院不堪重负。从当事人的角度看，不受限制的上诉权，“对社会上的一些人来说是一个持续的欺骗和诡诈循环，而对其他人来说则是无尽的痛苦和灾难”。❶ 以违反法律秩序精神的方式恶意地行使某项权利意味着滥用权利。在现实生活中，滥用上诉权的动机和目的大相径庭，具体表现为：第一，明明知道上诉毫无道理可言，却故意利用上诉的手段拖延财产转移时间，逃避债务，牟取不正当利益；第二，虽然知道上诉不合理，却决心上诉，目的是通过制造麻烦来拖垮另一方，或者与对方达成调解或者和解协议；第三，明知上诉无理，却试图通过各种不正当手段赢得判决；第四，出于侥幸心理而提出上诉，虽然不确定上诉能否达到预期效果，但试图通过提起上诉来赢得案件；第五，出于自身利益的驱使，一些律师明知不合理，却利用客户对法律的无知来鼓励他们上诉。所有这些都导致上诉数量大幅提升。例如，我国法院在 1989 年只审理了 136 830起二审民事案件，而在 2002 年，这一数字急剧提升到 361 687起。❷ 上诉案件的激增从某一层面上反映出司法资源的浪费。

为了有效规范上诉权的滥用，大陆法系国家和英美法系国家和地区都在相关立法中采取了相应的措施。《法国民事诉讼法》第 32 条第 1 款规定：“以拖延诉讼方式，或者以滥诉方式进行诉讼者，得科处 10 法郎至 1 万法郎的民事罚款，且不影响可能对其要求的损害赔偿。”❸ 比利时和荷兰的民事诉讼制度中也存在这种一般性条款，它们参照了法国法律。其他国家的民事诉讼法（如《意大利民事诉讼法》第 8 条）没有特别提及滥用诉权行为，但是在一些一般性条款中将“忠实与诚信”作为当事人诉讼行为的标准。

---

❶ 张明丽．建立我国民事诉讼上诉审查许可制度的理论构想［M］//北京市第二中级人民法院．程序公正与诉讼制度改革．北京：人民法院出版社，2002：625.

❷ 资料来源：最高人民法院工作报告［J］．最高人民法院公报，1990（2）；全国人民法院司法统计历史资料汇编（1949～1998）［Z］；2001 年全国法院审理案件情况［J］．人民司法，2003（3）.

❸ 法国民法典·民事诉讼法典［M］．罗结珍，译．北京：国际文化出版公司，1997：476.

类似的规则也出现在一些拉丁美洲国家的民事诉讼立法中，在这些国家，忠实与诚信原则被用来规制诉讼欺诈、串通及任何其他非法或拖延诉讼行为。在德国和奥地利，主流观点是诚实信用和禁止滥用权利是程序法的一般原则。两国的民事诉讼法规定，当事人在陈述案件事实时负有真正的义务，违反者将受到制裁，承担更多的诉讼费用、罚款和其他不利后果。[1] 英国防止滥用诉讼权利的保护措施是向受到另一方不公平或压制的诉讼当事人提供救济。英国法律缺乏一个明确的滥用程序的理论或者对该术语的一般定义；1999 年生效的《英国民事诉讼规则》界定了被视为滥用程序的倾向性诉讼主张，根据该规则的"诉讼指引"，旨在困扰对方、恶意诽谤或明显缺乏理由的诉讼请求被认为是滥用程序，应予制裁。如果律师通过鼓励不正当的或者报复性的诉讼来从事不正当的行为，他将面临职业纪律的惩罚。在美国，没有滥用诉权的一般定义，但是这个概念包括在美国宪法的第五修正案和第十四修正案确立的"正当法律程序"原则以及其他法律概念中。从上述分析可以看出，我国也应该逐步完善滥用诉权的惩戒机制，从而节约司法资源，提高效率。

（3）完善司法程序，切实提高司法质量。

由图 5-1 可以看出，2000~2016 年，民事上诉率大体来说有四个阶段：2002 年之前逐年下降，2002~2012 年浮动中上升（2008~2012 年剧烈上升），2013~2014 年快速下降以及 2015 年之后快速上升。据此可以认为，上诉率变动的一个重要原因是司法程序的完善程度和司法质量的情况；司法程序完善程度提高和司法质量的提高，一般会引起上诉率的降低。

2002 年之前民事上诉率逐年下降，其中一个重要因素是现代民事诉讼制度的建立与发展。在改革开放前，由于人民司法传统以及马锡五审判方式的影响，中国民事审判的基本模式是职权主义的纠问制，法官在案件审理中主动参与证据的收集并大多以调解结案，这是传统的民事诉讼制度。但自 1982 年《民事诉讼法（试行）》开始有所改变，其虽然仍规定了"着重调

---

[1] ［德］博克哈德·汉斯．德国和奥地利的程序滥用制度［M］//刑事司法论坛．张艳，译．北京：中国人民公安大学出版社，2001：736-764.

解”原则，但已明确确立了当事人的诉权和简单的证据规则；20世纪80年代后半期，我国法院系统自下而上地推动了“谁主张，谁举证”的举证方式改革和民事审判方式改革，改革对象是职权主义、纠问制和司法调解，改革成果是1991年《民事诉讼法》。可以说，自20世纪80年代一直到21世纪初，这是一个逐步确立当事人诉权，建立包括举证责任制度、对抗制审判方式在内的民事诉讼机制且强调司法判决的时代。正是现代民事诉讼制度的建立，以及司法程序的完善，导致了司法质量的提高，从而降低了上诉率。

2002~2012年的浮动中上升，可能也有司法程序变动的原因。虽然此前的民事审判方式改革取得了很大的成就，但进入21世纪以来，我国的民事司法政策出现了一个巨大的转折，即由之前的“重判轻调”转向了“重调轻判”。之所以出现这样的转向，是因为“在社会冲突频繁的敏感时期，深受诉讼和信访压力的中国法院系统开始反思审判方法的改革，这种改革强调重刑而忽视轻刑”。❶ 不同于“非黑即白”的判决，调解方式内在具有自愿性、协调性和灵活性，这种处理方式的优点再度被重视。更重要的是，此轮“调解转向”的指引，导致考核法官工作绩效的指标发生重大变化，调撤率（调解率和撤诉率的合称）和发改率（发回重审率和改判率的合称）成为悬在初审法官头上的两把“利剑”。基于此，初审法官“重调轻判”成为普遍现象，过分强调调解引发了很多问题：过分强调调解使得判决方式的优点无法得到发挥，而且因初审法官对调撤率的无限追求导致本已不太稳固的诉权保障机制受到极大损害。2002~2012年的民事上诉率逐年升高的原因，可能是由于司法程序的变动，引发司法质量下降引起的。

2013~2014年的快速下降，背后也可能有着司法程序完善和司法质量提高的原因。2013年伊始，随着司法改革的深入，中国民事司法的方向再次转向。最新一轮的司法改革的重要方向是，开始弱化司法调解的作用并再次强调法官职业化、专业化以及司法判决的重要性。而一旦强调司法判决的重

❶ 吴英姿和艾佳慧分别从不同的研究角度探讨了此轮调解复兴的背景、原因和后果，参见：吴英姿．法院调解的“复兴”与未来［J］．法制与社会发展，2007（3）；艾佳慧．调解“复兴”、司法功能与制度后果——从海瑞定理Ⅰ的角度切入［J］．法制与社会发展，2010（5）．

要性，实践中必然又重新强调证据规则、审判公开和诉权保障。有学者认为："规则与行为、结构与实践之间这种双向的不间断的动态作用，就构成了制度反思性或循环回归式的再生产过程。"[1] 减少行政化干扰，从上述分析可以得出结论：司法程序的完善以及司法质量的提高，是降低上诉率的一个重要原因。注重司法程序的完善和司法质量的提高，也是实现上诉制度效率目标的重要措施。

三、民事上诉制度公正目标评估：以上诉发改率指标分析为视角

公正是司法制度运行的基本价值追求，也是上诉制度的基本价值目标。上诉制度的公正目标实现的标准是纠正一审判决错误，确保案件判决的公正。在实践中，上诉制度的公正目标实现不仅依赖于上诉制度本身的运行效果，也依赖于一审和二审的关系；具体而言，可能有如下决定因素：第一，对一审判决质量的恰当评价，二审发改是否一定意味着一审判决质量不高；二审对案件的处理方式，如果不能合理地评价一审的判决质量，很难说上诉制度实现了公正目标。第二，二审对一审判决的纠错程度，也就是纠错功能的实现程度。

上诉发改率这一指标已经被案件质量评估体系所采纳，用来评估审判公正的情况。上诉发改率在一定程度上与二审纠错功能的实现呈现出相关性，虽然被发改的案件不一定实质上纠正了一审的错误，但是毕竟体现出了纠正错误的可能性，上诉发改率的变动可以在一定程度上反映出上诉制度纠错功能的实现程度。上诉发改率是否能够反映出一审判决的质量，则需要深入剖析，不能简单地将上诉发改率与一审判决质量进行关联。

案件质量评估体系使用了上诉发改率这个指标来评价审判公正的程度；上诉发改率可以反映出二审的纠错功能，但是不一定合理评价了一审裁判的

---

[1] 王亚新．程序·制度·组织——基层法院日常的程序运作与治理结构转型［J］．中国社会科学，2004（3）．

质量。案件质量评估与绩效评估之间的联系以及自身指标的缺陷对司法公正造成的负面影响等问题的存在，使得案件质量评估体系的效果不尽如人意。其中一个原因是，法院对案件质量评估目的的理解和使用，偏离了以司法公正为标准的目的，导致司法活动陷入了以牺牲公正为代价的"仅指标理论"的困境。上诉发改率是案件质量评估中最重要的指标。基于"二审判决结果是一审案件质量的直观反映"的评价原则，上诉改判率成为一审法院评价案件质量的重要标准。通过调查分析发现，发回重审和二审改判的案件并非都是由一审判决错误造成的。新的证据、新的事实、酌处事项和其他不能归属于一审法院的各种原因都可能导致发回重审或改判二审。现有的案件质量评估机制未能合理区分二审改判和发回重审的具体原因。计算中仅包括二审改判和发回重审案件，这将不可避免地影响基于上诉改判率的案件质量评估的准确性和科学性，并相应地不可避免地影响管理行为的有效性。

本书研究思路是：以上诉发改率为视角来分析上诉发改率变动规律及其背后的原因；用上诉发改率的变动，评估分析上诉制度运行纠错功能的实现程度；分析上诉发改率与一审案件质量的关系，并分析如何构建二者的合理联系，从而对上诉制度的公正目标实现程度进行评估分析。

（一）关于上诉发改率变动需要验证的问题

在分析上诉发改率变动之前，笔者总结了若干影响上诉发改率变动的可能因素，需要通过具体数据分析进一步验证。

（1）案件数量的增加会引起发改率的增加。案件数量的增加，可能会引起法官工作量的增加，进而对审判质量产生影响。案件数量的增加是否与上诉发改率呈现出正相关的关系，需要进一步验证。

（2）司法程序的改革与变化对上诉发改率的变动会产生影响。一般来讲，发回重审和改判是人民法院审理二审案件的两种结案方式。所谓发回重审，是指二审法院在审理案件后，决定撤销原判，将案件发回一审法院重审，因为它认为一审判决不符合法律。另外，修改意味着二审法院以判决的形式直接废除一审判决的全部或部分，并作出新的判决。上诉发回重审率的变动趋势、改判率的变动趋势与司法程序的改革、变化是否存在关联性，也是需要进一步验证的问题。

（3）二审法院对于不同案件类型的发改率有所不同。某些类型案件上诉发改率高，而有些类型案件上诉发改率低。为了验证这一假设，下文将“案件类型”作为一个分析变量来分析变动趋势。为了方便数据分析，将案件类型精分为：贷款合同纠纷、建设工程合同纠纷、房屋销售合同纠纷、机动车交通事故责任纠纷、销售合同纠纷、不当得利纠纷。

（4）一审法院案件请示率会影响发改率变动。此处所提及的案件请示率=请示案件数/一审结案数。这里所指的请示案件数是指通过法定程序、又备案登记的正式请示案件数。无法统计口头或者电话非正式转诊的情况。根据二审改发率指标的目的和作用，二审法院可以对案件进行改判，这表明二审法院是有能力进行纠错的。一旦高等法院设定了一个值作为衡量二审纠错能力的标准，并评估二审法院是否符合标准，二审法院就会倾向于追求这个指标。

（5）法官队伍专业化程度对上诉发改率变迁的影响。法官业务能力不断提高、法官队伍日益专业化，则代表着审判质量的不断提高。审判质量的提高一般会降低上诉发改率。法官队伍的专业化程度和业务能力的提高，可能会成为降低上诉发改率的原因。

（6）上诉发改率是否能够客观反映一审判决的质量。在上诉过程中，案件被发回重审或改判，是否就一定代表着一审判决错误，或者一审判决质量低呢？这需要结合案件被发改的原因进行分析，不能简单用上诉发改率作为评价一审判决质量的指标。

（二）数据的选择与分析

本书主要选择官方公布的司法运行情况数据，进一步整理和分析，总结上诉发改率的变动情况及其原因，从而对上诉制度的公正目标实现程度进行评估。

1. 案件数量的增加与上诉发改率的增加并没有呈现出相关性

案件数量的增加可能会引发上诉发改率的增加，这一说法不能通过数据得到验证。从图 5-8 可见，上诉发改率自 2000 年以来除了 2002 年有略微的波动外，虽然2015~2016年有些许升高但基本一路走低。2000年以后我国法院系统受理案件的数量基本呈现出逐年增长的态势，法官的工作压力也逐步增大，但是从数据指标上看，这种趋势并没有引起上诉发改率的增加。在一定程度上，可以认为，案件数量的变动，不是影响上诉发改率变动的主要因素。

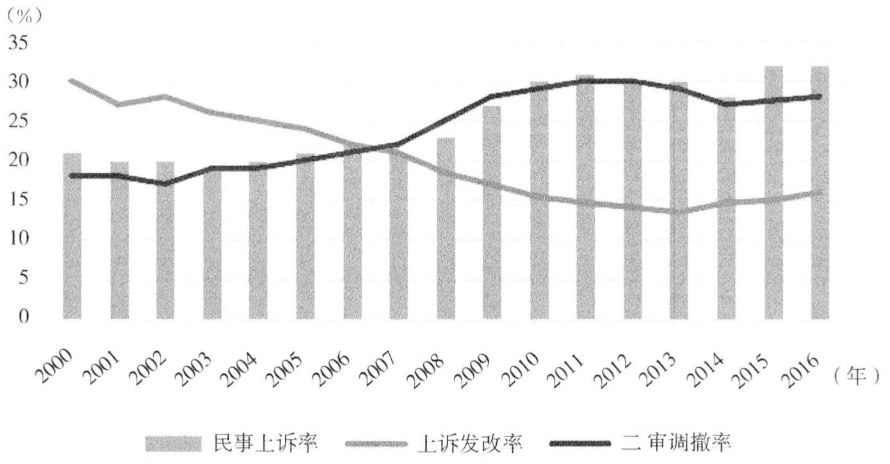

图5-8　2000~2016年民事上诉率、二审调撤率和上诉发改率变迁

2. 司法程序的改革与变化对上诉发改率的变动影响并不明显

从图5-9可以清楚地看出，二审改判率与二审发回率变迁基本呈相同趋势，两条变迁线基本呈平行走势，均是2008~2013年呈下降趋势然后再缓慢上升。但整体来看，二审改判率与二审发回率仅在3.0%内有着微小的浮动。因为改判率与发回率的变迁趋势趋于一致，可以选择二审发回重审率作为研究目标。

2012年民诉法施行前五年，尽管全国法院二审发回重审率逐年下降，但仍然偏高。本次民诉法关于发回重审制度的修改，采纳了学界的部分意见，对二审发回重审的认定事实标准和适用程序标准较2007年民诉法作了严格限制。全国各级法院积极组织学习培训，深入宣传修法的内容，取得良好成效，2013年即新民诉法施行当年，二审发回重审率不足5%，降至2008年以来的最低值。但是仅仅一年后，从2014年开始，发回重审率便出现反弹。2015年1月，最高人民法院公布民诉法司法解释，广泛采纳了专家、学者和相关国家机关的意见、建议，用专门条款对发回重审制度作出补充、细化和解释。其中，直接规范二审发回重审制度的条款有 11 条，另外部分关于再审程序的细化条款也对二审发回重审行为具有指导作用，如第 391 条关于剥夺当事人辩论权利情形的认定标准，同样可适用到二审对一审的审查中。2015 年 2 月 4 日司法解释施行当日，最高人民法院负责人就司法解释答记者问过程中，突出强调了司法解释关于强化程序公正理念和保障当事人诉权理念的新规定，并明确提出规范二审发回重审的要求。然而从 2015 年司法解释施行三年来的情况看，相关规定在司法实践中并未起到预期效果，发回重审率继续保持上升趋势，2017 年全国法院二审发回重审率甚至达到过去十年以来的最高值。总的来看，修法前后二审发回重审率变化不大，始终与二审改判率保持 3~5 个百分点的差距，现行民诉法及其司法解释对发回重审裁判行为的影响作用并不明显。

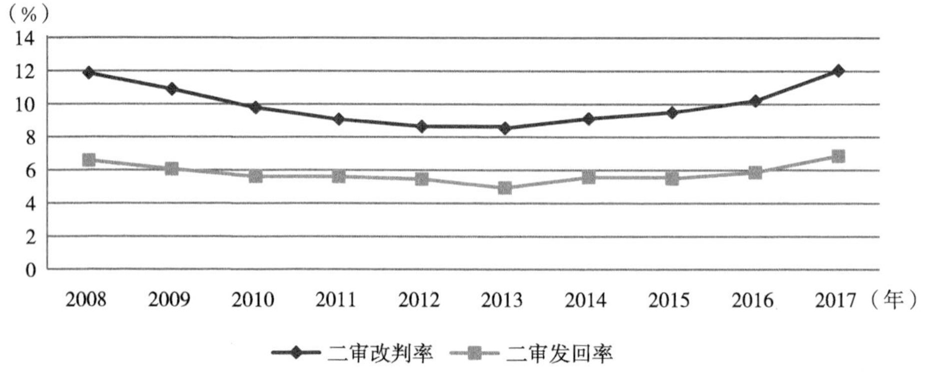

图 5-9　2008~2017 年全国法院上诉率、二审改判率及二审发回重审率变化趋势❶

考察 2012 年民诉法修改前后各五年，全国法院民事一审、二审案件数据，可以进一步印证上述观点，上诉发改率的变动受司法程序变化、司法环境变化的影响较小。

（1）长期来看，二审发回重审率与法官工作强度无明显的正相关关系。

❶ 2008~2016 年数据来源于最高人民法院历年公布的《全国法院司法统计公报》（http：//gongbao. court. cn/）；2017 年数据来源于人民法院大数据管理和服务平台。

由表5-1、表5-2的数据及图5-9、图5-10的趋势可见，民诉法修改前五年即2008~2012年，虽然一审结案数连年持续增长，但是二审收案数即上诉案件数在波动中表现得相对稳定，二审改判率、发回重审率甚至总体表现为下降趋势，说明这一时期一审案件的办案效果和案件质量稳中有升。2013年1月1日新民诉法施行，其后五年，一审结案数继续保持上升趋势，上诉案件数则一反过去五年情况，呈逐年增长趋势，而且连续四年增幅超过一审结案数的增幅；二审发回重审率降中有升、以升为主，经过两次波动后，至2017年达到过去十年的最高值。但是与持续高速增长的一审、二审结案数相比，十年间发回重审率的上升是较为有限的；并且，根据最高人民法院在2017年上半年全国法院审判执行工作态势新闻发布会上公布的数据，2017年上半年，我国法院法官平均审结74起案件，半年内审结的平均案件数超过2008年审结的平均案件数（52件）22件，说明一审、二审结案数的增加主要是靠审判效率的提高而非办案人数增加所致，特别是2015年实行的立案登记制并未造成二审发改率随收、结案的大幅提升而暴涨，发改率始终未超过20%，发回重审率保持在5%~7%，二审裁判方式未受到案多人少、审判任务加重这一客观因素的太多影响。

表5-1　2008~2017年全国法院审理民事一审、二审案件情况统计❶

年份	一审结案（件）	二审结案（件）	二审结案（件）					二审改判率	二审发回率	二审发改率
			维持	改判	发回	其他	合计			
2008	5 381 185	525 282	248 954	61 420	34 138	173 361	517 873	11. 86%	6. 59%	18. 45%
2009	5 797 160	598 760	280 246	65 164	36 334	216 611	593 373	10. 89%	6. 07%	16. 96%
2010	6 112 695	583 856	281 547	58 049	33 348	220 429	593 373	9. 78%	5. 62%	15. 40%
2011	6 558 621	575 082	270 111	51 802	32 059	217 790	571 762	9. 06%	5. 61%	14. 67%
2012	7 206 331	588 759	279 264	50 378	31 964	222 249	583 855	8. 63%	5. 47%	14. 10%
2013	7 510 584	627 116	301 778	52 262	30 321	228 070	612 431	8. 53%	4. 95%	13. 48%
2014	8 010 342	731 416	355 662	64 759	39 686	250 911	711 018	9. 11%	5. 58%	14. 69%

❶ 2008~2016年数据来源于最高人民法院历年公布《全国法院司法统计公报》（http：//gongbao. court. cn/）；2017年数据来源于人民法院大数据管理和服务平台。

续表

年份	一审结案（件）	二审结案（件）	二审结案（件）					二审改判率	二审发回率	二审发改率
			维持	改判	发回	其他	合计			
2015	9 575 152	918 605	460 752	85 541	49 692	305 477	901462	9.49%	5.51%	15.00%
2016	10 763 889	1 088 442	552 456	109 493	63 173	348 544	1 073 666	10.20%	5.88%	16.08%
2017	11 651 363	1 145 959	643 847	139 029	79 381	292 449	1 154 706	12.04%	6.87%	18.91%

表 5-2　2008~2017 年全国法院审理民事一审、二审案件相关指标同比变化情况❶

（%）

年份	2008	2009	2010	2011	2012	2013	2014	2015	2016	2017
一审结案	14.92	7.73	5.44	7.30	9.88	4.22	6.65	19.53	12.41	8.24
二审收案	23.41	13.99	-2.49	-1.50	2.38	6.5	9.46	25.59	18.49	5.28
二审结案	22.71	15.54	-0.83	-3.64	2.12	4.89	16.1	26.78	19.1	7.55
二审改判率	-1.54	-0.97	-1.11	-0.71	-0.43	-0.1	0.58	0.38	0.71	1.84
二审发回率	-0.51	-0.52	-0.45	-0.01	-0.14	-0.52	0.63	-0.07	0.37	0.99
二审发改率	-2.05	-1.49	-1.56	-0.72	-0.57	-0.62	1.21	0.31	1.08	2.83

（2）二审发回重审率与二审改判率呈正相关关系，受外在因素影响较小。分析表 5-1 的数据可以发现，在二审再审率高的年份，二审改判率也很高；在二审发回重审率较低的年份，二审改判率也较低，可见二者系同向发展关系，并非此消彼长；还可以发现，发回重审率的高低与一审结案数以及二审收案数的多少没有关联。基于上述两点可以推断，年度发回重审率的高低主要取决于一审案件的整体质量，而非办案数量。二审改判率、二审发回重审率的走势大致相当。两项指标各自的变化遵循了同样的规律：2008~2012 年均呈降序发展，2013~2017 年均呈升序发展，从 2008 年的高点降至 2012~2013 年的谷点，然后逐渐升到 2017 年的高点，2008 年和 2017 年两

❶　2008~2016 年数据来源于最高人民法院历年公布《全国法院司法统计公报》（http：//gongbao. court. cn/）；2017 年数据来源于人民法院大数据管理和服务平台。

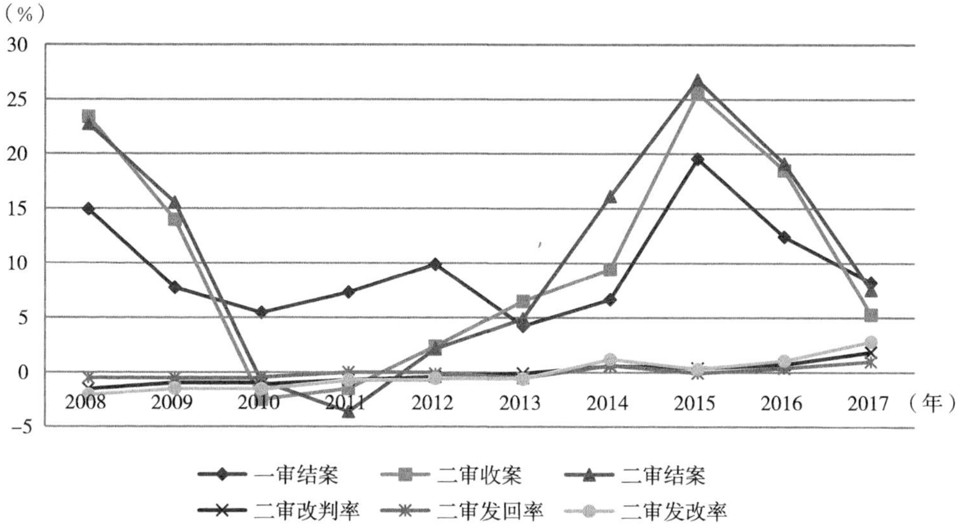

图 5-10　2008~2017 年全国法院审理民事一审、二审案件相关指标同比变化情况❶

端峰值相当，同时，下降和上升期间对应年份（2009 年与 2016 年、2010 年与 2015 年，2011 年与 2014 年，2012 年与 2013 年）的数值亦持平。新民诉法施行前后五年三项指标表现出的对应性变化，虽然呈现出一定的规律性，由于考察时间过短、数据量有限，尚不能认为三项审判指标呈周期性变化。2008~2017 年全国法院民事诉讼二审发回重审制度运行状况表明，从长期来看，发回重审率的高低根本上仍取决于二审发回重审制度本身的设置情况，司法环境、形势及案件数量的多少对制度运行并无太大影响。

3. 案件类型是影响发改率的一个重要因素

通过山东省某中级法院的案件数据统计分析（见表 5-3、图 5-11）可以看出，发回重审案件类型特征显著。2017 年，该中院民事二审发回重审 299 件案件，涉及 60 个三级案由，发回数量排前五位的案由分别为：借款合同纠纷（52 起，包括 36 起私人借款合同纠纷和 16 起金融借款合同纠纷）、买卖合同纠纷（29 起）、建筑工程合同纠纷（25 起）、机动车交通事

❶ 2008~2016 年数据来源于最高人民法院历年公布《全国法院司法统计公报》（http：//gongbao. court. cn/）；2017 年数据来源于人民法院大数据管理和服务平台。

故责任纠纷（8起），房屋买卖合同纠纷（7份）和不当得利纠纷（7件），上述六类案件占全部发回案件的42.81%。由表5-3可知，借款合同、买卖合同、建设工程合同、不当得利等4类纠纷的发回重审率均不同程度地高于全部民事二审案件整体发回重审率。究其原因，借款合同纠纷尤其是民间借贷纠纷、买卖合同纠纷、建设工程合同纠纷案件往往涉及主体较多、法律关系复杂、当事人举证困难、案件事实难以认定，二审法院凭借审级优势以发回重审的裁判方式规避风险、减轻压力系各地普遍现象；而且事实问题仍为发回重审的主要理由，说明2012年民诉法及其司法解释对发回重审理由的限缩在实务中并未奏效。由表5-3还可见，不当得利纠纷的二审发回重审率远远高于其他各类案件，究其原因，不当得利纠纷基础法律关系多样，不同法官对于同一案件的法律事实会有不同认识，导致此类案件发回率高于其他案件。表5-3数据还表明，虽然机动车交通事故责任纠纷、房屋买卖合同纠纷案件数量较多，但因法律规定明确、法律关系单一，此类案件的二审发回重审率并不高。

表5-3　2017年山东省某中院民事二审发回重审案件案由构成情况❶

案件类型	结案数（件）	占全部民事二审结案案件比（%）	发回重审数	发回重审率	发回重审率高出平均值的百分点
借款合同纠纷	485	16.04	52	10.72	0.83
买卖合同纠纷	247	8.17	29	11.74	1.85
建设工程合同纠纷	141	4.67	25	17.73	7.84
机动车交通事故责任纠纷	279	9.23	8	2.87	-7.02
房屋买卖合同纠纷	162	5.36	7	4.32	-5.57
不当得利纠纷	33	1.10	7	21.21	11.32

4. 一审法院案件请示率影响发改率情况

在司法实践中，上下级法院的关系以及同级法院的关系，有可能会成为影响上诉发改率的重要因素。上下级法院的请示关系、同级法院的博弈关

❶ 案件数据来源：山东审判业务管理云平台。

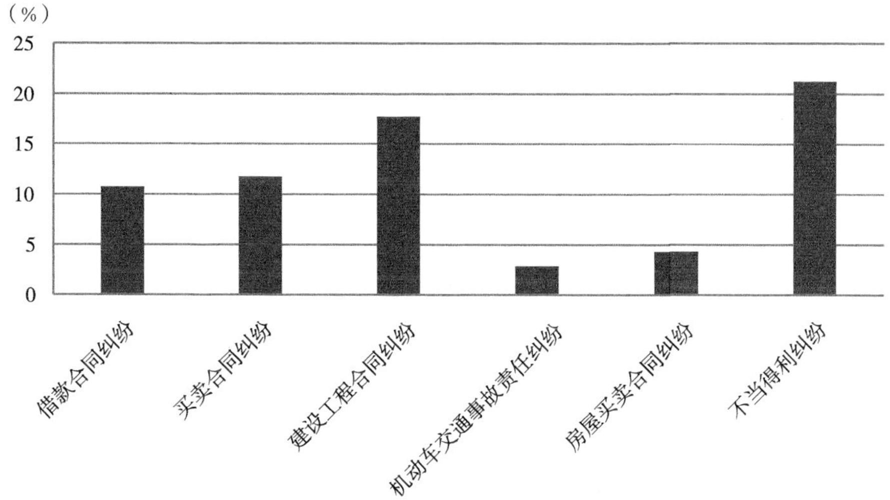

图 5-11　2017 年山东省某中院各类民事案件发回重审率比例❶

系，都会影响上诉发改率指标情况。

2010 年实施的《关于规范上下级人民法院审判业务关系的若干意见》旨在对请示案件现象进行诉讼转变，进一步理顺上级和下级法院的业务监督关系。然而，在二审发改率指数进入评估系统后，它抵消了该意见所做的努力，导致请示案件的总数大幅增加。以中级法院的管辖权为例。比如中级法院在两个区和三个县一起有 5 个基层法院。2010 年，该地区基层法院向高等法院请示案件的比率是 0. 1074011。在最高人民法院于 2010 年 3 月发布二审发改率指标后，请示率上升至 0. 2240。根据二审发改率指标的目的和功能，二审法院的上诉数量越多，其纠错能力就越强。一旦高等法院设定一个值作为衡量二审纠错能力的标准，并对二审法院进行排名，以确认其是否符合标准，二审法院就会倾向于追求该指数（见表 5-4）。

❶　案件数据来源：山东审判业务管理云平台。

表 5-4 一审法院案件发改率和请示率状况

（%）

	改判率	发回重审率	请示率
A 法院	16. 50	0. 50	0. 1917
B 法院	13. 41	0. 41	0. 1810
C 法院	4. 65	0. 24	0. 1320
D 法院	10. 42	1. 25	0. 3121
E 法院	9. 30	1. 45	0. 3059

由于这一趋势，初审法院对此表示关注。在整个二审管辖区的二审发改率保持不变的情况下，一审法院之间一审判决案件的发改率会出现此消彼长的状况。初审法院只能增加其指令请求，并尽可能将再改发的风险转移到同级其他法院。从表 5-4 可以看出，D 法院和 E 法院的案件请示率大致都在 0. 3%，发改率大致为 11%。然而，A 法院和 B 法院的案件请示率约为 0. 19%，与其相应的是，A 法院的发改率为 17%，B 法院的发改率也高达 13. 82%。此外，大量非正式请示还不算在内。总的来说，请求率和发改率在一定程度上是正相关的。

在只考虑一审判决案件发改率的情况下，尽管一审法院之间的发改率存在排名竞争，但法院之间没有此起彼伏关系。当二审发改率被确定达到标准或最佳值时，同一管辖区的一审法院之间的关系变得复杂。通过案件的请示，一审法院可以一方面降低自己的发改率，另一方面可能意味着在属于同一管辖范围内同一级别的其他法院的发改率有所提高，这将加剧初审法院之间的不良逐鹿与博弈（见表 5-5）。

表 5-5 同一管辖区初审法院案件请示与发改博弈

		甲法院	
		请示	不请示
乙法院	请示	（正常值，正常值）	（少发改，多发改）
	不请示	（多发改，少发改）	（正常值，正常值）

假设甲、乙双方都是二审法院管辖范围内的一审法院。在二审法院没有

对二审发改进行评估的情况下，甲、乙双方的竞争程度相对较低。只要他们加强自己的管理，提高一审质量，就会降低自己的二审发改率。然而，在为二审的变化率设定指标之后，二审法院需要达到该指标，以表明其具有杰出的纠错能力，因此二审法院必须考虑如何获得更好的评估。此时，两家法院的上诉案件均成为二审法院发改率的基数，甲、乙法院之间存在权衡关系。如果其中一家法院的发改率较低，只能提高另一家法院的发改率，反之亦然，以确保二审法院的发改率达到既定标准。

如果双方法院都不请示且任凭二审法院发改，这样一来，被发改的案件将保持在正常范围内。然而，作为一个理性的人，初审法院不会听其自然。因为每个法院都希望有较低的发改率，用以表明本法院的一审质量较高。在二审发改率保持不变的情况下，一旦某法院请求指示，该法院的二审发改率可能会在一定程度上降低，因此，没有请求指示或请求较少的其他法院将获得更高的发改率。然而，如果所有一审法院都采用一样的请示强度，二审法院对一审法院的发改率将恢复到正常限度。从表 5-5 可以总结出，如果初审法院都不要求请示，这是节约资源和获得正常发改率的最佳方式。然而，在二审发改率的指导下，请求对案件的指示是一审法院的最佳策略。

可见，上下级法院的关系、同级法院的关系，是导致发改率变动的一个重要因素，这也是发改率在适用过程中被扭曲和变形的一个负面表现形式。

5. 法官队伍专业化程度和业务能力的提高是降低上诉发改率的重要因素

近年来，法官队伍的审判业务水平和专业化能力呈现出逐年上升的趋势。

无论是考察个人还是群体的先进程度，知识水平和受教育程度都是绕不开的重要因素。尽管学历不等于能力，但在普遍意义上，高学历就意味着高能力。围绕中国法官群体来看，1978 年在法院恢复建制后的两三年内，只有 7% 的人受过大专或以上程度的教育，其中不到 3% 的人毕业于大学法律专业。[1] 到了 1993 年，全国法院中 80% 以上的法官具有法律大专以上水平。[2] 截至 2008 年，全国法院系统有 20 多万名法官具有学士以上学位，有 1 万多名法官具有硕士或博士学位。知识水平的提高为法官的司法活动提供了强有力的智力支持，案件质量不断提高。

在国家法院法官专业化的过程中，不难发现：法官学历偏低、法官的来源相对复杂是导致法官队伍专业化水平不高的重要原因。法官的来源相对复杂，体现在：许多作家、艺术者、教师、工人、农民、退伍军人也加入法官队伍中。这种复杂的职业背景使得法官很难形成拥有同样思维模式的专业群体，也很难对案件形成相对统一的理解。认识到这一问题的严重性后，最高人民法院采取了各种措施，以提高法官的职业化和专门化。其一是对法官进行业务培训；[3] 其二是新任法官的统一资格考试；[4] 其三是加强对领导团队的建设。[5] 与此同时，制度建设也不断加强，特别是《法官法》明确规定，“具备专业的法律知识”是出任法官的必要条件。具有相同法律教育背景的法律毕业生已经逐渐被填补到司法岗位上，法官的专业群体也逐渐形成。如今，从总体情况来看，一个高度专业化的法官团队已经基本形成。如今法官理解和解决问题的能力与 30 多年前已经大不相同。

法官专业化程度的提高必然导致审判质量的提高，从而降低上诉发改率。从 2000~2016 年上诉发改率在全国变动的情况看，2007 年上诉发改率有了一定程度下降的趋势，从一定程度上看，与法官专业化程度的提高、审

---

[1] 王斗斗．时代关键词见证法官队伍 30 年变迁［N］．法制日报，2008-12-07.

[2] 参见 1996 年《最高人民法院工作报告》。

[3] 自 1985 年开始，最高人民法院在全国范围内开展了大规模的、比较正规的培训，同时，采取多种形式进行专业训练，参加各类短期培训的有十多万人次。参见 1986 年《最高人民法院工作报告》。

[4] 1996 年，最高人民法院举行了首次初任审判员、助理审判员全国统一考试，加强了对法官的岗位培训，及时学习和掌握新颁布的法律法规，不断更新知识。参见 1996 年《最高人民法院工作报告》。

[5] 2003~2007 年，共培训法官 23 万人次，基层法院院长、副院长 1.2 万人次，高中级法院院长、副院长 2000 余人次，法官晋级培训 5 万人次。仅 2011 年各级法院共培训法官和其他工作人员 14.2 万人次。参见 2008 年、2012 年《最高人民法院工作报告》。

判质量的提高等因素是有关系的。

6. 上诉发改率并不能简单地和一审判决质量形成关联

通过北京法院判决文书系统，对北京市高级法院和中级法院两级法院于2007年审理的二审案件的判决文书进行查阅，可以发现，其中裁定将案件发回初审法院重审的二审裁定书共487份。笔者以此487份裁定书为研究样本，结合与其相应的一审判决文书，对案件发回重审的原因进行归纳分析。由于二审改判案件数量巨大，笔者在2007年二审判决书中采用聚类抽样的方法分析二审改判的原因，并收集了172份对一审改判的二审判决书。

有些案件被修改了，可能归咎于不公平的审判。引发案件被发改的“不公正因素”是指促使发改率的上升且可归因于初审判决不公正的因素，它们也是导致案件被二审法院发回重审或改判的因素。这些不公正因素可以概括如下：其一，初审的程序违法。违反初审程序是我国三大诉讼法规定的二审发回重审的原因之一。在笔者调查的发回重审案件中，有202起案件由二审发现一审程序违法，占总比例的41%；其中有115件案件仅因一审程序违法导致案件被发回重审，占32%。这种程序违法不仅使人感觉到裁判法官的不公，而且直接导致裁判结果的不公。其二，在审判中歪曲法律。二审法官很难通过这次审判来判断一审法官是否故意违反事实和法律来作出枉法判决，因为枉法判决标准应该非常严格。必须有证据证明法官主观和故意违反事实和法律，这超出了二审法官的判决范围。在二审判决文书中，一审法官对法律判决的实质性歪曲只能表现为理解认识上的明显偏差。法官是否违法必须通过特别程序来确定。其三，初审法官显然在理解认识上有所偏差。法官的认知偏差通常是由他们自身缺乏法律知识和审判经验造成的。认知偏差也会导致不公平的判断结果。然而，认知偏差和认知差异之间的界限非常模糊。一些明显的认知偏差或认知差异可以区分，而另一些认知偏差和认知差异之间的差异难以进行区分。为了维护法官思维和判断的独立性，笔者认为把不明显的认知偏差划分为认知差异的范畴为宜。其四，其他工作失误。当初审法官由于主观疏忽导致初审判决错误或实体不公的结果时，我们可以这么认为，法官在初审工作中犯了错误，包括非法程序、理解上的明显偏差和其他工作错误。在调查样本中，由于初审法官的其他工作失误，只有12起案件被改判或发回重审。在这些案例中，其他工作错误主要表现在以下情况：一审判决文书中出现文书错误；一审法官在计算数字时出错；初审法官没有对当事人的某个诉讼请求作出判决，这被称为“漏判”。

有些案件之所以被发改，并不是因为一审判决不公平。导致案件被发改的“非不公平因素”是指不能归因于一审不公平判决而提高发改率因素。这些“非不公平因素”可能包括三种原因：（1）第二次审判期间出现了新情况。在调查样本中，由于第二次审判期间的新情况，共有42起案件被发回重审或改判。主要有两种新情况。第一，由于当事人的原因，他们的诉讼行为出现新的情况。如果一方当事人在二审期间提交了新的证据，且该方改变了诉讼请求、陈述，或者该方在初审缺席的情况下，二审中又出席了庭审。第二，与诉讼结果密切相关的客观事实发生变化，如当事人丧失诉讼主体资格、诉讼标的物丧失等。一审法官无法预测上述新情况的发生，也无法在新情况发生之前和之后做出同样的决定。（2）一审法官和二审法官有不同的理解。在调查样本中，由于一审法官和二审法官的认知差异或者认知不同致使发回重审的案件占发回重审案件总数的56%，因一审法官和二审法官之间的认知差异或认知不同致使改判的案件占改判案件总数的7%。由于研究对象和研究方法的限制，笔者没有严格区分认知不同和认知明显偏差。然而，笔者认为，在这些情况下，认知不同远远大于认知上的明显偏差。（3）二审法官误判。一些没有审判经验或缺乏法律专业知识的二审法官可能会因为判决过程中的认知明显偏差而误判，一些二审法官甚至会在处理私人事务时歪曲法律。在上述情况下，他们可以改变一审法官公正和正确的判决，或者发回重审。

简而言之，仅将发改率作为评价一审判决质量的指标是不准确的，不宜简单地将发改率与一审判决质量关联起来，应该对案件发改的原因做进一步分析，从而正确评价一审判决质量。

（三）评估与启示

根据上文数据分析，2000~2016年上诉发改率呈现出如下变动趋势：从2000年开始上诉发改率呈现出稳中有降的趋势，直到2013年略有波动，2013~2016年基本平稳。上诉发改率的变动是一审审判质量提高与二审纠错功能加强，相互博弈的结果，引发发改率变动的因素也是复杂的：法官整体业务能力的提升会提高审判质量从而降低发改率，不同的案件类型中当事人关系和利益冲突激烈程度不同也可能导致不同的上诉发改率，上级法院和下级法院的关系，以及同级法院的关系也可能会引发上诉发改率的变动。

从2000年开始，上诉发改率总体上呈现出下降的趋势，其主要原因是我国法官整体素质的提高和审判质量的提高，上诉制度的纠错功能仍然在较好地发挥作用。2013年前后上诉发改率略有上升的趋势，在一定程度上，也反映出上诉制度纠错功能在发挥效果。从2013年以后上诉发改率总体呈现平稳发展态势，也反映出一审判决质量的提升和二审纠错功能加强呈现出平衡的趋势，这是一审法院审判质量逐步提高和上诉制度纠错功能逐步加强共同作用的结果。所以，从总体上看，我国上诉制度的纠错功能还是在较好地发挥作用。

案件质量评估体系将上诉发改率作为评价一审审判质量的一个指标，还是需要进一步分析和完善的。上诉发改率可以作为评价一审审判质量总体趋势的分析指标，但是对单个个体法院和法官而言，简单地用发改率评价一审判决质量则过于简单化。上文的数据分析显示，案件被发改的原因可以分成两类：第一类是因为一审判决不公正引起的，这些不公正的因素可能是如下四种情况：（1）一审程序违法，一审判决在程序环节出现漏洞，违背了程序法的相关要求；随着对程序正义的强调，二审对一审的程序上的要求也越来越严格，一审程序违法是一审判决不公正的一个重要表现。（2）枉法裁判，一审法官在作出判决时违反了实体法并歪曲了法律，这显然是审判不公的表现。（3）初审法官的理解显然是错误的，初审法官在事实认定和法律认定上的偏差也可能导致错误的判断。（4）其他方面的判决不公正因素。第二类原因不是因为初审审判不公而导致案件被发改，此类“非不公正因素”大致有如下几种：（1）二审期间出现新情况，如二审期间如果出现新情况、发现新证据，这样的案件被发改，不能被定性为不公正的一审审判。（2）一审法官和二审法官有不同的理解，不同的法官对事实和法律问题可能有不同的看法，这也属于自由裁量权的允许范围，因为这一因素案件被发改，也不能认定一审判决不公正。（3）二审法官误判、错判。在一些特别的情形下，二审法官也可能因为误判或错判而将案件发改。可见，如果用上诉发改率准确地判断一审裁判质量，还需要对上诉发改的原因进一步分类和分析，这样才更加准确、科学。案件质量评估体系在完善的过程中，需要为上诉发改率指标的使用设计配套评估机制，对发改的原因进行分析，从而促进该指标的实际使用效果。

第六章 案件流程管理制度运行效果评估分析

案件流程管理制度是司法系统对案件安排和协调的具体制度，该制度的实际效果会影响司法效率和司法质量。对该制度进行评估分析，了解该制度的具体运行情况及其存在的问题，并对制度完善总结策略，具有重要意义。

一、案件流程管理制度的一般概述

在对案件流程管理制度进行评估分析之前，有必要对案件流程管理制度的内涵、法理基础、制度意义等一般理论问题进行梳理、总结，从而为后续研究打下基础。

（一）案件流程管理制度的内涵界定

1. 案件流程管理制度的内涵

案件流程管理指的是法院系统的特定机构根据案件处理的进程和阶段，对立案、排期、保全、取证、归档等重要环节协调优化、加强监管的综合性管理体系，用来保障审判的高质高效。[1] 可见，案件流程管理制度的主要实施机构是立案庭，立案庭对案件处理的主要环节进行管理，其他部门进行配合，从而保证审判质量和审判效率。

“流程”在工具书中的解释为：“1. 进行、进程、过程，从起点到预定

[1] 张斌，熊艳蓓．上海市基层法院案件流程管理运作情况实证分析［J］．法治论丛，2009（6）．

终点接连发展的行为；2. 事物的不断进展；3. 项目正在进行下去的各个环节的关系；4. 事物推进的步骤；5. 追求一定结果，对环节进行协调的方法。”❶ 流程主要强调的内涵是事务发展的过程性，事务按照一定的规律持续地发展，其中的核心要素是事务发展的环节。

所谓流程管理主要是指对事务系统内部的流程环节进行疏导和协调，从而保证各个环节的协调、系统资源的优化配置，从而达到事务发展的有序和效率。

案件流程管理要达到的目的是实现公正和效率的价值。从公正的角度看，案件流程管理具有监督职能，可以促进公正价值的实现。通过对各个办案环节的监督，可以从程序上保证公正的实现，如果哪个环节出了问题，可以要求进行督促和修正。案件流程管理制度实现的另外一个目的是效率。整个案件流程是复杂的，由立案、送达、排期、保全、结案等各个环节组成，这些环节如果协调不好，会大大影响效率的实现；案件流程管理正是通过各个环节的协调、各种资源的整合，促进效率的实现。因而，案件流程管理强调以立案庭为中心，对各个主要工作部门进行监督和协调。通过对各个工作部门的监督，可以纠正偏离标准的司法行为，从而保证公正价值的实现。通过对案件流程各个主要环节的协调和整合，可以保证效率价值的实现。

案件流程管理制度的主要内容包括两个方面：第一个方面是诉讼时间的管理。通过管理系统可以对整个案件流程的时间进行管理，立案的时间、合理排期、审判的时间、审限的监督、保全的时间、执行的时间等时间要求都要符合标准规定，这样就在全局上把握了案件的时间管理。如果没有这种时间管理的制度，诉讼过程的拖延和混乱将无法得到修正。第二个方面是监督案件流程。通过案件流程系统，也可以对整个案件处理环节进行监督。案件受理、法律文件送达、结案时间、审限管理、保全情况等都要进行必要的监督，确保整个案件流程按照法律和相关规范的要求有条不紊地进行。

从具体工作环节看，案件流程管理制度的主要工作环节包括如下三个方面：第一，立案管理。这项工作主要由立案庭来完成，主要是诉讼材料的收

---

❶ 王同忆．英汉辞海［Z］．北京：国防工业出版社，1990：4166.

取和审核，对诉讼材料进行扫描和登记，在系统中进行记录，将诉讼材料分配给相应的办案法官等。第二，审限管理。在案件管理系统中，要做到全程留痕，对案件的审限进行监督管理，监督整个案件的处理进程，确保案件的处理不超期，符合法律关于审限的规定，保证诉讼效率的目标能够实现。第三，诉讼事务的管理。在案件处理过程中，对案件处理环节进行管理。其主要包括：案件的分配和排期，公告和诉讼文书送达，与律师和当事人的沟通和交流，强制执行的顺序和排期等工作。

因而，案件流程管理制度是一项法院管理制度。通过案件流程的管理可以将案件处理的各个主要环节置于系统的协调和监督之下，确保审判质量和效率。同时将管理工作和法官的审判工作适当分离，确保法官从事务性工作中脱离出来，从而集中精力进行审判工作。

2. 案件流程管理制度的运行特征

案件流程管理制度是一项重要的法院管理制度，从制度的运行形态上看，有如下基本特征：第一，专门机构进行案件流程管理工作，使得审判工作与管理工作相分离。案件流程管理工作由专门的机构负责执行，这些专门的机构可能是立案庭或审判管理办公室。这样的制度运行，就使得审判工作与审判管理工作相互分离。事务性的管理工作由其他机构来完成，审判法官集中精力从事审判工作，这样的话无疑会增进审判质量和效率。第二，案件流程管理的内容正在不断扩展。传统意义的案件流程管理更侧重立案庭的立案管理，包括案件受理与信息录入等内容。现代意义的案件流程管理更强调由审判管理专门机构对案件流程的全面管理，从案件立案、审判、宣判、保全、强制执行各个环节对案件流程进行管理，从而使得审判工作与审判管理工作相分离。第三，案件流程管理是服务与监督并行的工作。案件流程管理带有一定的服务性质，强调为审判工作提供服务，将一些事务性的工作从审判工作中剥离出来，从而为法官的审判工作提供服务。但是案件流程管理工作还是一项管理工作，强调管理与监督，这主要表现在：对审判资源进行协调与整合，从而节约诉讼资源防止浪费并增进效率；对各种司法行为进行监督，通过信息系统，对法官的司法行为是否遵循了审限标准以及各种程序标准进行监控，及时纠正偏离标准的司法行为。

（二）案件流程管理制度运行的价值目标

案件流程管理制度的运行要追求一定的价值目标，这些价值目标是案件流程管理制度完善的方向指引。

（1）司法公正与效率的追求。司法制度运行的合理标准，可能存在争议和讨论，但是司法公正和效率作为司法制度运行的核心价值，则得到了人们的普遍认可。公正是司法制度追求的根本价值，也是各项具体司法制度的具体价值指引。相较于公正，人们更加重视追求效率。一个国家制度文明和科学程度的重要准则，不管是考评业绩，还是衡量法治指标，效率的应用范围越来越广，地位也日益提高。[1] 尤其是现代社会，各国都面临司法资源紧张的问题，诉讼迟延也成为影响司法制度公信力的最重要因素。高效率地解决纠纷就成了司法制度追求的重要目标。案件流程管理制度作为一项重要的法院管理制度，其制度运行的价值目标也是公正与效率。案件流程管理制度通过对司法行为监督和管理，纠正偏差，保证公正价值的实现。案件流程管理制度通过对案件处理环节的协调和诉讼资源的优化配置，保证效率目标的实现。

（2）程序正义的追求。现代司法制度中，程序正义已经和实体正义共同成为人们重视的价值。程序的正义成为实体正义的重要保障。司法制度的运行必须满足程序的要求。案件流程管理制度正是加强司法行为程序监督与管理的制度，通过对司法行为各个环节的监督和约束，可以保证司法行为严格遵守程序的要求。随着人们对程序的重视，案件流程管理制度等法院管理制度也会越来越受到重视。随着案件流程管理制度的完善，案件流程管理的内容也会涉及司法流程的各个主要环节，这样就从深度上和广度上保证了程序正义的实现。

（3）防止权力滥用的价值追求。“要防止权力滥用，就必须以权力制约权力”，[2]防止权力滥用的理念也越来越受到人们的重视。在司法独立原则的要求下，法官的司法审判权不容干涉，这是基本原则。但是，这并不意味着

---

[1][2] 蒋惠岭．提高司法公信力的十个前提条件［J］．中国法律，2013（3）．

不能对法官的司法行为进行监督和管理。任何权力没有约束和监督，就有可能会被滥用。案件流程管理制度是一项强调对司法行为进行监督和管理的制度，在确保司法独立的基础上，对司法行为的约束和监督还是必要的。当司法行为偏离法律和规范的标准时，进行必要的约束和监督，可以使得司法行为合理合法地运行。

（三）案件流程管理制度与相关制度的关系

案件流程管理制度是一项重要的法院管理制度，与类似的制度存在区别和联系，通过制度比较，可以更准确地确定案件流程管理制度的内涵。

1. 案件流程管理制度与法院行政管理制度的联系

法院行政管理工作是一个比较宽泛的制度，泛指法院的行政管理工作，主要包括人事管理、组织管理、财务管理等工作。我国的司法改革也强调行政管理工作与审判工作的分离：由于我国司法制度中长期以来“行政化”占主导地位，使得司法行政管理职能在一定程度上牵制了法官职业功能的发挥，甚至有喧宾夺主之嫌，因此，在下一步司法行政管理制度的综合配套改革中，理念更新是首要任务。让行政管理回归其服务、保障功能，让审判职能恢复其宪法地位，确保这一理念落地的最佳办法之一便是法院的行政管理事务决策由法官组成的机构来作出，尽可能地反映大多数法官的意志，而不应当完全由管理者决定，这样才能从根本上避免那些背离司法规律而一味追求行政效率的做法。[1] 案件流程管理侧重案件处理环节的司法行为的管理。

总体上看，案件流程管理的主要工作人员一般是法院的行政人员，而不是法官。案件流程管理制度和法院行政管理制度属于根本不同的制度。在强调行政管理与司法审判相互分离的背景下，案件流程管理制度更偏重于司法管理，而不是一般的行政管理。法院行政管理的主要内容是一系列行政事务，主要包括对工作人员的人事管理、办公实施设备的管理、财务管理等工

[1] 法院司法行政管理配套改革的七项任务［EB/OL］.［2019-12-21］. http：//legal. people. com. cn/n1/2017/1129/c42510-29674482. html.

作环节，其核心是行政事务；案件流程管理主要是案件整个处理流程和环节的管理，主要包括立案管理、审限管理、公告与送达、强制执行管理等工作，其核心是司法事务。

2. 案件流程管理制度与案件管理制度的关系

案件管理制度是一个较为宽泛的概念，泛指各种主体对案件处理进程和效果的监督和管理制度；有可能包括上级法院对下级法院案件的监督管理，也有可能包括检察院对法院案件处理的监督和管理。案件流程管理制度则是一个内涵较窄的制度，主要是指法院系统内部对案件流程和环节的协调和监督的制度。

在一定意义上，可以认为案件流程管理制度也是一种案件管理制度，这是二者的联系。但是这两种制度是存在根本区别的制度：第一，从主体上看，案件管理更多的是强调法院系统外部主体对案件的监督和管理工作，可以是法院领导对案件的监督和管理，可以是上级法院对下级法院对案件的监督管理，可以是检察院对法院办案的监督和管理，也可以人大对法院案件的监督和管理；案件流程管理则是强调法院内部法院管理办公室对案件流程处理的监督和管理。第二，从管理内容上看，案件管理能在更为宏观层面涉及案件的处理的实体效果和处理程序；案件流程管理则更注重具体的程序环节，立案的流程、时间管理、强制执行顺序等，涉及更多的是程序上的具体环节。第三，从制度发展方向上看，案件管理制度是相对传统的制度，因为有可能和司法独立的原则相抵触，案件管理制度很多内容可能面临重构。而案件流程管理制度是现代型制度，与现代法院管理理念相契合，发展的空间越来越大。

（四）案件流程管理制度的功能

对案件流程管理制度功能的总结，也是案件流程管理制度理论概述的重要组成部分。

案件流程管理制度作为一项重要的法院管理制度，其制度运行可以实现如下功能。

（1）加强审判管理的功能。随着法院管理理论的兴起，促进和完善审判管理制度具有重要意义。审判管理日益引起法院的重视，审判管理工作与审判工作属于不同的范畴，不能将审判管理工作与审判工作相混淆。法官是审判工作的主体，依据法律进行独立审判是对审判工作的主要要求。审判管理工作亦有专门机构完成，目的是优化流程，加强监督管理。案件流程管理制度是审判管理制度的一项重要制度，该制度的运行具有加强审判管理的功能。从立案、排期、开庭、裁判、执行各个环节进行监督和管理，可以大大促进审判管理的效果。

（2）促进司法责任实现的功能。我国司法改革的一个重要内容是落实司法责任，促进司法行为的监督和管理具有重要意义。落实司法责任制已经成为人民法院司法改革的一个重要目标，司法独立是司法制度的基石，但是在保障司法独立的前提下，仍然需要落实司法责任。审判监督管理制度是实现司法责任制的重要制度，可以通过各项审判监督管理措施来促进司法责任的实现。案件流程管理制度的运行通过如下环节，促进司法责任的落实：第一，通过案件流程环节的监督和管理，对于有偏差的司法行为及时纠正。第二，完善信息管理系统，通过司法数据对司法行为进行监督管理。随着案件流程管理制度的完善，许多法院系统已经建立起比较完备的信息系统。通过信息系统的司法数据分析，可以加强审判管理工作。第三，案件流程管理不仅强调服务，也强调监督功能。案件流程的监督功能，对于司法责任的落实也可以起到促进作用。

（3）促进司法评估制度的实际效果。我国已经建立起由案件质量评估制度和法官考评制度等构成的司法评估制度，从而对案件质量进行评估、对法官个人能力和素质进行评估。案件流程管理制度的运行，也为促进司法评估制度的发展打下了基础，因为案件流程管理系统统计了案件的数量、案件处理的时间、上诉案件的数量、案件被改判和发回重审情况、审限是否超期、案件处理的效果等很多司法制度运行情况，这些数据信息为评价法院和法官的工作情况打下了基础。随着案件流程管理制度的完善，许多法院系统采取人工智能技术和数据分析技术，对案件流程进行科学化管理，也为司法行为的评估提供了数据基础。随着人工智能技术和数据分析技术的加强，案件流程管理系统的智能化和数据化程度越来越高，案件的立案、分案、排期、审判、诉讼文书公布等各个环节都纳入数据信息系统。这些数据信息也是法院工作和法官工作的重要表现形式，可以客观地反映出法院工作情况和法官工作情况。很多法院系统将案件管理系统的数据，作为案件质量评估体系的考评数据；也有很多法院在对法官进行考评时，参考案件流程管理系统的数据。可见，案件流程管理制度的完善，也为司法评估制度的运行提供了科学的数据来源，促进了司法评估制度实际效果的实现。

二、案件流程管理制度运行效果的评估分析

案件流程管理制度的形成取决于两方面因素：首先是完善的制度规范，这是设计案件流程制度框架和内容的重要载体；其次是案件流程管理的制度实践，案件流程管理制度良好的制度运行也是案件流程管理制度形成的重要因素。对案件流程管理制度的实际运行效果评估也可以从两个方面入手：首先是相关制度规范的评估分析，其次是典型案件流程管理制度实际运行情况的评估分析。

（一）我国案件流程管理制度的发展流变评价

我国的案件流程管理制度产生与发展经历了若干重要阶段，对该制度的阶段性制度特征进行分析，有助于把握案件流程管理制度的运行特征。

1. 传统模式

尚未进行司法改革时，审判业务庭负责个案的全过程是我国法院所采取的主要模式，在此种模式下，每个审判业务庭负责从立案到结案归档的全过程。庭审法官不仅要负责开庭审案、作出判决，又要参与财产保全、送达等工作，耗费了大量的时间精力。另外，因为法院内部并没有设置专门的机构来统一进行监督管理，法官自主控制个案的流程，比如法官自主决定开庭与结案的时间，没有一个固定的章程，当事人和法院很难对诉讼过程进行监督。

传统的案件流程管理模式是时代的产物。人民群众的法律意识不强，法院的案件数量较少，各种制度还处于起草阶段，法院未能发挥其监督管理作用是当时的大背景。在当时的环境下，没有一个专门的机构来统一管理案件流程，法官有太多的自主权，很难科学高效地进行案件审理，也无法有效地

确保程序正义，确保诉讼结果的公平正义。

2. 大立案模式

随着法治化进程的不断推进，人们的法律意识越来越高，司法的公平和效率也日益引起人们的重视。随着经济的快速发展，民事、商事活动逐渐活跃以及公民权利的觉醒，导致诉讼案件的增多和法院混乱运作现象的出现，对法院的工作机制提出了更高层次的要求。为了更好地发挥司法的作用，确保法官的专业性与司法的独立性，我国的司法改革在这一时期拉开了帷幕，法院积极地进行自我革新和建设。到了 20 世纪 80 年代，审判模式开始改革，人们发现审判模式改革的进程被传统的案件流程管理模式所影响和制约，对案件流程管理制度进行改革已然是大势所趋。首先是使审判和执行工作相分离，全国在 20 世纪 80 年代末已经基本普及了独立的执行机构。到 80 年代末 90 年代初，全国法院系统也逐步设立了申诉庭，主要负责立案工作和审判监督工作，使得立案与审判监督成为独立的工作职能，促进立案工作、审判监督工作与审判工作的分离。1991 年，任建新院长在全国高级人民法院院长会议上提出进行流程管理变革的紧迫性，流程管理更加受到重视。由此 90 年代中期流程管理以健全该制度为目标，变革也更加深入。1996 年全国立案工作座谈会召开后，许多法院将申诉庭分为审判监督庭和立案庭。立案庭的职能最终确定为立案、排期、审前准备等，负责组织、领导和监督诉讼的全过程。至此，案件流程管理开始试行大立案模式。❶

大立案模式的主要特点是将立案庭的工作进行扩展，立案庭不仅负责立案工作，还负责审判监督工作以及立案、排期、取证、保全等案件流程管理工作。立案庭用同一标准监督案件的立案、排期、开庭、结案及归档等各个诉讼阶段，还负责包括取证、保全、送达等事务性工作。在当时的司法环境下，大立案模式也产生了积极的作用。首先，在某种程度上保障了司法效率，对各个环节进行了动态追踪，对于接近审限的提出警告，对

❶ 据称，大立案审判流程管理模式最先于 1998 年在山东省寿光市人民法院试行。1999 年，最高人民法院公布第一个《人民法院五年改革纲要》，将“三个分立”（立审、审监、审执分立）和建立案件审理流程管理制度以文件的形式加以肯定，并要求作为改革目标。

于超过审限的进行惩罚，极大缩短了审判期限。其次，办案法官从准备工作与其他事务性工作中脱离出来，这样既有利于法官保持中立，又使得法官与烦琐事务相分离，使法官集中精力来审理案件，有效确保了案件审理的公平与正义。

3. 小立案模式

随着大立案模式的不断发展，其弊端也日益显露。比如，简易程序的审理周期因机械排期而变长，审前程序完全与法官相分离，造成重复开庭等。一些法院不断实践，积极探索，力求缩短案件的审理周期。全国法院系统的小立案模式有很多具体实践操作典型：青岛市法院系统将部分案件流程管理工作交给法官助理来完成，法官助理完成庭前准备、取证、联系当事人等工作；[1] 北京市法院系统采取的模式是三名法官、一名书记员和二名法官助理共同完成审判工作，法官助理承担了案件流程管理工作任务；[2] 武汉市法院系统采取的是两名法官助理协助一名法官的工作模式。[3] 这些具体操作模式的共同特点是为了简化立案庭所负责的工作，不再让立案庭笼统地负责流程管理的全过程。相对应于大立案模式，可称其为小立案模式。当然，建立一个专门的流程案件管理的办公室，统一集中管理案件流程才是完善案件流程

---

[1] 青岛市中级人民法院规定：法官的主要职责是负责阅卷、开庭审理案件并作出裁判；助理法官的职责是在法官指导下，完成一切庭前准备工作（包括送达、调查、鉴定、勘验、调解、主持庭前会议），证据交换，相关法律资料的收集、查阅，提出案件处理的参考意见等。参见：任群先．法官职业化在青岛法院的演进与思考［J］．人民司法，2003（10）．

[2] 北京市房山区人民法院将法官助理定位为法官助手，其职责主要是协助法官进行审前准备活动。审判业务庭内勤在确定某个案件的承办法官后，将该案件移交给该法官的助理，案件即进入审前准备阶段。法官助理负责以下审前准备工作：初步审查与送达、指导当事人举证、采取财产保全或证据保全措施、组织证据交换、根据当事人的申请或依职权调查收集证据、以法官名义进行调解、排定开庭时间。参见：佛法研．法官助理与法官员额问题研究［J］．人民司法，2002（8）．

[3] 在武汉市江汉区人民法院，法官助理在法官的具体指导下开展工作。其工作职责：一是承担庭前、庭后程序中的部分工作；二是经法官授权，在法律允许的范围内承担部分审判实务工作，如调查、代拟法律文书等；三是配合法官开展调查研究；四是完成法官交办的其他任务。参见：康均心．法院改革研究［M］．北京：中国政法大学出版社，2004：355.

管理制度所要达到的目标。

杭州市对小立案模式进行了实践，2003年年初，萧山区法院在一个派出法庭设立试点，设置法官助理，即原来负责事务性工作的工作人员，❶分配到各个审判业务庭，立案庭的工作范围也被简化为审查、时限管理等。小立案模式虽然将审前准备工作再次纳入审判业务庭，但仍坚持“三个分立”原则，合理分配审前准备等日常工作。法官仍然主导着诉讼程序，指导法官助理完成日常工作。实践证明，小立案模式的建立不仅提高了审判效率，简化了案件流程，还实现了诉讼公正与效率，为建立专门的案件流程管理部门打下了基础。如武汉市法院系统采取法官助理协助法官办案以后，案件处理的时间得以缩短，案件的当庭宣判率也得到提升。❷杭州市法院系统广泛采纳小立案模式以后，案件处理的周期也得到了较好缩短，当庭审判率提升效果也很明显。❸小立案模式在增进审判效率方面，确实起到了较好的作用。

4. 创新阶段

自2008年3月以来，法院系统不断创新流程管理工作。2010年以来，最高人民法院更是将加强案件流程管理作为法院的一项重点工作，结合“社会管理创新”的要求，进行了一系列的工作安排，发布或计划发布多项相关文件。2010年，最高人民法院设立了审判管理办公室，全国各地的法院也纷纷效仿，设立相应的专门部门。我国法院的流程管理工作呈现出全面加强的趋势。

❶ 该院《关于确定法官助理职责范围的通知》明确，法官助理在法官指导下履行下列职责：审查诉讼材料，提出诉讼争执要点，归纳、摘录证据；庭前组织交换证据；代表法官主持庭前调解，达成调解协议的，须经法官审核确认；办理承担法律援助义务的律师担任辩护或者指定法定代理人代为诉讼的有关事宜；接待案件当事人、代理人、辩护人的来访和查阅案卷材料；依法送达各种法律文书，调查、收集、核对有关证据；办理委托鉴定、评估、审计等事宜；协助法官采取诉讼保全措施；准备与案件审理有关的参考性资料；办理案件管理的有关事宜；根据法官的授意草拟法律文书；完成法官交办的其他与审判业务相关的辅助性工作。

❷❸ 康均心．法院改革研究［M］．北京：中国政法大学出版社，2004：358.

（二）案件流程管理制度规范评估分析

1. 最高人民法院相关制度规范评估分析

最高人民法院颁布的第一个五年改革纲要（1999~2003年），其中第8条规定的内容涉及案件流程管理，[1]强调了案件流程管理的重要性。该制度规范首次正式地提出要设立流程管理工作机制，这是对于流程管理的概念和内容较为规范和完整的表达，设立的目的就是使法院的各个庭室从分离的状态中抽出来，有效地结合在一起。加强控制诉讼的全过程，才能保证过程和结果的公正。然而这条规定仅仅表明了最高人民法院设立流程管理体系的改革方向，并未对具体细节进行详细阐述，对流程各个环节的理解还不够深入。随着时间的推移，全国实施案件流程管理制度的法院数量已超过一半。这些法院大多采用起源于山东省寿光市的大立案模式，立案庭负责审核和安排开庭日期等，是法院流程管理的中心组织。

最高人民法院颁布的第二个五年改革纲要（2004~2008年）进一步强调：健全流程管理机制是司法改革的一个重要任务，并提出努力实现法院系统的流程管理。在“一五纲要”的基础上进行不断创新，提出建立随机分案机制。由此可见，流程管理已成为我国司法改革的重要组成部分，在司法机制中占据着至关重要的地位，发挥着重要的作用。要建立健全案件流程管理制度，需要建立一个良好的系统与之相配合。但是“二五纲要”也并未对流程管理的含义进行精确的阐述，只是以原有的概念为基础进一步明确目标。从最高人民法院发布的文件可以看出，理论界关于这一制度的学术研究还比较欠缺，没有足够的理论支撑。此后，理论界侧重于研究完善案件流程管理制度、对该制度进行规范性操作、注重该制度的公正与效率和发展前景等。如今，我国的专家学者已经探索出一个相对成熟的案件流程管理制度，并逐步提出通过监督管理制度的运作、对流程阶段的合理划分，建立专门机

---

[1] 1999年最高人民法院颁布《人民法院五年改革纲要（1999~2003）》，其中第8条规定：“建立科学的案件审理流程管理制度，由专门机构根据各类案件在审理流程中的不同环节，对立案、送达、开庭、结案等不同审理阶段进行跟踪管理，保证案件审理工作的公正、高效。”

构管理和促进法官职业化等方面来系统全面和详细地建设和改进这项制度。同时正视我国制度的不足之处，借鉴域外的成功经验，在符合我国国情的基础上，提出相关对策，使法院规范得以有序开展，但是我国依然缺乏完整的理论体系。

2009 年，最高人民法院出台了第三个五年改革纲要（2009~2013 年），提出要严格规范流程管理工作。在延续“二五纲要”的基本思路的基础上，尤其注重案例流程管理方法的统一应用。法院工作的重点也从原来的单打独斗转向设立注重效率、注重各部门相互协作的流程管理机制。在此背景下，各地法院纷纷做出改进，建立了完善的流程管理制度：立案由立案庭负责，在规定时限内及时送达，开庭审理有序衔接，监督措施严格到位。2011 年年底，为了实现科学的流程管理目标，全国共有 31 个省（区、市）的高级法院及 1369 个中级法院、基层法院建立了案件流程管理系统，出台了流程管理制度规范，占我国法院总数的 39.3%，未建立这一系统的法院并不是没有建立这项制度，只是没有设立专门机构，由审监庭承担主要工作。[1]

2014 年最高人民法院颁布的第四个五年改革纲要（2014~2018 年）强调：审判管理制度要进一步完善，促进其积极作用的充分发挥，加强监控流程节点，并说明案件质量评查对于推动和监督流程管理有力的促进作用。“四五纲要”进一步对案件流程管理提出了更高层次的要求，推进了司法变革的进一步发展。另外，第 38 条规定的内容[2]侧重于信息公开。加强了信息平台的建设，充分利用技术手段，全面及时地了解案件信息，推进了规范操作与信息公开，提高了法院工作的时效性，有效地提高了审判活动的质量和效率。与此同时，设置更加严格的案件流程管理节点监控指标，更加细致地划分法院的工作节点，使管理者能够充分了解和有效监督每一个案件的流

---

[1] 蔡彦敏．中国民事案件管理机制透析［J］．中国法学，2013（1）．

[2] 第 38 条：“完善审判流程公开平台。推动全国法院政务网站建设。建立全国法院统一的诉讼公告网上办理平台和诉讼公告网站。继续加强中国审判流程信息公开网网站建设，完善审判信息数据及时汇总和即时更新机制。加快建设诉讼档案电子化工程。推动实现全国法院在同一平台公开审判流程信息，方便当事人自案件受理之日起，在线获取审判流程节点信息。”

程。这份文件规定对案件流程进行全面、全程、动态的管理，赋予法官权力来把控案件的质量、效率、结果，追求公平公正。[1]

通过对案件流程管理发展历史及现实状况的分析，我们不难发现，最高人民法院发布的《人民法院五年改革纲要》是建立完善这一制度的最大推动力。“五年纲要”的陆续出台，使得案件流程管理这一工作机制得以以司法文件的形式确立。每一个《人民法院五年改革纲要》都以前人的成果为基础，来作出更进一步的改进，促进该项制度在我国的不断发展和完善。

“一五纲要”把建立案件流程管理制度规定为加强审判管理的重要任务的同时，也提出了新的建设目标，即办公现代化。尽管对流程管理的概念有一定的涉及，但并未详细阐述，不是很容易操作。“二五纲要”对流程管理改革的内容进行了明确规定，首先是建立完善流程管理的组织机构，对职责和权限进行确定；其次是进行科学合理的流程管理；最后是改革完善司法统计制度，对数据信息进行有效利用。但其依然未对流程管理的内涵进行深刻而详尽的阐述，只是在原有的基础上进一步明确了目标。“三五纲要”延续了“二五纲要”的思路，在要求健全完善案件流程管理制度之外，还提出加大对案件质量评估的要求。“四五纲要”要求充分发挥案件流程管理在诉讼中的作用，加强对节点的监控，并提出对信息平台建设的构想。随着“五年纲要”的出台，人民法院不断加强流程管理工作，全国各地都在进行完善流程管理的实践尝试，其中上海法院较早地进行案件流程管理的改革，随着实践操作的不断成熟，节点监控体系、案件流程管理职能部门等相继建立，且运作良好，取得了不错的成效。在此之后，在“五年纲要”的指导下，各地法院积极借鉴成功经验，不断加强案件流程管理工作的系统化、立体化，例如重庆高院和临沂中院（具体分析见下文）。但在实践中，四个“五年纲要”及法院的操作仍存在很大的缺陷。实践中出现问题的主要原因有：第一是案例流程管理系统本身的不足。每一个“五年纲要”都没有对案例流程管理的概念和制度内容进行明确详尽的阐述。第二是积案问题没有及时解决，没有涉及强制诉讼前调解和立案拖延的现象。第三是缺乏统一的管理

---

[1] 周晓冰．民事审判流程控制研究［J］．人民司法，2008（1）．

监督机制，导致管理环节出现脱节。每个职能组织只对自己的工作范围负责，缺乏集中而统一的管理。虽然重庆高院和临沂中院以及某些法院的实践相对比较成功，但依然无法改变这些问题存在的事实。我们要不断地发现问题并改进，才能在此基础上日益完善这一制度。

2. 地方法院制定的案件流程管理制度规范评估分析

自从颁布“一五纲要”以来，全国各地法院根据实际的工作需要，已经开始建立案件流程管理机制。法院采取案件流程管理机制这种措施，不仅是为了适应自身改革的需要，也是为了寻求一种更为科学规范的管理机制。实施案件流程管理有利于深化法院体制变革，促进公平正义的实现。下面笔者选取全国的几个代表性法院，对其案件流程管理制度规范进行评估分析，从而研究案件流程管理制度的运行情况（见表6-1）。

表6-1　典型法院的案件流程管理制度规范评估分析

	值得借鉴的内容	存在的问题
《广东省高级人民法院案件审理流程管理规程（试行）》	首次使用程序法官、调查法官、判案法官等概念，明确分工。规定细致，涉及立案审查、排期、保全、调查、审限、案件移送、责任追究等方面，比其他法院的规定更加全面	没有具体规定案件分类，没有建立严格的监管机制
《福建省高级人民法院关于案件审理流程管理的意见（试行）》	使自动化、信息化和网络化的排期工作成为监控办案的重点，注重跟踪反馈节点信息，加强各重要节点的监控；设立庭前准备程序，进行庭前调解、证据交换、繁简分流等	立案庭统一安排管理，还承担烦琐的事务性工作，无法对自身进行更好的监督
《黑龙江省高级人民法院案件审判流程管理实施细则（试行）》	详细阐述了适用简易程序的情形。单独对诉前调解进行规制，这在全国各地法院中是较为先进的做法	没有对审限进行规范，对案件分类制度没有涉及，容易导致案件积压的现象
《云南省人民法院审判流程管理工作规则》	落实信息公开，加强合议庭和独任审判员的职权。对上诉、抗诉案件进行单独规定，是其他法院没有的创新点	忽略了对案件流程管理概念的梳理，忽略了案件审理期限的规定，容易引发超期限审理、久拖不决的现象，并且对监督管理的规定过于简单
《宁夏回族自治区人民法院审判流程管理规定》	确立案件流程管理的内容及原则，为工作进程指明方向。将一审、二审、发回重审、再审、提审等案件的期限安排作为重点	没有涉及案件分类制度、审限管理与监督制度

续表

	值得借鉴的内容	存在的问题
《贵阳市中级人民法院案件流程管理规则》	审理完结后，评查组对案件进行检查或抽查，重点是审理过程中程序是否违法、适用的法律是否正确，还包括制作的文书是否恰当。对不合规的现象进行严厉惩戒	其他方面都没有具体规定，尤其是案件如何分类、审限制度等
《湖北省高级人民法院案件审判流程管理规定（试行）》	规范各类案件的审限，包括一审、二审、当事人申请再审等案件，对无法确定审限的案件，确定审结应当遵循一般原则。同时规定不计入审限的事由，包括鉴定、调查等，以及在法律规定的审限内难以结案的，可以延长审限的事由。另外，还规定裁定中止案件审理的事由等	整个流程管理规定的大部分内容都是审限管理，对立案、送达、移送、评查等方面没有规定
《陕西省人民法院案件审判流程管理办法（试行）》	第四章详细规定审限督查，设置严格的节点观测，保证在规定的期限内结案，减少超审案件，促进审判高效完成。第七章对案件移送全过程和每个环节的期限进行规制	对违反本办法、超期限的行为没有规定惩戒措施
总　　结	各地法院制定制度规范各有亮点，有些详细界定概念、内涵；有些强调审限和监督；有些注重特殊案件的规范；有些强化信息技术的应用。但是综合来看，各地法院制度规范普遍存在以下问题： （1）与三大诉讼法的结合不够紧密，有些规定没有与法律条文协调，有些规定则是重复法律的规定（具体见下文）； （2）没有一个科学合理的案件分类制度作为支撑，有些法院仅仅按照《民事诉讼法》的案件分流进行笼统规制； （3）对审限管理进行规定，却不够详细、全面，忽视了一些重要环节，如送达时限、裁判文书制作时限等； （4）把立案庭作为案件流程管理的核心机构，无法发挥统一监督的功效；同时各庭室相对分离，不能有效传递监督信息	

（1）广东省高级人民法院在2001年制定了《广东省高级人民法院案件审理流程管理规程（试行）》，确定了案件流程管理制度的基本框架。它还具体规定了案件所有程序和辅助性工作的管理等内容，并且首次使用了调查法官、判案法官、程序法官等概念，做到了明确分工、科学自动，强化监督、责任落实，也提高了法院工作的透明度。该规定详细而全面，涵盖了排期、立案审查、保全、审判限制、责任追究、案件移送、侦查等各个方面，

这些都改变了以往法院内部流程管理的随意性，比如，规定审理适用的程序应当自立案之日起三个工作日内确定，并组织排定日期。案件排定和专业化的管理，使得法院在各个环节、各个阶段都能够有条不紊。出台该规定是广东省高级人民法院近年来最全面、最深入、动作最大的流程管理改革，但是其也存在一定的缺陷，比如对案件分类没有作出具体的规定，没有建立严格的监督机制，导致该制度不够完善。

（2）福建省高级人民法院为确保诉讼活动有序进行，规范司法行为，提升司法质量和效率，出台了《关于案件审理流程管理的意见（试行）》。该意见明确阐述了案件流程管理的含义和内容，并规定对流程的跟踪由各级法院的立案庭实施。截至 2002 年年底，案件流程管理已经在全省 80% 以上的法院实行。福建法院的做法包括：首先，规制开庭审理的顺序，对开庭日期进行严格安排，加强信息化、自动化建设；其次，注重对流程中环节信息的跟踪反馈，加强监控各阶段的流程；最后，完善审前的准备程序，将法官的辅助工作与审判工作分开，节约精力。但是其把立案庭作为专门负责案件流程管理部门的做法，是落后于时代步伐的。

（3）黑龙江省高级人民法院为加强流程管理工作，对案件流程管理机制进行加强和完善，保障均衡结案，提升审案效率和质量，出台了《人民法院案件审判流程管理实施细则（试行）》。该规定的主要内容包括：第一，对选择简易程序的情况进行详尽描述；第二，规范诉前调解，这一做法在全国各地法院中是比较先进的；第三，细化原审判庭的工作人员，使其各司其职，使法官职责更为明确，促进了司法的公正。但是，这一规定也存在缺陷，比如，没有规范审限，没有涉及案件分类制度，容易造成案件积压的状况。

（4）云南省高级人民法院（以下简称云南省高院）依据三大诉讼法及最高人民法院《关于人民法院立案工作的暂行规定》，结合本省的实际情况，颁布了流程管理规则，延续了“五年纲要”中对于流程管理的具体要求。云南省 148 个法院中，实施案件流程管理的法院有 96 个，比例为 65%。云南省法院的流程管理工作规则对简易程序、案件质量评查、审查立案、可直接进行调解等方面进行了强调。在相关研究中，云南省高院认为案件流程管理制度实际效果较好：首先是填补了流程管理方面的空白，其次是信息公开的力度得以加大，独任审判员和合议庭的职权也得以强化，最后是在具体的工作中，贯彻落实了当代法治的信息公开和注重程序理念，大大缩短了审理周期，强调办案质量和效率。但是其对案件流程管理的概念未做梳理，对案件审理期限未做规定，很容易造成案件久拖不决、超期审理现象的出现，而且对监督管理的规定过于笼统。

（5）宁夏回族自治区为顺应司法变革这一社会趋势，加强流程管理工作，响应诉讼法及有关司法解释的规定，发布了《审判流程管理规定》。这一规定首先对案件流程管理的原则及内容进行了明确，指明了工作进程的方向。把侧重点放在一审、二审、发回重审、再审、提审等案件的期限安排上。在全自治区范围内实施流程管理，不仅有助于更新群众的观念，提高办案质量和效率，还在贯彻落实服务精神，促进保障人民群众的诉讼权利方面发挥着重要的作用。但是并未涉及案件分类、审限监控等方面，导致自治区各个法院的案件流程管理制度不太完善。

（6）2004 年，贵阳市中级人民法院为贯彻实施“一五纲要”，颁布《贵阳市中级人民法院案件流程管理规则》，该项规定的大部分内容与其他法院相同，但也有一定的可资借鉴之处。该管理规则在第七章，对处罚措施作出详细规定，设置了案件流程管理的考评总分，并将其分成两部分：第一部分是考核案件分类，分数占总分的 70%，这一部分要求对每一个案件都要进行检查，比较严格；第二部分是考核案件分类之外的其他内容，用抽查的方式来测评，分数占总分的 30%，并按月通报结果。这个创新点，不仅认真贯彻落实了程序法，促进高效有序地审理案件，又在提升法院形象、提高司法公信力等方面发挥着重要的作用。

（7）2010 年，湖北省高级人民法院出台《湖北省高级人民法院案件审判流程管理规定（试行）》。该规定虽然未能全面涉及所有环节，但是对扣除审限的事由进行了进一步的细化，对于其他法院具有极大的借鉴意义。该规定首先对审限进行了规范，不仅对一审、二审案件、当事人申请再审等案件进行了规范，还规定了对于无法定审的案件，应当遵循一般原则确定审结。同时对不计入审限的事由进行了规定，包括调查、鉴定等，以及在法律规定的审限内难以结案的，可以延长审限的事由。此外，还规定了裁定中止案件审理的事由等。

（8）随着“一五纲要”“二五纲要”的贯彻落实，陕西省法院开始加快变革案件流程管理的步伐，在全省范围内全面推行这一制度。2010 年，陕西省高级人民法院出台《陕西省人民法院案件审判流程管理办法（试行）》，这一制度也取得了不错的成效：首先是通过电脑软件来自动分案，这样既避免了人工分案的机动性，使“暗箱操作”现象得以减少，又减少了关系案、人情案的产生；其次是进行审限跟踪，设置严格的督查与节点监控，提高审案效率和质量。案件流程管理制度运行后，在提高审判效率方面效果较好，通过简易程序结案的比例提高，总体结案周期比以往缩短近 1 个月，案件质量也得到更好保障。但是，该规定也存在不足，比如，尽管对审限督查作出规定，但是并未详细规定对案件流程各环节的监督检查，极易造成各管理部门“脱节”，并没有对法官滥用程序权力的情况规定相应的处罚措施。

（三）典型法院案件流程管理制度实际运行情况评估分析

在对案件流程管理制度相关规范评估分析的基础上，对典型法院案件流程管理制度的实际运行情况进行评估分析，可以进一步分析和研究案件流程制度的整体情况和效果。

1. 临沂市中级人民法院案件流程管理制度的实际运行情况评估分析

近年来，随着案件流程管理制度的不断完善与发展，山东省较早地进行改革，首先对立案庭的职能范围进行扩展。然而，随着时间的推移，大立案模式的弊端也逐渐显现。针对这些问题，全省法院充分发挥改革精神，积极创新，力求建立和完善一套科学、高效的案件流程管理模式。下面以临沂市中院为例进行分析。

临沂市中级人民法院（以下简称临沂市中院）设立了柜台“一条龙”式作业，在大厅设置了多个窗口，对立案、排期、财物等业务进行集中处理，使得案件流程得以简化，工作速度得以加快，案件处理量得以增加，为人民群众诉讼提供便利。将立案庭作为专门机构，对事务性工作进行统一的调度。推行精案精审，发现并树立典型案例，提升办案质量和效率，充分发挥典型案件的指导作用。在审判过程中，坚持将程序与审判分离，注重程序，以最大限度确保程序的公正。完善对抗机制，充分保障双方权利。在法律允许的范围内实行信息公开，推行全程监督、审限监督，有差异地管理各个程序，在促进详细的指标的形成、促进流程管理理念深入人心等方面发挥着重要的作用。

临沂市中院还强调树立法官形象，督促法官学习业务知识。妥善处理好权责分配问题，确保办案的独立，协调处理审判委员会、合议庭的关系。同时分析评估法官绩效并做出相应的奖惩措施。通过这些做法，使得临沂市中院各部门的职权得以厘清，追责机制得以健全，群众诉讼更为方便，形成较为完善的案件流程管理机制。

临沂市中院实现案件流程管理制度后，2000 年处理案件的数量为 11 570件，人均处理案件的数量达到 73 件，平均审理周期也得到明显缩短；在提高效率的同时，审判质量也得到提升，上诉案件的发回重审率处于较低水平。

尽管临沂市中院在不断对案件流程管理进行创新，并取得不错的成效，但我们也应当反思实际操作中所出现的问题，并加以完善。临沂市中院在实践中所显现出来的问题包括：首先，除了最高人民法院“五年纲要”和其他法律如诉讼法涉及流程管理外，全国法院对流程管理的规范只是粗略地提及，并没有进行更为深入的规定，比如临沂市中院设立规则只是为了本院的工作需要。其次，并未明确规定繁简案件的分类标准，仅是按照简易程序和普通程序来分类案件，并不能实现真正意义上的繁简分流。最后，虽然临沂市中院对节点进行了严格的设置，全程动态监督各阶段的内容，但是并未及时更新现代化的科学技术手段。虽然建立了局域网，实施了信息化管理，但是并未研发统一的流程管理软件，不能够更好地利用数据指标，从而影响案件流程管理制度的完善。

2. 重庆市法院案件流程管理制度实际运行情况的评估分析

随着十几年的发展，案件流程管理制度作为司法变革的重要组成部分，在一定程度上进行了健全改制。大部分法院都是在 1999 年“一五纲要”出台后制定了流程管理制度，但是随着司法改革的深入，这些制度有的已经不符合当今司法环境和诉讼法的完善。重庆市法院的案件流程管理制度是适应新的形势和条件而确立的，有很多新的制度特色。2012年重庆市高级人民法院实施《全市法院案件流程管理办法（试行）》（以下简称《流程办法》），在重庆市法院系统推进案件流程管理制度改革，其实际运行情况展示了很多新的制度特色。

重庆市法院的案件流程管理在《流程办法》出台前就已经产生，随着计算机网络技术的不断发展，网络技术渗透到工作的各个方面，特别是“网络办案”在近年来得到普遍实施，依托网络技术的案件流程管理系统也逐渐建立起来。在这一时期颁布《流程办法》，主要目的是规范信息技术支持下的案件流程管理模式。在审理案件的过程中，法官等相关人员是诉讼活动的参与者和责任主体，需要明确掌握案件在法庭上流转的过程，自觉约束自己的行为，积极配合监督。这一制度不仅不会干扰法官判决的独立性，还可以使当事人的利益得以保障。例如加强管理审理期限可以提高办案效率，保证当事人的时间权益。当然，若想完全实现这些司法目标，仅靠《流程办法》是不行的，还需要衔接配合其他相关制度。《流程办法》对参与案件流程管理的主体进行了明确划分，有效解决了各部门之间权责不明和权力混乱的现象。其中还规定了“一次分案”和“二次分案”这两种不同的分案制度。这两种方式也各有优势，“一次分案”能够加快案件处理速度，“二次分案”能够增加分案次数，在某种程度上增加了不确定性，但它可以有效促进法院外部与法院内部监督的良好结合，不仅方便了解案情，也保障了群众利益。

2012年《流程办法》在重庆试行后，自此建立了统一的制度，结案率高达95.73%。2013年，由于法定原因，重庆只有两起案件超期审结。平均结案周期降至40.6天，比之前减少20多天。当庭宣判率达55%，一些法官每天至少开庭审理3~4起案件，有5位法官年结案数在100件以上。案件审判的质量也有明显变化，上诉案件改判的比例下降，也没有出现冤假错案。

虽然《流程办法》有许多地方值得借鉴，但在其制定和实施的过程中也存在一些问题。一是诉讼活动主体并未能真正地深入了解案件流程管理制度，也未能督促法官学习吸收该项制度，同时办公条件未能契合新制度，导致大部分工作人员不能尽快完全适应该模式，只能尽快学习、熟悉。二是《流程办法》规定的相互监督仅局限在法官内部，未曾考虑到当事人及其他的参与主体。三是在价值取向方面，案件流程管理制度有一定的偏差。此次流程管理制度的变革更注重效率，对公正的考虑略有不足。四是《流程办法》虽然规定了从立案到结案归档的所有流程，但没有针对不同类型的案件进行流程的区分，对于特殊案件也未做规定。五是《流程办法》的规定内容过于笼统，没有详尽的规范。《流程办法》共49条，内容虽然涵盖了从立案到结案归档的全部环节，但条文都过于笼统，不够具体细致，也无法准确实施。

（四）我国案件流程管理制度总体评估分析

经过十几年的发展，相较于传统制度来说，案件流程管理制度具有更大的优越性，同时带来了司法观念的解放和观念的创新。前文是针对最高人民法院发布的《人民法院五年改革纲要》的相关规定做出的分析，并找出其中所存在的问题，选取数个地方法院，并分析其发布的案件流程管理制度（或意见、办法等），发现其优势和不足。接下来笔者以我国司法改革为背景，以全国为整体，结合临沂市中院和重庆市高院的司法实践，对我国现行制度所存在的主要问题进行系统总结，并分析原因。

1. 缺乏科学的案件分类制度

随着社会经济的不断发展，各种纠纷不断增多，法院收案数量也不断增加，法院“案多人少”的情况越来越严重。我国很多法院接收案件的数量增长较为明显，复杂的纠纷类型也大大增加了案件的审判难度。虽然法院案件的数量持续上升，但能够开展审判的法官人数增长缓慢，同时，法院起码需要5年以上的时间才能培养出一名能够独立审理案件的法官，而且在成为法官之前，还要做3年书记员，在这个过程中要不断地接受学习培训。不管是时间还是数量，法官的增长远远不及案件的增长速度。[1] 在此种国情之

---

[1] 颜廷海．基层法院案件分类化管理研究——以D县法院为例［D］．开封：河南大学，2016.

下，我国民诉法等法律并未对案件的分类管理进行规定，这一领域仍旧是空白的。通常的做法是通过电脑来随机分配，但这既不能区分复杂的案件，也不契合法官的专长，只会增加法官的工作量，无法保证案件高质高效地审理。同时，在审理民事案件时，在简易程序还是普通程序的选择上，一些法院不考虑案件的实际情况就采用简易程序。这不仅没有遵守法律规定，还会因为对审判速度的过分追求而忽视了案件质量。这种不考虑案件难度就随机分配的做法，都不能很好地调节法官的工作任务。分案的具体标准没有统一，法院单纯依据《民事诉讼法》第 142 条的内容进行划分。但在实践中，很难判断案件的难易程度以及权利与义务的关系是否明确。在实践中，往往先适用简易程序来审理这类案件，倘若案件不符合适用简易程序的标准，则在诉讼过程中再转换为普通程序。这种做法也没有细致的分类信访工作和群体性案件。一般来说，群体性的案件案情更为明确，难度不大，大部分由律师直接全权负责。由于案件数量大，诉讼中往往会忽视双方当事人的真实意思表示，会造成第三方利益的损害。不能对信访工作进行系统化、科学化的管理，则会造成工作效率低下，影响信访工作展开，也无法向人民群众传达重视信访的理念。这样既不能将案件进行繁简分流，从而实现有效的区别对待，也增加了案件分流的负担，不仅增加了诉讼成本，也影响了诉讼效率。

2. 案件流程管理制度没有与时俱进

一方面，从各地法院案件流程管理制度（或办法、意见等）颁布的时间来看，大多数法院是在“一五纲要”出台后的几年里制定并发布的，集中在 2000~2004 年。然而，随着司法环境的不断改善和法律观念的不断更新，我国的法律也在不断地修订和完善。例如，2012 年对《民事诉讼法》进行了修订，对《刑事诉讼法》也进行了修订。然而，地方法院的案件流程管理制度没有跟上时代的步伐，这将导致案件流程管理制度与法律法规不匹配，其效果将大打折扣。

另一方面，我国《民事诉讼法》规范了对案件的繁简分流，但未能引起法院的重视，一些法院的流程管理也不包括这一机制。同时，一些制度的规定过于复杂，有些规定实际上属于案件审理，而不属于程序规定，有些条款则是对诉讼法具体规定的复制。

3. 缺乏有效的监督机制

在我国的案件流程管理过程中，立案庭的法官负责立案，主审法官负责审判，执行庭法官负责执行，因此案件流程管理无法形成一种集中管理的监督机制，可能会导致主审法官滥用程序性权力现象的产生。此外，也未能详尽地设置流程管理的节点，以临沂市中院为代表的一些地方法院，虽有差别地管理各个环节，对案件进行动态追踪，但是未能完全涵盖全过程，未能挖掘细节及个案的独特性，导致无法协调统一案件流程管理的各个部门。比如，对案件移送的过程没有进行相应的监控，各个庭室之间职能界限模糊。此外，缺乏权威的惩罚机制，对其的规制只是缺乏执行力度的制度建设，没有设置严格的制裁措施来确保制度的良好运行。比如，立案庭没有处置权，就没有权力处理其监督过程中发现的问题，将会严重影响诉讼的效率。

社会也难以对其形成有效的监督。社会舆论的监督有很大的局限性，大众对其的监督一般局限在个案上，无法从根本上形成统一的标准规范。各级人民代表大会和检察院对具体案件缺乏全面、清晰的信息掌握，无法有效控制诉讼程序，难以进行监督管理。随着社会的不断进步，人民群众的法治观念不断提升，法院工作也得到更多的重视。然而，法院对诉讼进程起着重要的引导作用，人民必须通过法院的信息公布才能了解流程。若法院不能及时、主动地披露信息，公众就不能清楚地了解案件的审理过程，这将增加当事人的负担。

4. 审限管理存在缺陷

经过不断的变革实践，案件流程管理才得以逐步发展，开始采用扩大立案庭的权限范围即大立案模式，这种做法虽然在某种程度上缩短了案件时长，但一些案件“久拖不决”、程序烦琐的状况仍然存在，加重了诉累，对这一制度的良好运行产生了严重影响。有些阶段未能对时限进行严格的管理或者对其时限的规定过于简单，不够具体。作为一种控制程序的制度，流程管理应当梳理、规范案件在法院流转的全过程，包括各部门的职能。在司法实践中，一些法院的案件流程管理制度虽规制了期限，但不够全面、严密。例如，某市中院所发布的案件流程管理制度共 46 条，对期限的规制达 16

条，虽然从表面上看对审限管理的规定比较到位，但案卷移送、评议等阶段依然未得到重视，没有对其进行详细的规制。尤其是在审判后的评议和裁判阶段，这是监控的盲点。未能严格控制法官自由控制文书的制作和送达时长这一阶段，很可能导致案件的实际审结时间过长。一些法院通过诉讼前调解程序，强制当事人进行诉前调解，未能及时立案，拖延审理，对当事人的诉讼权益产生严重影响。案件在诉讼前调解后才正式立案，很多案件的实际结案时间长达 6 个月，一些案件的结案时间甚至长达 1 年，造成案件结案时间延迟，司法效率低下。例如，虽然重庆的《流程办法》对全市法院的工作进行了详细的规范，是对该制度的创新，但忽视了规制诉前调解时间及情形，影响案件的处理效率和司法公信力。

另外，在具有法定事由❶的案件中，审计、鉴定等占用了大部分的时间，导致诉讼效率低下。很多需要鉴定的案件、需要司法审计的案件，鉴定时间和审计时间不被计算在审限中，成为悬而不决的积案。在司法实践中，未能有效控管一些因为需要鉴定、审计或因其他法定事由而中止审理的案件，造成案件审理期限非正常延长的现象时有发生。

三、国外案件流程管理制度分析

国外的案件管理制度在发展过程中积累了很多成功经验，这些成功经验在一定程度上可以为我国案件流程管理制度的发展所借鉴。国外案件流程管理制度的分析，对我国案件流程管理制度的完善具有重要意义。

（一）英国的案件流程管理制度分析

1. 英国案件流程管理制度的产生背景

英国是最早开始司法变革，实行案件流程管理的国家之一，有着悠久的

❶ 根据《最高人民法院关于严格执行案件审理期限制度的若干规定》第 9 条规定，法定事由是指不计入审理、执行期限的事由，包括刑事案件对被告人作精神病鉴定、民商事、行政案件公告、鉴定、管辖权异议、审计、评估、中止等 12 种情形。

案件流程管理历史。诉讼拖延、成本昂贵等也是其司法制度所面临的问题，诉讼已经不能满足人们对司法的需要。对抗制是这一现象产生的原因。对抗性制度允许当事人主导诉讼，降低了司法干预的程度，极易造成权力滥用。要想突破这个困境，就必须另辟蹊径。因为在19世纪，扩大法官的职权，让法官主持审前的准备工作就是英国进行变革工作的第一步。然后英国进行立法，议会也创建了聆案官制度负责审前程序，这一制度由此确立。[1] 这次司法变革的目的是在简化程序和规则的基础上，克服诉讼时间过长的现象，保证当事人的诉讼权益和案件审理的公平正义。

建立一个完整的司法规则体系是英国这次改革的最大成就。此次变革的重点是案件管理制度。赋予法官较大的权力，使法官在诉讼中居于主导地位，对当事人不当的诉讼行为进行限制。对流程的管理有利于节约司法资源、降低当事人的诉累及缓解诉讼拖延等问题。这次改革从全局出发，给人们的观念造成极大的冲击。

2. 英国案件流程管理制度的主要内容

英国案件流程管理制度的主要内容可以概括如下：第一，建立快速审理制、小额索赔审理制。当事人之间可以就案件处理互相协商，使案件能够分配到合理的审理程序中。快速审理制可以提高处理效率；小额纠纷可以采取简化的处理程序进行处理。第二，重视案件审前的准备工作，尽量把争议限制在案件审理前的阶段，包括审前准备、审前救济和审前处理。审前准备在确定当事人的诉讼请求，合理安排庭审时间以及厘清争议焦点等方面发挥着重要的促进作用。审前处理是指通过调解或简易程序解决争议。审前救济的方式和内容多种多样，包括搜查令、诉讼费担保、临时禁令等，为当事人及时获得救济提供了充分的保障。第三，确定管理主体，法官应当积极参与，促进诉讼尽快完成，主要包括赞成当事人在诉讼过程中互相协作；在案件起始时期对争议点进行明确；对需要调查的事项及时处理；以及为保证案件快

---

[1] 宋旺兴，王杏飞．中英审判流程管理制度比较研究［J］．河南社会科学，2006（6）.

速审结拥有一定的指挥权等。❶ 第四，建立案件流程管理体系，协助政府等外部机构对法院的监督，并可以提供辅助性事务的帮助等。❷

（二）美国的案件流程管理制度分析

1. 美国案件流程管理制度产生的背景

美国的对抗式诉讼模式在一定程度上给其他国家的司法改革提供了借鉴经验和模板。1906 年，美国著名法学家庞德提出了影响人们对法院满意度的主要因素，直到 20 世纪 80 年代，对抗式诉讼才逐渐引起人们的关注。1990 年，《美国联邦法院研究委员会报告》提出，案件的不断增加会造成很大的负面影响，而律师协会和国会则会反复实践，积极探索来努力寻求解决问题的出路。

面对司法危机，专家们呼吁通过非诉讼纠纷解决方式来处理问题，以缓解法院压力；增加法官的权力和监管范围，以加快案件的处理速度；降低成本支出等。❸ 一部分专家将对抗制视为引起危机的原因，认为应当加强改革力度。另一部分专家认为对抗制仍然发挥着积极作用。❹ 在这些司法改革的呼声中，案件流程管理一直占据重要地位，这是由于法院行政系统运行上的需要。20 世纪 70 年代，律师掌控诉讼的状况开始逐渐改变，❺ 1983 年，美国联邦民事诉讼规则的修订，赋予法官权力并在诉讼中占据主导地位。❻ 加利福尼亚州议会在 1986 年制定了《减少初审法院诉讼迟延法案》，赋予法官实施惩处的权力。到了 90 年代，案件流程管理的理念和制度已经深入人心，

---

❶ 徐昕．英国民事诉讼规则［M］．北京：中国法制出版社，2001：4.

❷ 徐昕．英国民事诉讼与民事司法改革［M］．北京：中国政法大学出版社，2002：437.

❸ 何兵．从美国民事诉讼的困境看我国民事审判方式的改革［J］．中外法学，1996（2）.

❹ ［美］斯蒂文·N. 苏本，马莎·L. 米卢，马克·N. 布诺丁．美国民事诉讼法——原理、实务与运作环境［M］．傅郁林，等译．北京：中国政法大学出版社，2004：483.

❺ ［美］斯蒂文·N. 苏本，马莎·L. 米卢，马克·N. 布诺丁．美国民事诉讼法——原理、实务与运作环境［M］．傅郁林，等译．北京：中国政法大学出版社，2004：484.

❻ ［美］阿德里安·A. S. 朱克曼．危机中的民事司法——民事诉讼程序比较视角［M］．傅郁林，译．北京：中国政法大学出版社，2005：98.

该项制度的改革进入新的发展阶段。

综上所述，美国建立案件流程管理制度的过程是十分曲折的，从学术界的研究到确立国家立法，经历了一个漫长的过程。莫林·所罗门和道格拉斯·索梅尔勒在《初审法院的案件流程管理：现在及未来》中阐述了高效流程管理实施的重要组成因素：第一，律师协会可以帮助减少诉讼延误。实践表明，改革的动力主要来自律师协会，因为它与法院有着相同的目标，即追求一个完整科学的流程管理体系。律师对改革案件流程管理提供意见，并积极参与开庭，有助于推进法院案件流程管理项目的成功改革。第二，这需要法院全体人员的共同努力。以往所采取的模式是，法官只审理案件、法院管理者进行管理，这种模式在实践中已经被证明是落后的，管理者和审判长在行政事务上互相协作，即团队管理，才是理想的流程模式。这一模式对于解决案多人少、审理时间过长等问题有着重要的意义，还有助于法官专业能力和职业素养的提高。第三，明确的目标和追求，并评查完成情况是一个成功的案件流程管理体系所要具备的内容。美国律师协会之前提出的时间标准没有代表意义，法院应该提供更易被广泛接受和采用的指导方针和业绩目标。第四，案件流程管理是法院高效运作的重要组成部分，法院确认案件难度，依据繁简程度分流案件，能够对案件的整个进程进行科学的引导。第五，法院以公平、合法、合理的方式安排案件审理日期，对律师的行为进行限制，防止律师成为审判程序中的主导者是案件流程管理体系中最重要的内容。因此，对审判日期进行合理的安排是案件流程管理的重要因素。第六，对信息技术进行充分的利用。这是考核案件审判结果、监督案件进程的必要手段。

2. 美国的案件流程管理制度的主要内容

美国案件流程管理制度的主要内容，可以概括如下：第一，法官按照案件的类型、性质进行差异化管理。根据个案的独特性，以不同的方式行使权力，通过审前会议、制裁和命令等方式达到既定的司法目标。第二，对不同的案件进行差异化管理。对不同案件进行区别对待是法院为实现公正而采取的一种特殊手段。系统地对案例进行分类，对不同的案例分配不同的时间和关注度。差异化管理也使得非诉讼解决方式得到了广泛应用，可以提高案件的审判效率，节省诉讼成本，实施法院监督，确保高质高效地审理案件。第三，法官在审理程序开始之前就介入案件。因为美国大部分案件都是审前结案，法官在审前程序中的作用会对司法目标的实现产生直接影响。法院从一开始就管理案件，能够提高纠纷解决的效率，节省资源成本。第四，在审前阶段，法官与律师当事人进行充分的交流。通过审前准备工作了解案件的实际情况，避免准备工作不充分导致案件审理时间过长；共同协商每次交流讨论的时间，规定准许提出证据的合理期限的命令；修改诉答文书等。❶ 第五，法院对诉讼进程进行控制。审判应当严格按照法院规定的时间进行，法庭辩论或举证都要严格控制时间。审判中的管理也十分重要，合理有效的庭审管理规制可以减少审判资源的浪费。法官不仅要给当事各方一个公平的举证机会，而且要采取适当的措施，确保当事各方对所有程序都做好准备，保证审判如期举行。第六，选择一种合适的解决纠纷的方式是十分重要的，替代性解决纠纷的方式，包括仲裁、调解等，已成为减轻法院案件处理进程拖延的重要途径。

（三）德国的案件流程管理制度的分析

德国法律虽然没有对案件流程管理的概念进行细致规定，但德国对案件流程管理的概念进行反复探讨，在一定程度上具有参考意义。德国的司法改革依然坚持贯彻当事人主义，并改造完善辩论主义。在诉讼过程中，当事人应该主动提交证据，法院按照其提交的证据对案件进行判定。除非为满足某种诉讼需求，法官一般不会主动行使职权。在一般情况下，法院应该在当事人申请后进行取证。

与之相对应的是德国的案件管理制度内容——加强法官控制案件进程的活动，主要包括案件的准备、诉讼程序的指挥、审判程序的选择等。法官不但可以依职权主动对证据进行收集，还可以组织鉴定、勘验或命令当事人提供各种证据。在婚姻、家庭、继承案件等个人利益不明显的案件中，法官可以依职权对案件事实进行调查取证。

---

❶ ［美］斯蒂文·N. 苏本，马莎·L. 米卢，马克·N. 布诺丁. 美国民事诉讼法——原理、实务与运作环境［M］. 傅郁林，等译. 北京：中国政法大学出版社，2004：537.

德国民事司法更加注重法官职权的强化，注重诉讼参与主体间的相互活动，来对利益格局进行协调处理。德国法律重视协调处理当事人与法官之间的关系，不仅赋予法官一定的权力，也给予当事人一定程度的自由。只有双方相互协作，才能促进案件的有效审理。

总体上看，德国案件流程管理制度的主要特征包括：第一，以完善一审程序作为重点进行制度改革，主要包括注重管理控制诉讼程序；对法院工作的细致程度进行强化；对流程管理机制进行创新；对程序进行简化，对小额案件进行特殊处理，按简易程序审理。第二，通过信息技术的应用对流程管理进行强化，来促进司法资源的优化配置，比如建立科学合理的案件分类规制，开发文字处理系统及其他软件系统等流程管理所必需的系统，协调处理法官与其他工作人员之间的关系。第三，对上诉程序进行改革，对无意义上诉的案件进行简化处理，允许法官在没有进行完庭审程序时，有权将一些干扰性的上诉案件驳回。第四，通过非诉讼解决纠纷的方式提高处理效率，具体包括鼓励其设置小额案件等强制调解机制；制定较高的律师费用标准来促进庭外和解；建立一套较为严格的和解辩论程序来扩大非诉讼解决方案的适用范围。

（四）国外案件流程管理制度的比较分析

各国的案件流程管理制度存在相似之处，也存在区别之处。通过国外案件流程管理制度的比较分析，可以总结制度发展的有益经验。

1. 美国、英国、德国的案件流程管理制度比较

（1）美国与英国之间案件流程管理制度对比。

英美的对抗性诉讼制度是最具代表性的，美国较早地对案件流程管理制度提出设想，在联邦法院和州法院进行反复实践和广泛实验，最终使案件流程管理制度得以建立。英国的变革时间晚于美国，从美国的改革实践中汲取经验教训。英国根据本国的实际情况，对案例流程管理制度进行修正，并坚定地实行案例流程管理改革。两国在这一制度上也有一些不同之处：①法官行使权力的范围不同。审前的准备工作不足，秩序混乱是美国案件审理时间过长的原因，因此美国将变革案件流程管理的重点放在案件审理前的阶段，

排除了法官在审理案件时大范围使用流程管理的权力。英国对案件分类的标准进行明确规定，对于繁简度不同的案件通过快速程序、多轨程序及小额程序等来做出处理。②法官权限大小不同。英国法官拥有更大的权力来控制审判过程、处理争议、提供证据和实施惩罚，而美国对扩大法官的权力持谨慎态度。③英国法官在处理各种关系时，占据了强势的地位。英国的司法改革赋予法官控制诉讼和制裁的权力，有助于推翻对抗性诉讼模式。

（2）德国与英美之间案件流程管理制度比较。

德国、英国和美国都强调对当事人的实质权利的保障。英美两国和德国都是当事人主义，法官处于中立的地位，由当事人对诉讼进展进行控制。这种方式不利于诉讼效果的充分发挥，所以三国都对其进行重新调整。

虽然双方有很多相同点，但英美两国与德国之间还存在许多不同点：第一，在德国，法官对采用何种程序有自主决定权，而英国虽扩大了法官的权力，但法官要保持中立，法官的权力被限制，自由裁量权也被限制。第二，在德国，法官在辩论阶段起主导作用，掌控着庭审的进度，而在英美两国，法官主导审前程序，把纠纷阻挡在庭审前。第三，在开庭审理时，德国法官有权依据自由心证原则干涉争议焦点的辩论，不仅可以主动提问，还可以要求当事人做出进一步说明。而在美国和英国，法官只控制案件进程，不会过多地干预当事人辩论的实际内容。

2. 其他国家的案件流程管理制度有益经验的启示

世界各国司法制度相互借鉴已成为一种趋势，我国也应认真分析各国在改革时方法及思路上的差异，这对完善我国的案件流程管理具有重要意义。

案件流程管理制度是接收案件的法院（或审判长）就其所受理的案件，依据性质、繁简等，选择适用的解决方式，以便真正满足案件需要，并在最短的时间内作出裁定。通过对该制度在美国、英国和德国的分析和比较，可以得出，该制度对于解决高成本和审判延迟等问题起到了积极作用，具有一定的优势。因此，我国应该积极借鉴先进经验。首先，我国法官在审理案件过程中权力更大，律师和当事人在案件进程中不能起到主导作用。因此，通过案件流程管理制度对法官权力进行限制，对当事人的利益进行维护是必然趋势。其次，效率低下、成本过高等问题也是我国司法所面临的困境，严重影响着我国的司法进程。最后，理论界充分研究了简易程序、小额审判程序、审前程序等相关制度，为完善案件流程管理制度提供了理论依据。

通过对国外主要国家案件流程管理制度的分析，可以总结出域外案件流程管理制度运行的有益经验并分析如下：第一，成熟的配套立法。西方国家关于这一方面的立法比较成熟，而我国的立法还很欠缺，因此制定相关法律是首要之举。以立法的形式来保证在全国范围内实施案件流程管理，引入舆论的关注和监督，建立健全科学的制度，对于有效解决司法制度本身存在的问题具有重要意义，能够积极推动改革的深入发展。第二，分类管理案件。在发达国家，分类管理是该项制度的突出特点之一。我国对案件分类没有详细的制度规定，设计较为单一，只有普通和简易两种程序，无法充分满足目前的诉讼需求，所以要学习借鉴域外有关案件分类管理的规定，对简易程序的适用情形进行完善，是我国流程管理完善的渠道。第三，实施程序法官制度。英美国家这一制度发达的主要原因之一是程序法官制度的推行，我国没有特地安排专业的人员，影响了法官工作的正常进行，也降低了其他人员的积极性。❶ 虽然“二五纲要”对设立专门机构进行程序性事务处理做出了规定，但只有加强管理主体的精英化才能够真正实现这一目标。第四，英美国家强调对审前准备阶段的建设，促进了审理效率的提高。做好审前准备工作的确能够对法官更好地了解案情、提高审理速度具有积极意义。❷ 对正式庭审工作和审前工作的界限进行明确区分，对审前准备工作的内容进行详细规范，使得审前准备工作的效果得以充分发挥。

四、完善我国案件流程管理制度的策略分析

实现效率与公正是实施流程管理的目标，也是法制改革所追求的目标。我国在案件流程管理制度的建立和完善的过程中兼顾了效率与公正，是值得赞扬的，也应当坚定不移地贯彻执行。但该项制度建立的时间并不久，目前

❶ 齐树洁，王建源．民事司法改革：一个比较法的观察［J］．中外法学，2000（6）．
❷ 姜启波，张力．民事审前准备［M］．北京：人民法院出版社，2005：13.

还在完善和创新阶段，在实践中还有许多问题存在，因此，我们应当借鉴学习发达国家的成功经验，结合上文所提到的我国各地法院，包括重庆高院和临沂中院在实践中出现的问题，进行反思，找出完善该项制度的方法，尽快形成完善、成熟、统一、科学的案件流程管理机制，缓解我国司法资源紧张的状况，促进公平正义的实现。

（一）案件流程管理制度规范的协调

我国属于成文法国家，诉讼法规定的都是最基本的程序性问题，而案件流程管理制度规定的则是案件的诉讼进程。该制度的基础及规范的对象是诉讼程序。由此可知，诉讼法与案件流程管理有着密不可分的联系。诉讼法是为了确保实现诉讼目的，规制诉讼进程则是为了高效有序地实现诉讼目标。

因为法律对诉讼的过程进行了具体规定，所以在诉讼法条的运用上就显得有些呆板。因此，为了适应案件的变化，除了进行法律解释外，还需要另外制定合适的规制。尽管最高人民法院出台了一些司法解释，但不够具体全面，不能适应司法实践的要求。例如，法律对于在民事诉讼中提起上诉的，规定了上诉的时间，超过这个时间，裁定就自动生效，但是对于一些细节问题，如材料移交的时间就没有具体规定，因此实践中，由材料移交缓慢导致的诉讼延迟就比较常见。对于这样一种实践性很强的情形，通过最高人民法院、高级人民法院发布的流程管理制度及办法等细化、完善诉讼程序，不仅对诉讼法以及司法解释的空白进行填补，还使诉讼法规制在运用时更为变通灵活，有助于公平与效率的保障。下面以《民事诉讼法》为例，分析探讨最高人民法院和各地法院颁布的诉讼法与流程管理制度之间的协调。我国民诉法在 2012 年修改完善，以旧条文为基础进行修改，也增加了许多新内容，修订内容十分广泛，以适应当今社会的发展需求。案件流程管理制度也需要随着民诉法的修改而改变，如修改申请再审期限的规定。所以，案件流程管理制度要随着法律的改变及时地更新调整，这样才能使该项制度得以有效运作，人民群众的诉讼需求得以满足。

1.《民事诉讼法》与《人民法院五年改革纲要》的协调

1999 年“一五纲要”第 8 条对案件流程管理进行了规定，对案件流程管理的概念进行了界定，主要是为了对各业务庭之间的管理与协作进行强化，顺应司法改革这一大势。2004 年“二五纲要”的规定之一就是建立分案机制，由此可见，流程管理已经成为法治改革的一部分，以建立案件分立机制为出发点，开始实行系统化管理。2009 年“三五纲要”提出工作有序，功能明确，尤其强调案件流程管理方法的统一应用，在这一时期，“统一归档、统一管理”在全国范围内得到实施。2014 年“四五纲要”提出了建立监督管理机制，这种机制以案件质量评估和案件流程管理为中心，从而加强法院内部各个节点的管理权。其加强了对流程管理的监控，并且第 38 条规定加强信息技术的应用力度和透明度。这四个“五年纲要”虽然规定了案件流程管理制度原则性的内容，但是其与《民事诉讼法》并没有太大的关联。其原因在于，“五年纲要”的规定过于简单，尤其是“四五纲要”没有较好地体现民诉法修改的内容，也没有涉及新加的小额诉讼和公益诉讼等内容。当然，“五年纲要”实质上是原则性纲领性的规定，主要是为我国司法改革规范方式、树立目标，与诉讼法衔接得不够紧密，也情有可原。不过，在以后的制定中，应当紧密结合三大诉讼法，使诉讼法的新精神、新内容能够在更多的条文中体现出来，这样才能使该项制度在实践中得到更好的运用，提高效率。

2.《民事诉讼法》与各地法院颁布的案件流程管理制度规范的协调

1999 年以来，我国各地法院先后颁布了本院的案件流程管理制度、办法等，但法治观念在不断更新，司法环境在逐步改善，我国也在不断地修订法律法规，比如，2012 年修改了《民事诉讼法》，各地法院却未能同步更新修订案件流程管理制度，导致这一制度与法律法规不匹配，其效果也大不如前。一些法院不仅未能及时更新，还忽视了诉讼法中已存在的制度，例如案件的繁简分流制度，使诉讼法不能与案件流程管理制度有效结合。审前的准备工作一般主要包括证据的开示与交换、争议焦点的确定。[1] 我国的民事诉讼法虽然对审前的准备工作也有规定，但主要是一些程序事项，尤其是对证

---

[1] 吴泽勇．民事诉讼审前准备程序的正当化［J］．法学，2005（1）．

据事项和争议焦点确定事项都没有具体规定。最高人民法院也出台规定进行规制，[1] 在案件流程管理制度中却没有相似的规定。

修改后的民诉法对举证制度进行完善，对保障当事人的权益具有积极意义；强化了调解与诉讼之间的衔接，有效地鼓励通过调解解决纠纷；强化了对监督的规范，扩大了监督范围；增设了公益诉讼制度；加强了简易程序，新增设了小额诉讼程序，对确保诉讼的高效完成具有积极意义。各地要在修改后的《民事诉讼法》基础上，积极制定更加具体、详细的规则。因此，各地法院也应以修改后的民诉法为蓝本，修改补充本院的案件流程管理制度。对不涉及小额诉讼、公益诉讼的应增加，对简单的当事人举证制度、调解制度进行更具体的规制，在调解制度上注重与诉讼制度相衔接的规范及调解时限，在当事人举证制度上侧重对举证时限等进行规制，因为民事诉讼法进一步强化了监督的力度和范围，案件流程管理机制应该设置更加严密的监督规则。例如，对质量评价机制进行完善、建立专门的监督机构、建立威慑惩戒措施等。

（二）完善审限管理制度

在完善案例流程管理系统的过程中，该系统的运行受到了流程烦琐、时间长、案件“久拖不决”的影响。审限制度对解决司法效率低下、保护当事人的司法权利具有积极作用。审限是案件审理的平均天数，在实践中扣除审限的情况很多，如诉讼中止、管辖权争议、鉴定等。此外，申请延长审限比较容易被批准，因此实际的案件审理时间可能要比审限长得多。对审理期限进行严格规范，有利于缩短诉讼周期。在实践中，利用扣除审限的规定来逃避审限的行为往往存在，例如，推迟立案，严重损害了当事人的利益。

与此同时，在审判实践中，许多法院通过诉前调解程序，强制进行诉前调解，不进行立案，人为拖延审判时间。同时，没有规定法官违反审限的惩

---

[1] 如《关于适用简易程序审理民事案件的若干规定》第 21 条规定：开庭时，审判人员可以根据当事人的诉讼请求和答辩意见归纳出争议焦点，经当事人确认后，由当事人围绕争议焦点举证、质证和辩论。

处措施，审限规定就缺乏威慑力。因此，变革案件的审限对于处理积案问题，提高审判质量和效率具有积极的意义。

加强对各流程节点的时限管理，应该注意以下问题。

第一，在节点划分时要充分考虑到实际效果和需求。应该根据法律法规来划分不同性质案件的不同流程阶段。普通或简易程序的主要流程阶段包括立案、审理、结案、移送及归档等，在适用过程中应该强调的是，上诉后在材料移交过程中的时限管理。当事人提起上诉后，一审法院应当即刻把完整材料交由二审法院，二审法院要对材料移交阶段出现的空白进行填补，来确保流程的畅通。例如，在划定节点时，对于上诉的案件，一审法院的流程终止于二审法院接受上诉；二审法院最初的节点应当是当事人递交上诉状时，上级法院对下级法院的时限进行监督并评查。[1]

第二，对特别案件进行特别管理。在具有法定事由的案件中，鉴定、审计等占用了大部分的时间，对诉讼效率造成极大的影响。因此，需要特殊处理这些具有法定缘由的案件。例如，临沂中院推行案件中止登记制度，记录中止事由持续的时长，使案件流程管理制度覆盖所有阶段所有事。加强管理限制审计、鉴定等工作，集结多方力量对鉴定、审计期限形成固定性规定，使案件流程管理落到实处。随着纠纷数量的不断增加，法官的压力也日益加大，只有增加简易程序的适用情形，简化程序，才可以提高办案效率，有效减轻诉累。简易程序的优势有很多，比如，高效快捷、成本低等，应当被重视并推广，使其能够充分发挥自身优势。此外，充分调动主体的主观能动性、积极性，使工作保持更新变换，有利于提高工作效率。

第三，加强对评议和文书制作工作的期限管理。在流程管理中，大部分的注意力都被放在审理的过程上，比如对流程中其他节点的监控注意程度是否足够，审案时长是否符合规定，尤其是在制作裁定文书和评议的过程中，没有对时长进行监测，随意性较大。因此，在实际操作中，很多时候出现审理快、结案慢的现象，制作裁定文书和评议拖延了时间。忽视监控这一阶段会产生如下问题：一是时间越久，法官越容易被外部力量所影响，法官的独

---

[1] 宋雨洛．审判流程管理基本问题研究［J］．司法审判动态与研究，2002（3）．

立性被冲击，还有可能造成腐败；二是时间过长使法官对证据的印象和连接产生模糊，易造成主观臆断。因此，管理评议和制作裁定文书的时间是十分必要的，只有这样才能促使法官加快审判进程，有效防止拖延诉讼，提高工作效率。

第四，法律法规虽然规定了送达方式及时间，但在实际操作中依然存在送达时间过长的问题，对结案速度造成严重影响。主要原因有两个：一是对工作人员缺乏监督、约束。虽然很多地方都制定有追责制度来约束办案法官，但是缺乏对烦琐事务负责人员的监督。二是工作人员不够认真负责，未能在法律规定的时间内送达。

在诉讼过程中，送达贯穿从立案到执行的全过程，有着独立的意义。在如今法院的实际审判中，送达难是造成“案多人少”、许多案件不能够及时审结的一个重要原因。随着我国人员的不断流动，法院的送达出现许多的难题。在有些基层法院，送达占据了整个案件审限一半以上的时间，尤其是一些证据充分、法律关系清楚、审理无困难的简单案件久拖不决，造成这种现象的原因就是送达不到位。随着科学技术的不断发展，社会的不断变迁，我们可以充分利用技术手段来解决这一难题。我国民诉法规定有电子送达的内容，但采取这一方法的基层法院并不多。一方面，我们要根据诉讼法的有关规定，全面地推行简单案件电子送达。根据我国民诉法的要求，电子送达一定要建立在受送达人同意的基础之上。让当事人在签署《送达地址确认书》时，签署电子邮件地址，是短时间内解决这一问题的主要方法。但这也并不能彻底解决送达难的问题。另一方面，各政府部门和人民法院建立数据库，共享数据，锁定被送达人的相关信息，如户籍、收货地址及电话等，提高送达的效率。如 2015 年 11 月浙江高院与阿里巴巴签订合作协定，利用淘宝、阿里云和蚂蚁金服在云计算、大数据和用户方面的资源优势，帮助全省建设网络信息平台，加强全省的信息联系。[1]

第五，加强监督案件移送的情况。大多数法院的流程管理涵盖了从立案

---

[1] 余建华，孟焕良．浙江高院联手阿里巴巴打造“智慧法院”［N］．人民法院报，2015-11-25.

到归档的全部过程，却忽视了限制上诉和发回重审的移送时间。由于缺乏对这方面的规定，在法院工作中常会出现发回重审的案件或者上诉案件的移交时间过长的情况，有些案件的移交时间甚至长过庭审时间，导致审判周期过长。因此，加强监管案件移送时间的期限是十分有必要的，避免对诉讼效率产生影响。

（三）审前相关制度的完善

1. 证据交换和举证时限制度的完善

《证据规定》正式确立了证据交换在诉讼程序中的地位，❶ 其规定，在组织证据交换时，可以进行两次以上的交换，以保证当事人有足够的时间提供证据。但其未详细规定证据交换的时间、范围和方式等，在实践中有很大的争议。根据制度运行实践情况，很多地方法院庭前准备工作做得不到位，由于没有进行证据交换，采取当庭举证的方式，造成多次开庭和多次举证，严重影响了诉讼效率。

要重视证据交换的诉讼价值，完善证据交换，把证据交换作为案件流程管理的重要内容，不论案件的难易程度，可以强制所有案件进行证据交换。在健全证据交换制度的同时，也要加强建设如证据交换豁免机制等相关的配套措施。

因为证据的交换是一个动态的过程，为了不使审判效率受到影响，规范举证时限就显得尤为重要。协调处理证据交换和举证时限，有利于加快确认审前证据，确保案件在审限内完结。

2. 诉前调解制度的完善

在当今社会，冲突和纠纷的多元解决是缓解社会矛盾，构建和谐社会的重要战略，调解是有效途径之一。调解制度可以调和当事人的矛盾，快速解决纠纷。但是，调解不能损害司法公正和效率，也要受到一定的限制。调解在整个审判过程中发挥着重要的作用，因此，久调不决会对司法效率造成影

---

❶ 汤维建．论构建我国民事诉讼中的自足性审前程序——审前程序和庭审程序并立的改革观［J］．政法论坛，2004（4）．

响。在对案件流程管理进行完善时，必须要控制好调解的时限。

诉前调解主要考虑如下因素：首先，调解的进程由法院控制引导，并设置专门的诉前调解委员会来进行诉前调解，维护秩序，听取意见等；其次，坚持平等自愿的原则，在当事人同意的基础上进入调解程序，若当事人认为无须调解，则法院应立即立案，转入诉讼程序；最后，纠纷调解成功后，要对调解协议进行审核确认，确认无误后，法院需出具有法律效力的调解书。

案件流程管理要规范调解程序，可以采取如下措施：一是把调解放在审理之前，使审理与调解相分离，防止审理与调解合为一体，案件一直处于调解状态而不能及时结案。在当事人提起诉讼后，相关工作人员会根据案件的实际情况告诉当事人诉讼前调解的优势和劣势，然后当事人根据实际情况选择是否通过调解解决矛盾。这必须在自愿的基础上进行，如果任何一方认为没有必要，法院必须立即将案件提交正式审判。应当对强制调解事项的范围做出具体的规定。我国在审理前进行强制调解的事项主要包括收养案件、继承案件、监护案件、离婚案件等。二是注意配合下面的工作环节，与下面的工作环节起到承接作用。若诉前调解成功，还可以继续诉讼。若调解不成，则立即办理立案手续。三是设置严格的时限规制来确保调解的时效性，防止影响案件进入审理程序。如规定调解时间最长不超过 20 天，若调解不成，无须任何人申请，案件立刻进入正常的审理程序。

3. 审限监督权行使制度的完善

跟踪管理案件审限，是促进案件流程管理的途径之一。审限监督，不仅管理了法官办案的时间，还维护了当事人的程序权益。这就需要注意以下问题。

第一，由法院设立专门部门来监控管理案件诉讼过程的全部阶段和所有环节。因此，应该由非审判业务部门来掌握审限监督权。对此，有学者提出建立流程管理办公室来掌握所有的管理权。这样虽确保了审管分离，但特别易于造成人员冗杂、机构繁多等问题。在笔者看来，审限监督由档案管理人员和统计人员进行，在实际操作上由统计人员发挥主要作用，是比较合理的做法。统计人员统计跟进从立案到归档的全过程，并监控此过程，对接近法定期限的案件提出警告，向审判管理委员会报告超出期限的案件。档案管理人员在收到统计资料后，审核案卷，通报未按时移交或者违期超期的现象。这样既可以有效避免机构冗杂现象的出现，又能够有效管理案件流程，节省司法资源。

第二，在司法实践中，一些办案法官把案件合理地控制在一定的期限内，没有法定理由扣除审理期限的，强制当事人进入和解程序。这种做法对当事人的诉讼权益造成严重损害，在流程管理过程中却不能严密监管。笔者以为，在可以扣除审理期限的情形中，严密监督发挥着越来越重要的作用。各审判业务庭庭长要严格监督，对满足条件的，要求出具文书，对不满足条件的，不予批准，来确保案件得以及时处理，保障诉讼效率。

第三，建立公开处罚制度。对于违反审理期限规定的承办法官进行惩处的措施，在法院内部公开宣布。法院按照本院的实际状况制定详细规则，对惩处标准和惩罚措施进行详细的规制。比如，因业务能力有限造成审限过长的，可以从轻处罚；对于故意拉长审理时限的，应当加重处罚。

第四，建立定期公布制度。对不服从审理期限的情况定期进行公布，一是促进办案法官的工作效率，确保符合审理期限的规定；二是确保案件公开，利用舆论的力量对审限进行约束。

4. 案件审理网络化途径的完善

充分利用互联网技术来审理案件，建立在线法庭，对于减轻法官审案的压力、有效缩短办案时间，减轻当事人的负担和诉讼费用等方面有着积极的意义。比如，在遗产继承案件中，常会出现一两个子女在外地或国外的情形，使用在线法庭可以减轻当事人不在同一城市对案件审理的影响。郑州市中院第一个在全国实施微信办案，对证据充分、事实清楚具体、争议不大的案件，不要求当事人到场，有助于提高审判效率，节约资源和成本，实现司法便民。

（四）建立科学的案件分类制度

案件分类管理是将某一种类型案件交给某个审判庭审理，并通过分类化的考核方法进行考核评价。分类的目的不仅包括方便管理，更重要的是提高效率。现代的司法变革更加注重效率，司法资源紧张的现状需要法院根据案件的不同情况投入不同的精力，对案件进行区别对待就极为重要。[1] 案件分类不仅会对当事人的诉讼行为产生影响，还会影响法院对法官的分配及司法公信力。当前，法院案件分类尚未形成统一的体系。通常的做法是，立案法院受理立案后，统一对所有案件进行分配和排期，并根据案件的原因、难度或标的的数额进行分类。建立科学合理的案件分类制度，对提升办案质量和效率，统一裁判标准，优化审判资源具有积极意义。民诉法笼统地规定了适用简易程序的情形。随着实践的不断发展，公益诉讼、小额诉讼等类型案件的出现，对案件分类模式来说是一种极大的挑战。

我国法院可以借鉴外国的先进经验，建立科学合理的分类制度，通过“立案分类—专业审判—分类管理—分类考核”的流程来帮助实现司法目标。具体措施如下。

1. 立案分类

（1）选择适用的诉讼程序。

合理选择案件适用的程序是加速审判、解决积案问题的途径之一。在立案阶段进行审查，具体包括属于复杂案件还是简易案件，是传统案件还是新型案件，以及是否需要专业化审判等。一些法院在选择适当的程序时，不顾案件的实际情况和难易承兑，一律采用简易程序，这既违反法律，还对审判结果造成影响。我们应该严格规范适用个案的程序，防止程序选择的不确定性。比如，对于疑难案件，法官甚至可以组成一个团队来解决；对于简单案件，能够通过简易程序来解决。这就需要注意以下问题。

①以标的分类。以标的的大小为标准进行分类。例如，对于身份关系清晰的小额抚养案件，权利义务关系明确具体的小额民间借贷案件，应该归入简单案件。民诉法中也有相关条文。

②以案由分类。案由是案件分类的标准之一，它可以概括法律关系的性质。对具有相同法律性质的案件，需要查明的证据和事实都有相似之处。例如，民间借贷案件需要了解贷款协议和贷款事实。借贷协议对应的凭证是欠条、借条等，借款事实对应的凭证是银行转账凭证等。因此，根据案件的不

[1] 齐树洁．论我国审前程序之构建［J］．法治研究，2010（4）．

同原因对案件进行分类，有利于借助以往的审判经验找出案件的重要因素，区分案件的复杂程度和简单程度。再以民间借贷案件为例，如果案件事实清楚，证据确凿，银行转账凭证能够和借条相对应，就可以把此案归为简单案件。

③小额诉讼程序。日本专家小岛武司认为小额诉讼的内容有：一是作为更加简单快捷的程序来解决纠纷；二是作为一种理想型的诉讼程序，对未来的司法观念和法治环境产生影响。我国新修订的民诉法增设了小额诉讼程序。它与一般简易程序相独立，案件情况较为简单，几乎仅限于债务纠纷。它的建立，为案件分类提供了更加多样丰富的选择，有利于确保案件高效审理，有利于法院工作压力的缓解，也有利于保障诉讼参与主体的利益。

法院采用小额诉讼程序来进行案件审理，还应考虑以下几个方面：第一，除了特别的简易程序，还可以设置小额诉讼的专门法庭，比如小额债务法庭等；第二，法官在审理案件的过程中，要协调好调解与诉讼，以便快速地解决纠纷；第三，对诉讼变更、追加和反诉进行限制；第四，对于采用小额诉讼程序的案件情形进行严格的限定，避免权力滥用。

④简易程序。在案件审理过程中，主要针对诉讼标的额较小、争议不大的情形才适用简易程序。我国的简易程序的适用，在规范设计和制度运行上都取得了一定发展，但仍然有很多不足。国外在简易程序的适用上有值得学习借鉴的地方：第一，对于适用简易程序的案件进行分类，依据案件的实际情况设置不同的简易程序，如美国的简易判决和英国的小额索赔程序。借鉴域外的先进经验，应更为注重扩大简易程序的适用范围，建立小额诉讼程序。第二，增加简易程序的适用情形，一是对于适合采用简易程序的案件，提高诉讼标的额；二是进一步简化所有的程序，当然不能违反基本原则。[1]

（2）改进分案机制。

我国大部分法院采取分案的方式，主要是立案庭将案件分庭审理，业务庭长对案件细化分配。这种分案方式容易被人为因素所影响，导致“关系

[1] 徐胜萍．论民事简易程序的再改进——兼评最高人民法院《关于适用简易程序审理民事案件的若干规定》[J]．法商研究，2004（5）．

案”“人情案”的发生。此外，它不能确保法官审判工作的绝对均等，影响公平正义的实现。因此，完善案件分类制度刻不容缓。首先，设立专职机构或组织来分配案件，比如由立案庭随机分配案件，确保效率的实现，若有特殊情况发生，可由业务庭庭长负责。院长、庭长不得有意选择，若要选择固定案件，则需附上书面理由。其次，实现案件划分的随机性，加强监督这一过程，如定期公布案件分得的数量。最后，将案件按分类移送不同的业务庭后，对不符合条件的案件可以发回立案庭复核分流。

（3）设置替代性纠纷解决机制。

在诉讼之外可以寻求替代性纠纷解决机制来解决纠纷。美国的经验是，诉讼程序与非诉讼程序之间进行良好的配合，使法官来掌控整个矛盾和纠纷的解决。我国则未对相应的机制进行规定，各部门分工明确，难以整合，可以借鉴学习美国的做法。若要建立替代性纠纷解决机制，法院可根据一定的标准，把案件归入不同的解决方式中，即当事人可根据程序权利来确定解决纠纷的方式，科学合理地对案件进行分流，这样使法院的负担得以减轻，案件拥堵的现象得以解决，诉讼效率得以提高。《最高人民法院关于人民法院民事调解工作若干问题的规定》第 3 条对此进行了规制，协调诉讼与调解之间的关系，但内容并不够详细，还需要对其进一步规制。

建立替代性纠纷解决机制还需要考虑如下因素：第一，确立观念，使群众普遍接受该项机制。树立多元化纠纷解决理念，向当事人介绍各种纠纷解决方式的优缺点和风险，引导当事人选择合适的纠纷解决方式。第二，应当严格合理地对案件进行甄别。把有经验的工作人员安排在立案窗口甄别案件，对纠纷解决的方式进行初步确定。第三，以我国原有的和解、调解等为基础进行完善，在法院设置调解机制。调整调解员的选择和任用，使调解员在年龄、职业、知识、经验等方面符合条件，更好地解决纠纷。可以采取培训制度，聘请有经验的人员进行调解工作。

2. 分类管理

分类管理案件需要科学合理的管理制度，设置分类管理机制，从而提升司法效率。

（1）分类管理模式的设计。分类管理模式要求对案件进行区别管理，要考虑案件的类型、案件的特点及案件的性质，如繁简程度等来区分案件，对不同类型、不同特点的案件进行差别管理，对于简单案件，要注重管理审理期限；对于较大难度的案件要侧重程序与实体；对于婚姻家庭类案件，则要强调监控调解时限；对于新型案件，则要侧重裁判文书的质量。法院要根据案件的繁简程度来给予不同的关注度。

（2）法官与辅助人员分类管理。“三五纲要”对法官与辅助人员的分类管理提出了要求。分类管理可以减少法官的烦琐事务，使他们集中精力办案，保证案件的高质量和高效率，使流程管理更加科学。法院根据不同的工作性质和工作范围，以及不同岗位对人才的不同需求来对人员进行分类，采用不同的管理策略。将法院内部的行政人事管理模式废除，依据流程管理的不同阶段将其划分为法官、书记员、行政人员、法医和司法警察等。只有这样，法官才能成为真正意义上的法官，才能凸显法官在审理案件中的特殊地位，增强法官的责任感和工作积极性。

（3）分类考核。结合法官的特点与优势进行管理，使得法官的擅长领域案件类型相一致；并依据案件的难易程度、特点和法官自身的特点来设置分类考核机制，针对不同的案件制定不同的考核标准，从而确保考核结果的公正性。同时，对不同类型的案件采用不同的考核标准。分类考核不仅增强了法官的个人绩效，也增强了审判组织内部的协调能力。分类考核应当注意以下几个方面：第一，保障法官的审判权。行政干预、晋升、人情关系等会干扰法官审理案件的独立性，通过分类考核的方法评价法官工作，有利于确保法官在审理案件时不被外界影响。第二，权责分明。建立严格的责任追究制度，对违法行为进行监督和处罚。第三，完善奖励机制。在案件分类制度下，比起复杂、新型的案件，各专业化的审判组织更加倾向于审理传统、简单的案件。因此，设立合理的奖惩机制能够有效地鼓励法官处理该类案件。

3. 专业审判

进行专业集中的审判，提高判决的效率和质量是案件分类的目的。第一，应当设立专门机构。考量案件的性质、法官的专业领域等方面，设置类型案件专门审判庭，比如，金融法庭、环境法庭、知识产权法庭等；设置专门的合议庭。在某种类型案件数量较少的情况下，设立跨区域的合议庭。第二，培养职业法官。法官也需要分类，应该按照法官的特长、业务能力等对法官进行分类。一方面依据其熟练掌握的专业知识来处理特定类型的案件，另一方面依据法官的工作能力和水平来分配法官的业务，从而使其脱离辅助性事务，加强办案力度，提高审判质量和效率。第三，专业陪审员对法官审理案件时专业技术知识的不足进行弥补，使法律知识和专业技术相辅相成，提高审判质量和效率。

4. 应用信息技术

案例分类可以在计算机信息技术的帮助下，实现同类型案件的专门化处理。这既符合司法资源的合理配置，也符合效率原则。在重庆高院和临沂中院改革案件流程管理的过程中，虽然案件分类制度已经形成和发展，但我们也应该看到由于历史局限性而造成的不能充分应用信息技术的缺陷。完善该项制度是法院工作的重点。随着经济全球化的发展，案件数量越来越多，案件类型也越来越复杂。确保未来工作水平持续进步必须要实现法院工作全程的信息化。在反思我国各地法院实践中存在问题的同时，也应借鉴西方国家在案件过程管理现代化方面的成功经验。以美国为代表的西方国家都积极地设立信息技术所支持的案件流程管理系统，我国可以对这一流程管理系统的模式进行借鉴学习，积极推动建立和管理计算机系统，以案件分类为中心、建立完整的网络系统，促进案件流程管理软件广泛使用。这一做法的优势包括：第一，提高法官的工作质量和效率；第二，减少付出人力资源，减少文档管理中的重复作业；第三，节省成本，如文档复制时间和庭审时间等；第四，为人们提供先进的服务；第五，全面信息化的方式影响公平正义的实现。

当前，根据我国法院的案件流程管理特点研发的“法院综合信息管理系统”这一应用软件，符合我国的审判规范，使得上级法院和下级法院的案件流程管理数据达到了信息共享。“法院综合信息管理系统”软件的应用打破了空间和时间的界限，实现了法院的无纸化和信息化办公，为高效管理和审判公正的实现提供了技术支持。通过信息化的管理，可以即时保存和传播信息，更好地掌握审判活动和审判结果及当事人情况，包括对证据的管理。实现案件的动态跟踪，有助于更好地确保诉讼过程的透明和公平。

“法院综合信息管理系统”的应用还使自动化办公成为现实，也更方便工作，比如设立超期预警系统，及时纠正超期审理的案件。我们应该更好地利用网络高效透明的优势，对流程管理的网络平台进行完善，使流程管理更为规范，从而使得审判效率得以提高，为法院的审判监督工作提供技术基础。但是，在案件分类方面，这一系统没有提供技术援助，这一点需要改进。

“法院综合信息管理系统”有利于完善案件流程管理制度，但是，仅开发该软件是远远不够的，我们还要加强计算机等科学手段的使用，开发出完整的系统并及时应用于法院。依据各类案例的不同特点，结合科学的制度，在应用软件中设置不同的功能，并对不同的环节进行分类。还吸收法官和其他法院工作者参与到案件流程管理软件的开发过程中，使他们感受到使用软件的积极作用，在与软件专业开发人员进行合作时，借鉴先进经验，结合实际问题和需求，科学研究和开发流程管理软件，可以有效地避免软件可能存在的漏洞，也容易操作。除此之外，内部案件流程管理系统应向外部开放，并设立当事人的登录窗口，以便当事人查询自己案件的进展过程、阶段及案件所需的材料等，减轻双方的压力。加强经济落后地区法院硬件设施配置和人员专业培训，加强案件流程管理，促进全国案件流程管理体系的规范统一。

（五）建立统一管理的监督机制

依据临沂中院案件流程管理的具体实践，可以得出，缺乏统一管理的监督机制是阻碍案件流程管理制度顺利运行的重要原因，导致管理环节在流程管理的过程中相互“脱节”，立案庭法官负责立案，主审法官负责审判，执行庭法官负责执行，虽然各部门各司其职，但彼此之间缺乏有效的沟通和监督，可能会导致主审法官滥用程序性权力，比如决定案件先后处理的时间，而这种时间利益对当事人是十分重要的，是重要的程序利益。而且，“绝对的权力造成绝对的腐败”，案件流程管理系统不能只对被管理者进行管理，还应该对管理者进行管理，否则该体系就会失衡。一项制度要想得到良好的发展，就要采取严密的监管措施和严厉的制裁手段。所以，应当在案件流程管理中加入统一管理的监督机制。

1. 科学划分监督权

合理地调整监督管理权才能够确保权力的有序运行。

首先，统一梳理，科学地划分法院的各种权力。对各个权力的性质分别进行科学的区分，例如执行权、监督权、审判管理权、审判权等，厘清其是辅助性的权力还是核心性的权力。监督权虽属于核心性的权力，但是被不同的机构分割，则不能充分发挥其自身积极的意义。因此，可以设置流程管理监督委员会来统一行使案件流程管理的监督权，确保权力运行的效果及公平工作的裁判。一是流程管理监督委员会对流程管理信息进行汇集，由于法院内部立案庭、审判庭、执行庭等相互分立，无法对流程信息进行有效的联系，不能有效地传递信息。一方面，书记员参与从立案到归档的全部过程，并对所有环节的信息进行汇集，上报流程管理监督委员会；另一方面，流程管理监督委员会也有要求各个庭室上报流程信息的权力，从而对其进行有效的监督。二是由流程管理监督委员会来综合管理立案庭、审判庭、执行庭等，从而实现对法院工作有效的宏观监控。

其次，要对流程管理监督权的界限进行明确规定，防止监督权影响审理工作。不仅要设置流程管理监督委员会，还要设置严格的规范制度，明确权力。流程管理监督委员会的职能是对流程管理过程中出现的司法不公、司法拖延、司法腐败等问题进行监控，对严重违法违纪的行为，交由检察机关来处理。

再次，制定统一的监督规制，对监督依据的标准进行明确规定，从而规范监督机构自身的行为，防止监督权的滥用。使用内部监督权成为法院系统重要的组成部分，是一项基础制度。

最后，做好权力监督。应积极立法，对流程管理监督委员会的行为进行规制，设置相应的追责制度，把流程管理监督委员会纳入法律法规的约束之中。

2. 强化事前和事中监督

（1）加强人民陪审员制度建设。

扩充人民陪审员队伍。增加陪审员的数量有利于增加选择的随机性，避免其干扰司法公正。但要重新构建人民陪审员的资格制度，把政府机关的公职人员排除，让一些社会公众参与到司法审判之中。适当地选择一些经验丰富的人进行培养，通过考试来挑选有能力的人。

对人民陪审员进行司法指导，解释具体个案所需要的法律知识，防止陪审员出现明显的失误。当人民陪审员对法官的司法指导不满意时，可以要求审判委员会进一步解释，这样有助于人民陪审员充分发挥自身优势，也有利于促进人民陪审员制度积极作用的发挥。

（2）还权合议庭。

还权合议庭需要注意以下问题。

首先，要减少适用独立审判方式，改变以往独任审理“一枝独秀”的局面。在征得双方当事人同意的前提下才能适用独任审判。

其次，要逐步明确合议庭的职权，将合议庭的工作和职能明确确定下来，真正发挥合议庭的功能。

再次，明确合议庭的责任。不仅是主审法官承担责任，所有合议庭成员都要共同承担。合议庭不但要对案件结果承担责任，还要对自己的观点承担后果。这样的话，就会促进权力和责任的统一。

最后，完善合议庭内部的集体评议程序。庭审结束后要及时进行评议以确保评议的效果，评议人员必须要结合案件事实发表对案件的意见，论证必须充分合理；任何人不能随意篡改记录，确保评议记录完整、准确，法院内部工作人员要进行定期审核，形成对评议的内部监督机制。

（3）加强业务培训。

随着我国法律的不断完善与发展，旧法不断更新，新法也不断增加，审判理论也在一直进步，这就要求法官必须及时学习更新法律知识才能跟上审判形势。审判人员的职业素养在一定程度上也影响着办案质量，应当将人才培养计划纳入法院的重点工作中。因此，必须要重视强化业务培训。例如，重庆市高院虽然发布了《流程办法》，但忽视了学习培训，导致办案人员并不能深刻理解案件流程管理制度，不能完全熟练地应用。因此，一方面要组织专门人员对新政策进行学习、教育，专门人员负责案件追踪、监督报告，全面学习并深刻理解新政策制度的实施效果；另一方面应当加强培训业务能力，培训工作应该专业化，分别对刑事、民事、行政进行学习培训，可以每个月组织审判人员进行集中学习，确保审判人员的相对稳固，促使其更加专业。中级法院可以在每个季度进行一次专业交流，对全市在审判中出现的问题等进行专业研讨，要更加深入学习并了解新出台的法律法规及司法解释。

加强对法官专业素质的培养，提升整个队伍的专业化程度，要求其全心全意服务人民，集中精力办案，保障公平公正。这是完善制度的一项重要措施，在一定程度上也能保障制度的良好发展。具体做法包括：第一，重视法官的学历，积极地开展业务培训工作，积极地组织学习新法，研究讨论疑难案件和社会热点问题。同时，结合实际审判工作的需要，坚持本职工作，合理配置人员，减少人才浪费的现象，也能有效调动工作人员的积极性和主动性。第二，建立合理的考核、评价及淘汰机制。为了建立一个真正高素质的法官队伍，考核法官的业绩，应当在法律制度的约束之下加强追责机制。应当正确地处理法官的权责分配问题，厘清个人的责任，并对自己的行为负责。第三，强化法官职权，加强对法官的监控和惩戒力度。适当赋予法官一定的权力，对证据、争点及时间限制适当放宽，提升法官在诉讼过程中的地位和作用。同时要设置全国性的法官监督惩戒委员会，集中监督法官并行使惩戒权。第四，强化廉政教育，使廉政观念深入人心，将预防腐败作为监督工作的重点。要注重法官形象的塑造，以高标准要求自我。

3. 既要注意全面的监督工作也要注意重点的监督工作

全面监督和重点监督都是不可或缺的，既对法官的审理行为进行监督，又监督了辅助人员的事务性工作，保障了诉讼效率。

全面监督指监督的主体和内容要全面。监督主体全面是发动法院的全体人员，设置严密的监管制度，发现并及时报告问题，由监督委会员集中解决。监督内容全面是监督对象的全面，包括案件流程管理的全过程、全环节及法官腐败等问题。

重点监督指监督工作的重点要突出，明确重点监督的对象。确保诉讼效率和审判质量是监督工作的重点，对重要环节的监督工作不能有一丝一毫的懈怠。具体实际办案的法官是监督的重点，他们掌握审判权，对当事人的利益也会产生影响，容易滋生腐败。

4. 完善法院内部机制

（1）明确划分各部门的职能。

对具体工作进行详细划分，审判与辅助性事务工作相分离，加强各部门间的配合与衔接，明确权限划分，有助于及时公正地实现法院的司法职能。从各地法院的实际司法操作来看，审理难度不断加大，案件数量不断增长，在法院内部对审判事务和辅助性事务进行划分是十分必要的。一方面，我国进行法官职业化变革，把人数确定在一定的范围内；另一方面，对审理时限进行严格的规制。目前的司法环境和社会形势追求效率。对审判事务和辅助性事务进行科学区分，对案件流程管理程序进行科学合理的设计，对案件进行专业化的排期与审限的动态跟踪，使得各阶段、各环节的工作得以有序进行，有助于确保办案质量，提高审判效率，降低成本。对各种工作的分类标准进行详细的规定，客观系统地分析各种工作的内容，不再单纯地由法官来组织所有的活动，将法官从辅助性事务中分离出来，专注办案，并不断地学习专业知识，提升职业素养和技能。比如，重庆市高院发布的《流程办法》，就是根据具体事务的具体特点来分配人员，把法院的全体工作人员划分为审判法官、程序法官及管理人员等，强化合议庭、主审法官、院长、庭长的职责，各部门在自己的岗位上各司其职，使当事人的诉讼权益得以保障，促进了法官队伍的职业化改革，确保高质高效地审理案件。

（2）监督部门之间互动良好。

首先，监督部门要把自己的本职工作做好，不同的监督部门的工作范围不同，有些监督部门侧重监督审限制度，有些监督部门侧重监督审判权，因此监督权的运行实际上是一个完整的体系，各个监督部门要各司其职，做好流程管理监督的每个环节。其次，各监督部门要加强彼此之间的协作，让监督效果充分发挥。当各监督部门组成一个整体来进行协作时，就会发挥令人意想不到的效果。要努力建构各个监督部门的合作平台。最后，需要通过设置处罚纠错机制来确保监督的威慑性，对于一些小问题，监督部门要及时进行修正，对于大问题，要及时进行汇报。

（3）共享监督信息。

首先是要在职能明确的前提下形成分工协作、统一管理的“大监督”格局，严格责任追究制，监督机构职能明确，确保监督作用的有效发挥。其次是要建立网络平台，实现信息共享，连接各个监督机构，进行监督和交流。通过计算机信息技术，构建电子信息化监督系统，严密监控从立案到执行等各个环节，确保能直接监控所有案件的审判执行情况。各部门之间配合积极，保证信息的畅通，流程管理部门还要及时通报案件的评查结果。公布监控情况，并汇总监督信息，录入信息库，强化信息成果的共享。

构建透明、畅通的信息传输渠道。上海法院最早对案件流程管理系统进行研究，在全国建立案件流程管理监督机制的过程中一直占据领先地位。随后，山东法院以及其他法院借鉴其成功经验，对案件流程管理进行积极的监督制约。因此，借鉴国内的先进经验，并对监督机制进行不断的创新，也是完善该项制度的重要举措。统计并公开信息，及时通报各业务法官的工作情况，全面贯彻落实审判公开制度，确保法院工作的透明化。通过流程跟踪、公示等方式，确保信息的畅通。同时，将监督情况和进展及时公布，公开法院、法官的负责内容，使案件进程能够更好地被人民群众所理解。当事人是诉讼参与主体，很容易被审判结果所影响。因此，应该把当事人监督作为重要组成部分。把当事人纳入案件流程管理的监督主体中，既能够确保当事人信任审判过程、服从审判结果，又能够产生更好的社会效果。

还要构建社会监管体系，发动各个机关相互监督、分工合作，共同促进法院积极地履行好自己的职责。建设政府、法院、检察院、律师界共同监督机制，用社会舆论的力量保证这一制度的健康运行。[1]

5. 完善案件评查机制

对流程管理部门进行改革，扩大其职能，不仅要管理案件流程，还要评查案件质量，成为真正意义上的案件流程管理部门。

（1）设立具体的案件评查标准。案件评查的标准应该固定化，不能随意更改。要设立具体、规范、详细的操作标准，不仅要充分尊重法官的自由裁

[1] 康均心．法院改革研究［M］．北京：中国政法大学出版社，2004：355.

量权，还要使评查尺度被大家认可。评查标准的设定可以参考如下几点：第一，应当在事后而非结案前对案件质量进行评价检查，防止干预法官判断的情况产生，所以已经生效的裁判才是评价检查的对象。第二，评查的内容要全面，包括实体裁判文书制作、程序等。要主次分明，以程序为核心，实体为辅助。查看程序是否公正，评查实体要侧重检查诉讼主体、法律运用及认定事实等。第三，把改判、发回重审等案件作为重点，对其内在原因进行详细分析，厘清责任，不断地进行提高和完善，有利于巩固法官的专业知识。第四，评价标准既不能过于刻板，也不能过于详细。

（2）对即将到期的案件进行警告或提示，对于超期结案的上报院长，并在年末考评中予以通报。对于立案及送达节点等，基层法院要建立监督机制对案件质量进行管理，定期对本院的案件进行全面排查，若发现违法违纪现象交由纪检监察。

（3）要强化人员的专业化程度。现在的工作人员基本上都是从各个业务庭随机抽取的，并没有真正地掌握专业知识，故加强工作人员的专业素质已刻不容缓。笔者认为，先在中级人民法院的流程管理部门增加 5~7 人，在基层法院扩充 3~5 人，再随着工作内容的改变而调整。

第七章 民事裁判文书说理性评估

民事裁判文书的说理性是司法制度运行中的一个重要问题，说理性的提高对于司法公信力的提高具有重要意义。笔者设计了民事裁判文书说理性评估的指标体系，选择一定的数据样本，对民事裁判文书的说理性进行具体评估，从而找出问题，并研究完善对策。

一、民事裁判文书说理理论一般概述

（一）民事裁判文书说理性的内涵界定

裁判文书是国家司法机关按照法定程序行使司法权后出具的具有法律约束力的诉讼文书。在案件审理期间和审理之后，根据案件当事人的意见和对案件事实的认定及确认，并根据相关法律法规和司法解释的规定，从而对案件的程序性问题以及当事人的权利、义务和责任做出具有法律约束力的陈述和确认。❶

广义而言，裁判文书中的说理指的是诉讼主体为了表达和论证自己的观点，在裁判文书中论述的各种理由；狭义上讲，裁判文书中的说理（本书讨论的）是指法官对判决书中的案件事实和判决理由的理性解释，换句话说，裁判文书的说理分为两部分：一部分，在审判过程中，在案件结果的合理形成阶段，法官通过对法庭审理的案件的理解，以及对当事人、控方和辩方在法庭开庭期间的诉讼请求和辩护意见的理解，形成争议焦点的确立，在法庭

---

❶ 潘自强，邵新．裁判文书说理：内涵界定与原则遵循［J］．法治研究，2018（4）.

调查和法庭辩论的过程中，分析、整理、筛选和判断各方的证据和意见，然后形成对案件性质的鉴定和判断结论，这是一个内在理性思考的过程；另一部分，审判结束后，法官将对案件形成判决意见，为了支持判决，有必要组织证据材料和法律依据来解释对案件事实的确定及法律的适用，在这个过程中，有对证据的评估和选择，有对当事人的意见是否被采信的判断，有从证据到案件事实的转变，有对案件事实和法律规则如何转变的解释，以及对法律规则的选择和应用裁判理由的说明，这就是所谓的说理。❶

（二）裁判文书说理的基本原则

裁判文书的说理应遵循必要的基本原则，要求法官按照一定的标准加强裁判文书的说理性。一些司法人员在制作裁判文件时坚持“少即是好”的原则，以防止当事人发现其中有错误，在对事实的认定上，只罗列一份简单的证据清单，甚至证据的可接受性（包括客观性、相关性、合法性）都没有得到论证。在适用法律中，列举了大量的法律条款，甚至有些条款与判决结果无关。阅读判决书后，双方当事人都不确定判决结果，只能猜测法官的内心意图，这些问题都反映了一些司法人员职业素质低下和职业态度不当的问题，并且对于实现司法权威和司法公正会产生严重影响。

因此，如何进行说理是审判中的一个重要技术问题，并不是具备充分的法律知识就能正确有效地解决法律纠纷，正如法学家不能取代法官一样，不同的职业有不同的工作方法。法官在裁判文书中的说理是法官应该掌握和使用的工作方法，这种工作方法的使用有助于提高法官的职业素质。在诉讼中充分利用说理的方法，可以更好地实现诉讼目的，使当事人能够充分接受案件的输赢，彻底解决社会纠纷，有效提高司法活动的效率。即使在某些案件中，当事人拒绝接受判决，具有充分理由的裁判文书也可以得到上级法院和投诉举报部门的尊重和支持，最终在上级部门的支持下结案。

如何进行说理，这就有必要将案件涉及的事理、法理、学理、情理、文

❶ 吴杰．我国裁判文书说理存在的问题与改革对策［J］．新东方，2015（4）．

理结合起来，并结合案件情况进行综合运用。每个案例的难度和复杂性都不同，因此如何使用说理应该根据具体情况进行分析，而不是五种说理都要涉及；在五种说理中，事理是基础，法理是标准，学理是辅助，情理是调味品，文理是工具。裁判文书的说理很强，即它们应该基于事理，严格遵守法理，引用学理，有学理支持，并充分利用文理。[1]

可见，裁判文书的说理要遵循以下要求：第一，要以事实为基础，准确把握案件事实，充分说明案件事实的认定理由；第二，要以法律作为裁判的依据，准确适用法律；第三，法律适用不仅仅要告诉当事人案件适用什么法律条文，更要从法理上阐明适用法律条文的理论依据，以此说服当事人；第四，涉及一些民间纠纷、家庭纠纷等民事争议，可适当说明案件所包含的人情、习俗、公理，以增强案件结果的可接受性；第五，裁判文书的表述要清晰，用词要准确，逻辑要合理，让普通的当事人能够看明白内容，内心能够接受。

（三）裁判文书说理性的必要性分析

1. 裁判文书的说理性与司法公开

司法公开是指司法审判过程和判决的公开。如果说非公开审判是法律例外，那么公开司法裁决就没有例外，作为一种程序手段，裁判文书的公布使审判过程和结果能够在公众面前完全展示，从而提高了司法活动的透明度。公开解释理由，虽然增加了法院法官的压力，但有助于控制和监督司法权的行使。裁判文书的公开，特别是其中说理性的公开，不仅满足了当事人的知情权，而且实现了公众对司法审判的监督，有助于遏制司法机关的后台运作。相反，缺乏公开的裁判文件，因为它堵塞了当事人获取信息的渠道，判决文件的说服和解释功能无法得到有效的实现，正如西方谚语所说，“正义不仅必须实现，而且必须以可见的方式实现”。当事人作为诉讼利益的直接当事人，也是判决的直接对象，有权要求法官解释判决的理由。

---

[1] 胡云腾．裁判文书说理的多位思考［J］．法律信息，2011（8）．

2. 裁判文书的说理性与司法公正

司法公正是司法活动的最终目标和最高要求，也是一个国家实现法治的基本目标。亚里士多德认为，法治的实现应该有两个条件，第一是制定一部好的法律，第二是公众普遍遵守法律。好的立法中所包含的公平和正义的价值必须通过司法公正来实现，这样才能说服人民，展示正义，从而充分发挥其应有的功能和作用。因此，为了实现司法公正中包含的公平理念和正义价值，我们必须依靠案件审判的程序公正和实体判决的结果公正，这一过程包括审判程序和判决文件这些外在表现。就当事人而言，更重要的是案件的结果，甚至可以忽略其审理过程，判决结论及其形成过程也就成为公众评估司法公正的直接目标和客观依据。因此，作为司法活动的最终表现形式，裁判文书的说理性在实现司法公正方面发挥着极其重要的作用，不容低估。作为一名居间裁判者，法官必须保持中立并建立权威，以道理说服人们，这样才能获得当事人和社会的认可。与此同时，不可忽视的是裁决文件可以发挥的程序价值。裁判文书的程序正义价值是指那些来自程序本身的令人满意的东西。因为程序本身就是一种过程和协商，所以裁判文书反映了程序本身的价值。例如，法官的司法独立和当事人的平等诉讼地位都是判决文书应该体现的价值。

3. 裁判文书的说理性与司法公信力

司法机关的公信力是司法机关赢得公众和案件当事人信任，包括法律、司法权和司法判决的能力。司法是国家权力通过应用法律解决社会纠纷的一项活动。在法治国家，正义被认为是治愈社会冲突的最终和最彻底的方法。“司法最终解决”原则要求司法必须有公信力。[1] 司法公信力不一定因司法机关的活动而产生。司法权是否具有公信力，与法律在实践中的运行效果密切相关。至于审判结果的载体，司法公信力体现在裁判文书中，这不仅体现了审判的程序正义，也体现了判决的合理性。如何展示裁判的合理性？法官应通过判决与当事人沟通，并告知当事人判决的理由。“这不仅要求法官作

[1] 郑成良．论司法公信力［J］．上海交通大学学报（哲学社会科学版），2005（5）．

出正确的判决，也意味着法官必须能够作出有说服力的推理来支持他作出的判决。”❶

裁判文书如果仔细讨论并充分说明裁判理由，当事方和公众将相信并服从判决结论。相反，如果司法人员在判决中歪曲法律，他们肯定会在裁判文书中暴露缺陷。因此，法官的推理是行使司法权过程中必须履行的法律义务，也是敢于司法公正的态度。显然，我们需要相应的机制来确保法官正确无私地运用法律和智慧来形成合理的判断结果，并在这个过程中展示他们的责任、良心和水平。只有这样，司法权才能获得公信力，判决才能被当事人接受。

4. 裁判文书的说理性与司法效率

当判决文书具有公开、公平和充分推理的属性，并且败诉方确信该判决结果时，当事人自然会放弃采取上诉、申诉、投诉、信访等救济程序，甚至报复社会的想法，主动履行判决确定的义务，国家法律监督机构也不会启动相应的法律程序。甚至有很多情况下，判决并没有不当，只是由于判决文书中的一个小缺陷，当事人就对该判决不满意。例如，在某一法院的判决中，“判决如下”被键入为“判决如上”。当事人以此为借口不执行判决内容，更不用说内容简单、叙述不清楚、推理不充分的文书，这类文书更无法消除当事人的不满。因此，实现裁判文书的说理性有助于减少因上诉、申诉和信访而导致的二审和再审程序，对提高司法效率具有重要作用。

5. 裁判文书的说理性与法律传播

以判例法国家为例，遵循先例是司法的基本原则。有约束力的先例是指判决的理由，而不是判决的结果。判决的理由是指在特定案件的事实中使用的法律原则和规则，或者可以将其称为法律解释。在美国，重要媒体在其重要版面上公布联邦最高法院的一些重大案件判决中包含的判决意见。这些重要的判决结果往往会对美国社会产生深远而重大的影响。同样，作为一个成文法国家，我国最高人民法院也定期发布指导性案例，这些案例是实务部门

---

❶ ［澳］约翰·巴斯滕．法官行为：与政府的关系［M］//法院与法官．北京：法律出版社，2006：18.

处理案件和研究法律的重要参考材料，对我们准确适用法律具有重要意义。

二、民事裁判文书说理性评估指标体系分析

笔者根据相关法律规定和实践中的司法经验，设计了民事裁判文书说理性评估指标体系，作为对民事裁判文书说理性进行评估的依据。

（一）具体评估指标

如表 7-1 所示，我国民事裁判文书说理性评估指标体系，由完整性、充分性、合适性三个一级指标组成；每个一级指标又由若干二级指标具体说明。

表 7-1 我国民事裁判文书说理性评估指标体系

一级指标	二级指标
完整性	原告主张的事实描述 （明确原告的诉讼请求、原告主张的事实与理由概述）
	被告主张的事实描述 （被告答辩意见概述）
	证据的分析与认定 （证据交换与质证描述、当事人无争议证据确定）
	法院认定的事实与理由 （有争议的证据与事实描述、法院认定的事实及理由）
	裁判依据 （法律文件名称及其条款内容）
	裁判结论 （明确裁判结论）
	裁判理由 （规范要求与事实要件之间的涵摄关系论证）
充分性	事实认定理由充分有条理
	争议事实认定准确、论证合理
	裁判理由充分有条理
	涵摄关系论证逻辑清晰、结论合理

续表

一级指标	二级指标
合适性	原告主张的事实描述比例
	被告主张的事实描述比例
	证据的分析与认定比例
	法院认定的事实与理由比例
	裁判理由部分所占比例

（二）具体评估指标的分析

最高人民法院在1993年颁布的《法院诉讼文书样式》，把裁判文书划分为五部分，❶ 1999年最高人民法院对其进行了修订。为了配合新实施的刑事诉讼法，仅对刑事部分进行修订，但是仍然沿袭了裁判文书的结构分类，并重点强调了事实认定和裁判理由两个部分。近几年，最高人民法院陆续公布指导性案例，内容分为裁判要点、裁判理由等六个部分。中国裁判文书网上公布的裁判文书基本是按照1993年和1999年的《法院诉讼文书样式》制作的。大部分法律文书制作参考书中同样沿用了最高人民法院在文书样式中的分类。因此，在设计该裁判文书说理的评估指标体系时，考虑到裁判文书基本上很明确地分为首部、事实认定、裁判理由、裁判结果和尾部五个部分，裁判文书说理的目标追求是论证裁判主文的合法性和正当性，应当遵循若干基本原则，即以若干原则作为一般性指引。裁判文书说理应当符合逻辑，依据法理，遵循完整性、充分性和合适性原则。据此设计的我国民事裁判文书说理性评估指标体系如表7-1所示，评估指标体系由一级指标、二级指标和评估值组成。下面的内容是对一级指标之下的二级指标进行的逻辑合理性分析，以此论证评估指标设计的客观性和科学性。

1. 完整性一级指标及其二级指标分析

第一个一级指标是“完整性”，主要目的是评估裁判文书是否完全反映

❶ 具体包括首部、事实认定、裁判理由、裁判结果和尾部。

了法院审理案件事实的过程。判决书是记录判决过程、公布判决理由、向社会展示法院公正司法形象的载体，是审判活动的综合体现，必须全面反映人民法院案件审理“证据→事实→适用法律→裁判”的过程，包括案件基本信息、审理过程中的程序性事项、审查判断证据、认定案件事实（主要事实和争议事实）、法律适用和自由裁量等。

裁判文书说理要着重加强对有争议证据的分析、认证，尤其要“重点围绕案件争议焦点、事实认定、证据采信、裁判理由、法律适用进行阐释”，[1]因此需要涵盖以下要素：当事人主张的事实及诉辩请求；当事人提供的用以支持事实及诉辩请求的证据；当事人争议的事实焦点；法院采信的证据及主张，以及未采信的证据及主张；采信（或不采信）某项证据、认定（或不认定）某项主张的理由，即对证据和事实的审查、分析和判断；适用的法律规范；适用该法律规范的理由；裁判结果。[2]

裁判文书基本结构的完整性是指裁判文书应当符合最高人民法院颁布的《法院诉讼文书样式》，包括规定的五个部分，缺一不可。由于社会大众维权的意识越来越强烈，诉至法院请求法官维护自身合法权益的案件也越来越多，这就造成当今司法审判领域法院业务量多、工作人员数量有限的窘状。在这种境况下，法院作出的裁判文书很多都会出现基本篇幅不全的情况，尤其是对于业务量大的一审法院来说，这种情况更为突出。将其作为裁判文书说理的评估指标体系中一项考查内容，可以杜绝由于基本结构不完整而导致的社会民众对于裁判文书质量不高、说理不足的评价。

为了评估上述裁判文书完整性的实现程度，笔者设计了原告主张的事实描述、被告主张的事实描述、证据的分析与认定、法院认定的事实与理由、裁判依据、裁判结论和裁判理由等二级指标。

2. 充分性一级指标及其二级指标分析

第二个一级指标是“充分性”，主要评估裁判文书在满足结构完整的基

[1] 阿拉善左旗人民法院．最高人民法院关于进一步提高裁判文书质量的通知［EB/OL］．［2019-12-21］．http：//azqfy.chinacourt.org/public/detail.php？id=394.

[2] 王明辉．裁判文书说理评价标准之建构［J］．河北经贸大学学报（综合版），2016（2）.

础之上是否对事实及理由论证充分，通过对“事实认定理由充分有条理”“争议事实认定准确、论证合理”“裁判理由充分有条理”“涵摄关系论证逻辑清晰、结论合理”等二级指标的分析，来评估“充分性”指标。

（1）事实认定理由充分有条理。

以事实为依据、以法律为准绳是审判机关审理案件所必须遵循的宗旨，案件事实对案件的审理尤为重要，1993 年和 1999 年的《法院诉讼文书样式》中强调裁判文书中最重要的两个部分为事实和裁判理由，指导性案例中也将此两部分作为重点，各地方发布的地方性法规也进行了重点强调。

事实认定的重点方面是对双方有争议的事实进行认定，人民法院围绕当事人之间的争议焦点作出判决，当事人的诉求是确定双方争议焦点的依据，因此，争议焦点的确定离不开对双方意见的总结和概括。当事人意见的总结和概括是否全面准确，在很大程度上决定了案件判断结果的合理性。归纳与概括双方当事人的意见，需要有清晰的逻辑推理与论证的过程，“一方的意见是怎样的，需要办案法官为他们主张什么样的权利，另一方的意见是怎样的，需要办案法官为他们主张什么样的权利，双方的矛盾纠纷是如何发生的”，这些都需要法官对其进行细致的分析与说明，从而形成一条符合思维逻辑的法律关系链，厘清当事人之间的法律关系。现今很多的裁判文书对于这一方面根本没有进行分析推理，而是直接对当事人的诉求进行罗列，对其不加以分析、推理、论证、说明，而处在矛盾纠纷之中的当事人由于人的生理机能和自我保护意识，又往往会形成一种思维定式，即总是站在自己的立场想着对自己有利的事情或者情节，却忽略自己的过错，存在主观性和片面性。另外，当事人的意见和诉求“不但是事实认定和法律适用的基础，更是当事人特别关注的内容”。[1]

案件事实认定一部分是通过双方当事人提供的证据，另一部分则是法院调查的证据。事实是判决的基础，这就要求法院认定的各项事实必须有证据加以证明。《四川省高级人民法院关于裁判文书制作的规范意见》指出，裁

[1] 邱新华，张玉良．展示与回应：民事裁判文书说理模式重塑［J］．山东审判，2014（1）．

判文书若认定事实，需有证据证实。《浙江省高级人民法院关于加强裁判文书说理工作的若干意见》也有类似的规定。当事人对法院的不满往往起因于其不了解法院是如何认定事实的，这也是当前需要加强裁判文书说理的原因之一，即缺少法院认定案件事实的过程。很多裁判文书缺乏法院认定事实的过程，可能是因为法官根据自己的审判经验，误以为这一方面不重要，不需要在裁判文书中加以赘述，所以对其进行忽略。但是，大多数原因可能是由于法官的素质不一，有些审判能力和水平有限的法官不知道如何去将案件事实的认定过程讲清楚，特别是在遇到疑难、复杂的案件时，甚至会出现无从下手的情况。又鉴于法律没有明确的规定要求其必须对事实的认定过程进行推理论证，基于懒惰心理和外在因素的影响，法官往往会谨慎地选择不说理，将双方当事人提交的证据和查明的证据简单地一一罗列，或者只进行草草的说明，随即出现法院认定的事实。当事人在对判决结果不满的情况下，必然会追溯到案件事实是如何认定的，法官在此如果不加以说明、论证，很容易使当事人对法官的审判工作产生误解，认为判决结果是法院暗箱操作出来的结果，从而引起当事人极大的不满。

现在很多裁判文书呈现的一种现象是证据的罗列，法官仅仅对“谁提供的证据，证据的内容是什么”进行说明，鲜有对证据所证明的内容进行详细的分析。对证据的说理是在案件事实认定过程中说理的重要部分。哲学上强调，“具体问题具体分析”，要想加强裁判文书的说理性，就必须重视对每一项证据的说明，而不能用“不予采信”这样的套话、空话一言以蔽之，这样才算得上是证据确凿、事实清楚，是裁判文书真正讲理的做法。

仅仅罗列调查取得的证据对事实认定来说是不够的，在司法实践中，法官不会忽视证据，但缺少对证据和事实之间内在联系进行的解释和说明，例如：仅仅以“当事人提供以下证据……，因此……”，其中的很多证据与案件可能没有一点联系，但是仍然被法官罗列在裁判文书中。而公众则对不充分说理的判决书表现出强烈不满。因此，法官运用的证据必须是与案件事实有紧密联系的证据，必须对证据的使用加以规制，确保法官处理案件时尽职尽责，不存在渎职的情形，从而加强证据与案件的紧密联系，保证使用的证据是认定案件事实有用的证据。

因此，事实认定理由充分有条理对于厘清案件的事实而言显得尤为重要。将对事实认定理由充分有条理作为充分性的一项二级指标，符合当前司法领域裁判文书的相关规定和要求，具有合理性，从而以此推动法官在确定案件事实时的说理程度，增加裁判文书中说理的内容，让当事人双方能够明确案件事实的前后经过，对案件有完整全面的了解，同时也有利于有效地定分止争，减少上诉和缠讼案件。

（2）争议事实认定准确、论证合理。

对案件争议焦点的总结与归纳成为案件纠纷解决的关键内容，如果遗漏其中任何一个争议焦点，都会影响到案件判决的质量和当事人对判决结果的满意程度。而案件的主要争议是当事人诉至法院请求解决的主要矛盾纠纷，"说理充分首先指充分凸显争议所在，而不是面面俱到，'胡子眉毛一把抓'"，❶ 所以，主要争议焦点对于整个案件纠纷的解决而言非常重要，故应当将是否遗漏案件的主要争议作为裁判文书说理考查的一项重要内容。

仅仅没有遗漏案件的主要争议问题却没有对案件的主要争议焦点进行准确的概括，相当于"费力不讨好"，照样会影响案件判决的质量。而且准确归纳案件主要争议问题是有效解决纠纷的"钥匙"。因此，法官必须对此高度重视，"在事实论证时，则对照以上事实争点，逐一进行分析，从而将复杂的事实认定过程简单化，增加事实论证的条理性"。❷ 在设计裁判文书说理的评估指标体系时，鉴于是否遗漏案件的主要争议焦点与是否对案件的主要争议问题做了准确的归纳，两个问题的性质截然不同，且都对案件的处理起着关键性的作用。如果法官没有对主要争议焦点进行十分准确的概括，那么法官在处理案件时有可能会把案件涉及的争议全部解决，但是如果法官遗漏了其中的一个主要争议焦点，那么法官在处理案件时就不可能解决了全部的争议，实现定分止争。

根据裁判文书的结构，争议事实属于事实认定的内容，将其设置为充分

---

❶ 汤啸天．写好讲理的裁判文书［J］．法学评论，2000（4）．

❷ 张继萍，管纪尧．"真相"如何表达：裁判文书中事实论证部分的规范［C］//全国法院第25届学术讨论会获奖论文集：公正司法与行政法实施问题研究（下册）．北京：人民法院出版社，2013：147．

性的二级评估指标，符合其在案件处理过程中所起作用的重要程度，能够有效防止当事人乃至社会大众因为裁判文书遗漏了案件的主要争议焦点而引起对法院判决的不满，影响司法的公信力。

（3）裁判理由充分有条理。

裁判说理的水平，反映了一个国家法治文明状态。❶ 裁判文书说理的水平集中体现在“本院认为”部分。根据当前最高人民法院颁布的《法院诉讼文书样式》，“法院认为”这一部分统称“裁判理由”。由于法官所作的推理、论证往往是裁判文书说理的重要内容，而我国现在还没有对此方面进行具体规制的规则或者措施。所以，即便我国审判领域一直在加强裁判理由的论述和说理，实际情况却是“上有政策、下有对策”，既然不涉及法官个人的利益，基于懒惰的心理，法官往往不会说理，即便进行说理，那也是仅仅进行草草的说明，内容却不涉及案件的核心问题。这导致了审判领域中“能说理的不说，不能说理的更不说”和“仔细推理的充分性、针对性和公开性不足”的现象。然而，判决的理由是判决书的灵魂，也是裁判文书中说理的关键，是法官展现说理智慧的平台。

裁判理由，顾名思义，就是指作出裁判结论的原因和理由。主要裁判结论是推导出来的，推导的过程就是裁判理由。因此，主要裁判结论必须要有理由予以支持，当前裁判文书的现状是重视裁判结论而轻视裁判理由，裁判文书中肯定不会忽略主要裁判结论，然而这会忽略作出主要裁判结论的原因；如果判决书缺乏理由和论据，或者论据不充分，就很难说服被告，判决书在惩罚犯罪和教育群众方面的作用也很难实现。❷

毫无疑问，裁判的理由非常重要，同时，解释裁判的理由也非常重要。“法官如何作出的裁判结论，为什么作出这样的裁判结论而没有作出那样的裁判结论等”，都是需要进行详细地推理并加以论证的。由于案件当事人的文化素质参差不齐，文化和知识水平较高的当事人对于案件的解决理解程度

---

❶ 沈志先．裁判文书制作［M］．北京：法律出版社，2010：136.

❷ 张建成．裁判文书理由写作存在问题及对策［J］．南阳师范学院学报（社会科学版），2009（8）．

相对较高，裁判文书中如果简单地对作出裁判结果的过程进行解释和说明，当事人能够很容易地明白其中的缘由，不会误解或者不理解法官作出判决的原因。但是，同样的情况，对于知识和文化水平相对差一些的当事人来说，因为他们可能只能够理解通俗易懂、有条理、较为清晰明确的文字和内容，因此，如果法官没有用通俗易懂的语言和文字将案件推理、论证的内容清清楚楚地写在判决书上，他们很可能会出现理解上的困难，一旦没有得到想要的结果，则很容易对法院产生不好的印象，甚至会怀疑审判。因此，裁判理由的说理程度对于裁判文书的质量来说非常重要，说理的充分与否直接影响裁判理由的充分与否，进而会影响到裁判文书整体的说理程度。如果不对裁判理由进行详细的解释和说明，则必然会导致裁判文书的质量难以提高，裁判文书的说理难以加强。没有公开则无所谓正义，因此，需要对裁判理由的说理程度加以高度重视，评估指标体系将此纳入其中，作为一项重要的评价内容，正体现了这一点。

一般而言，对于一个案件来说，法官只需要依据明确的法律条文即可解决。但是，对于要进行说理性评价的案件来说，很多时候仅仅依靠现有的法律条文是不够的，还需要法律之外的其他理由、依据加以论证，比如风俗习惯等，方能使案件得到合理解决，实现法理、情理、事理的统一。法律条文之外的其他理由只是作为法律条文的辅助内容发挥作用，所以，虽然要实现法理、情理、事理的有机统一，但是三者在统一的过程中也要有所侧重。

在裁判理由部分，办案的法官会对当事人双方的诉讼请求进行分析并得出结论，采纳了哪一方当事人的什么意见，为什么采纳，不支持哪一方当事人的什么意见，为什么不支持，都需要法官对其进行一一的解释。对当事人的回应程度反映了法官有没有基于当事人的诉求而对案件纠纷进行合理裁断。有的法官为追求简练，忽略当事人诉求，使得当事人“诉讼权利没有得到充分行使”，就直接按照相关法律、法规作出了判决，使文书显得生硬、粗暴，没有亲和力。在一项关于上诉原因的调查中显示，不满于法院判决的当事人往往会在拿到的判决书上圈圈画画做上标注，上诉时按照标注的内容陈述理由，有一部分的上诉理由就是因为当事人没有在判决书中找到法官对其诉讼请求的回应。2015 年 5 月 13 日《〈最高人民法院关于案例指导工作的规定〉实施细则》对此问题曾作出过详细规定。

所以，需要将裁判理由充分有条理作为充分性的一个二级指标。基于没有对每项裁判结论都必须要有理由加以支持这样的设计，法官也可以有意识地省略与当事人没有特别利害关系的裁判结论的理由，符合最高人民法院所倡导的减轻基层审判部门工作人员的工作压力和处理案件时进行繁简分流的政策。

（4）涵摄关系论证逻辑清晰、结论合理。

翻阅各地方人民法院作出的裁判文书可以发现，法官在说完法院认定的事实之后会直接附上“依据《×法》第×条……等，作出如下判决：……”，没有对事实和法律之间的关系进行一定的解释和说明，使裁判文书显得生硬，显示不出法律对人民合法权益的维护与保障，不利于加强当事人和法院之间的紧密联系，树立法院的权威形象和增强司法的公信力；还会让当事人以为法院的审判就是一部机器，放进去的是案件事实，出来的是案件的判决，没有其他解释说明的内容。

强调裁判文书说理性的目的之一是使裁判文书产生良好的社会效果。然而，要想使裁判文书获得良好的社会效果，就需要保证当事人信服法官所作出的裁判文书，避免出现说理不如不说理的尴尬局面。如果当事人不信服，说明法官说理不合格。相反，如果当事人高度认可和肯定，说理才是真正合理、合法、合格的。裁判结果是法官对诉至法院的矛盾纠纷所作出的最后评判，其作用是简洁明了地告知当事人法官对他们的诉求所作出的评判，所以这一部分所发挥的主要作用是向当事人明确地传达判决的结果，其作用有限。

根据人的心理惯性，当事人拿到裁判文书之后做的第一件事情往往是先去查看法院对案件纠纷所作出的最后判决结果。根据1993年和1999年最高人民法院颁布的《法院诉讼文书样式》的规定，在这一部分中首先要列明该案所依据的所有法律条文，审判能力较强和审判水平较高的法官会对案件所依据的原因法条按照逻辑关系依次列在裁判文书的裁判结果部分，不会出现混乱无序的状态，但是法官的水平不一，现实中很多法官的审判能力和审判水平并不高，时常会忽视原因法条的全面与否，出现原因法条不完整的情况。在加强裁判文书说理的过程中，必须杜绝此类现象的发生。在大数据时代，人们获知的信息越来越多，获取法院裁判文书的途径也越来越多，尤其是实行裁判文书网上公开以后，这些都对法院形成巨大的挑战，正确适用法律是法官审理案件的基本要求。正如王利明教授指出的，法官在判决中需要准确引用法律，❶ 法官错误地引用法律条文，在此基础上进行的说理必然也是错误的。法律具有概括、普遍、严谨的特性，具有强制性和普遍的约束力，法官适用法律必须谨慎。因此，对于援引法条的谨慎性必须加以明确的规定，防止法官任意适用法律，造成社会秩序的混乱。援引法条的谨慎适用也是裁判文书说理的保障。

当事人将案件纠纷诉至法院首先关心的便是裁判结果，裁判结果表述不清晰，甚至出现歧义，必然会引起当事人的不满。因此，这一部分也是需要改进的地方，同时也是加强说理的必然要求。在设计评估指标体系时，对此部分给予了充分的重视，将其作为充分性指标评定的部分，意在加强案件事实与适用法条的关联程度，整体上加强裁判文书的说理程度。

3. 合适性一级指标及其二级指标分析

第三个一级指标是“合适性”，主要从裁判文书各部分所占比例评估裁判文书说理性，裁判文书各部分应简繁适度，应注意“度”的把握。一方面，从论点和论据的关系而言，既要求整个裁判文书的论据对于最终的裁判结论而言是充分的，也要求裁判文书中的每个论点均有充分的论据；另一方面，从具体标准而言，裁判文书既不能说理不到位、有欠缺，也不能烦琐说理、啰唆说理、“表演式”说理，而要谨守“中庸之道”，力争“恰到好处”，因而将“原告主张的事实描述比例”“被告主张的事实描述比例”“证据的分析与认定比例”“法院认定的事实与理由比例”与“裁判理由部分所占比例”作为二级指标。

❶ 王利明．论中国判例制度的创建［EB/OL］［2019-12-21］．https://www.taodocs.com/p-31896705.html.

三、我国民事裁判文书说理性评估

根据确定的民事裁判文书说理性评估指标体系，选择合适的样本，对民事裁判的说理性进行具体评估，可以发现具体存在的问题，从而为解决问题打下基础。

（一）研究方法及样本说明

本书采用实证研究的方法，以中国裁判文书网发布的民事裁判文书为研究样本，对其中的裁判文书说理部分进行评估分析。关于样本的选取，笔者希望本书的研究样本能够尽可能具有普遍性，能够涵盖大部分不平衡因素下造成的个性差异，在此将全国按照23个省、4个直辖市、5个自治区进行划分，在直辖市、自治区中各随机抽签选取了1个研究省份（分别为上海市、宁夏回族自治区）；在22个省（此处排名不含台湾地区）中按照2018年1~3季度GDP总量排名❶划分为两个部分❷，以抽签的方式选取了前11名中的山东省、12~22名中的云南省为实证研究对象，以中国裁判文书网为素材来源，以四个地域区划为范围按照中国裁判文书网的检索方式，通过案件类型（民事案件）、文书类型（判决书）、审判程序（一审）、审判年份（2018年）为检索条件共检索出相关省份可供研究的样本数目如下。

本着目的与效率结合的宗旨，期望通过对四个不同地区抽取出相同数量的样本以方便后续结论的比较和研究。在此根据不同地区省份具体的文书总数，将样本数限定在100份（上海取样间隔为80，宁夏取样间隔为25，山东取样间隔为183，云南取样间隔为59）（见表7-2、表7-3）。本研究的判决书样本均为一审案件，不包括二审、再审案件，原因在于一审案件更加侧

❶ 2018年全国城市GDP排名前十；2018年全国各省市人均GDP排名［EB/OL］.［2019-12-21］. http：//it. chinairn. com/news/20181123/091952457. html.

❷ 全国22个省（此处排名不含台湾地区）2018年第1~3季度GDP总量排名依次为广东、江苏、山东、浙江、河南、四川、湖北、湖南、河北、福建、安徽、辽宁、陕西、江西、山西、云南、贵州、黑龙江、吉林、甘肃、海南、青海。

重对案件具体事实的审查，是说理的源头，也是二审和再审案件的基础，对一审案件判决书的分析更能够起到对说理追本溯源的作用。

表 7-2　四省份取样情况

项目	上海	山东	宁夏	云南
文书总数（份）	80 917	183 997	25 307	59 301
取样间隔	80	183	25	59
样本数（份）	100	100	100	100

表 7-3　四省份取样类型情况　（份）

项目		上海	山东	宁夏	云南	合计
案由	民间借贷纠纷	20	20	20	20	80
	劳动争议案件	20	20	20	20	80
	道路交通事故人身损害赔偿纠纷	20	20	20	20	80
	婚姻家庭纠纷	20	20	20	20	80
	建设工程合同纠纷	20	20	20	20	80
小计		100	100	100	100	400

（二）完整性指标评估

1. 上海市

如表 7-4 所示，对所抽取的上海市 100 份一审民事判决书样本的结构完整程度进行评查，其中 97 份判决书结构完整。在结构不完整的 3 份判决书中，2 份缺失裁判理由部分，1 份缺失证据的分析认定部分。结构完整判决书占总样本判决书的比例达到 97%。

表 7-4　上海市取样判决书情况　　（份）

完整性指标		民间借贷纠纷	劳动争议案件	道路交通事故人身损害赔偿纠纷	婚姻家庭纠纷	建设工程合同纠纷
样本数		20	20	20	20	20
事实内容	原告主张的事实描述	20	20	20	20	20
	被告主张的事实描述	20	20	20	20	20
	证据的分析与认定	20	20	19	20	20
	法院认定的事实与理由	20	20	20	20	20
理由内容	裁判依据	20	20	20	20	20
	裁判结论	20	20	20	20	20
	裁判理由	20	20	19	19	20

2. 山东省

如表 7-5 所示，对所抽取的山东省 100 份一审民事判决书样本的结构完整程度进行评查，其中 95 份判决书结构完整。在结构不完整的 5 份判决书中，3 份缺失裁判理由部分，2 份缺失证据的分析认定部分。结构完整判决书占总样本判决书的比例达到 95%。

表 7-5　山东省取样判决书情况　　（份）

完整性指标		民间借贷纠纷	劳动争议案件	道路交通事故人身损害赔偿纠纷	婚姻家庭纠纷	建设工程合同纠纷
样本数		20	20	20	20	20
事实内容	原告主张的事实描述	20	20	20	20	20
	被告主张的事实描述	20	20	20	20	20
	证据的分析与认定	20	20	20	20	18
	法院认定的事实与理由	20	20	20	20	20

续表

完整性指标		民间借贷纠纷	劳动争议案件	道路交通事故人身损害赔偿纠纷	婚姻家庭纠纷	建设工程合同纠纷
理由内容	裁判依据	20	20	20	20	20
	裁判结论	20	20	20	20	20
	裁判理由	19	20	20	18	20

3. 宁夏回族自治区

如表 7-6 所示，对所抽取的宁夏回族自治区 100 份一审民事判决书样本的结构完整程度进行评查，其中 94 份判决书结构完整。在结构不完整的 6 份判决书中，2 份缺失裁判理由部分，3 份缺失证据的分析认定部分，1 份缺失事实认定部分。结构完整判决书占总样本判决书的比例达到 94%。

表 7-6　宁夏回族自治区取样判决书情况　　（份）

完整性指标		民间借贷纠纷	劳动争议案件	道路交通事故人身损害赔偿纠纷	婚姻家庭纠纷	建设工程合同纠纷
样本数		20	20	20	20	20
事实内容	原告主张的事实描述	20	20	20	20	20
	被告主张的事实描述	20	20	20	20	20
	证据的分析与认定	20	19	20	20	18
	法院认定的事实与理由	20	20	19	20	20
理由内容	裁判依据	20	20	20	20	20
	裁判结论	20	20	20	20	20
	裁判理由	20	20	19	19	20

4. 云南省

如表 7-7 所示，对所抽取的云南省 100 份一审民事判决书样本的结构完整程度进行评查，其中 93 份判决书结构完整。在结构不完整的 7 份判决书中，3 份缺失裁判理由部分，4 份缺失事实认定部分。结构完整判决书占总样本判决书的比例达到 93%。

表 7-7　云南省取样判决书情况　（份）

<table>
<tr><th colspan="2">完整性指标</th><th>民间借贷纠纷</th><th>劳动争议案件</th><th>道路交通事故人身损害赔偿纠纷</th><th>婚姻家庭纠纷</th><th>建设工程合同纠纷</th></tr>
<tr><td colspan="2">样本数</td><td>20</td><td>20</td><td>20</td><td>20</td><td>20</td></tr>
<tr><td rowspan="4">事实内容</td><td>原告主张的事实描述</td><td>20</td><td>20</td><td>20</td><td>20</td><td>20</td></tr>
<tr><td>被告主张的事实描述</td><td>20</td><td>20</td><td>20</td><td>20</td><td>20</td></tr>
<tr><td>证据的分析与认定</td><td>20</td><td>20</td><td>20</td><td>20</td><td>20</td></tr>
<tr><td>法院认定的事实与理由</td><td>17</td><td>20</td><td>20</td><td>19</td><td>20</td></tr>
<tr><td rowspan="3">理由内容</td><td>裁判依据</td><td>20</td><td>20</td><td>20</td><td>20</td><td>20</td></tr>
<tr><td>裁判结论</td><td>20</td><td>20</td><td>20</td><td>20</td><td>20</td></tr>
<tr><td>裁判理由</td><td>19</td><td>20</td><td>19</td><td>19</td><td>20</td></tr>
</table>

5. 总结

如表 7-8 所示，对所抽取的四个地区 400 份一审民事判决书样本的结构完整程度进行评查，其中 379 份判决书结构完整。在结构不完整的 21 份判决书中，10 份缺失裁判理由部分，6 份缺失证据的分析认定部分，5 份缺失事实认定部分。结构完整判决书占总样本判决书的比例达到 94. 75%。

表 7-8　四省份取样判决书完整程度　（份）

完整性指标	民间借贷纠纷	劳动争议案件	道路交通事故人身损害赔偿纠纷	婚姻家庭纠纷	建设工程合同纠纷
样本数	80	80	80	80	80

续表

完整性指标		民间借贷纠纷	劳动争议案件	道路交通事故人身损害赔偿纠纷	婚姻家庭纠纷	建设工程合同纠纷
事实内容	原告主张的事实描述	80	80	80	80	80
	被告主张的事实描述	80	80	80	80	80
	证据的分析与认定	80	79	79	80	76
	法院认定的事实与理由	77	80	79	79	80
理由内容	裁判依据	80	80	80	80	80
	裁判结论	80	80	80	80	80
	裁判理由	78	80	77	75	80

（三）合适性指标评估

该部分对样本的事实认定部分字数与裁判理由部分字数占裁判文书总字数的比例进行了量化统计，可以在一定程度上观察出对裁判文书说理性评估中的合适性指标的完成程度。

1. 上海市

如表 7-9 所示，对所抽取的上海市 100 份一审民事判决书样本剔除不符合完整性指标的 3 份判决书后，剩余 97 份判决书。样本裁判文书的总字数为299 695字，其中事实部分说理字数为103 760字、理由部分说理字数为48 407字，说理占文书总字数比例为 50.8%。

表 7-9　上海市取样分类判决书完整情况

合适性指标	民间借贷纠纷	劳动争议案件	道路交通事故人身损害赔偿纠纷	婚姻家庭纠纷	建设工程合同纠纷	小计
样本数（份）	20	20	18	19	20	97

续表

合适性指标		民间借贷纠纷	劳动争议案件	道路交通事故人身损害赔偿纠纷	婚姻家庭纠纷	建设工程合同纠纷	小计
说理内容	事实部分说理字数（字）	25 214	15 356	19 714	10 791	32 685	103 760
	理由部分说理字数（字）	6 929	7 462	10 612	5 378	18 026	48 407
	裁判文书总字数（字）	57 841	56 043	65 633	37 162	83 016	299 695
	说理占文书总字数比例	55. 6%	40. 7%	46. 2%	43. 5%	61. 1%	50. 8%

2. 山东省

如表 7-10 所示，对所抽取的山东省 100 份一审民事判决书样本剔除不符合完整性指标的 5 份判决书后，剩余 95 份判决书。样本裁判文书的总字数为438 505字，其中事实部分说理字数为100 625字、理由部分说理字数为96 601字，说理占文书总字数比例为 45. 0%。

表 7-10　山东省取样分类判决书完整情况

合适性指标		民间借贷纠纷	劳动争议案件	道路交通事故人身损害赔偿纠纷	婚姻家庭纠纷	建设工程合同纠纷	小计
样本数（份）		19	20	20	18	18	95
说理内容	事实部分说理字数（字）	24 452	14 892	19 119	10 465	31 697	100 625
	理由部分说理字数（字）	13 828	14 891	21 177	10 733	35 972	96 601
	裁判文书总字数（字）	84 632	82 000	96 033	54 374	121 466	438 505
	说理占文书总字数比例	45. 2%	36. 3%	42. 0%	39. 0%	55. 7%	45. 0%

3. 宁夏回族自治区

如表 7-11 所示，对所抽取的宁夏回族自治区 100 份一审民事判决书样本剔除不符合完整性指标的 6 份判决书后，剩余 94 份判决书。样本裁判文书的总字数为280 630字，其中事实部分说理字数为60 190字、理由部分说理字数为56 638字，说理占文书总字数比例为41.6%。

表 7-11 宁夏回族自治区取样分类判决书完整情况

合适性指标		民间借贷纠纷	劳动争议案件	道路交通事故人身损害赔偿纠纷	婚姻家庭纠纷	建设工程合同纠纷	小计
样本数（份）		20	19	18	19	18	94
说理内容	事实部分说理字数（字）	14 626	8 908	11 436	6 260	18 960	60 190
	理由部分说理字数（字）	8 107	8 731	12 416	6 293	21 091	56 638
	裁判文书总字数（字）	54 161	52 478	61 458	34 798	77 735	280 630
	说理占文书总字数比例	42.0%	33.6%	38.8%	36.1%	51.5%	41.6%

4. 云南省

如表7-12所示，对所抽取的云南省100份一审民事判决书样本剔除不符合完整性指标的7份判决书后，剩余93份判决书。样本裁判文书的总字数为321 802字，其中事实部分说理字数为68 269字、理由部分说理字数为64 410字，说理占文书总字数比例为41.2%。

表 7-12 云南省取样分类判决书完整情况

合适性指标		民间借贷纠纷	劳动争议案件	道路交通事故人身损害赔偿纠纷	婚姻家庭纠纷	建设工程合同纠纷	小计
样本数（份）		16	20	19	18	20	93
说理内容	事实部分说理字数（字）	16 590	10 104	12 971	7 100	21 505	68 269
	理由部分说理字数（字）	9 220	9 929	14 120	7 156	23 985	64 410
	裁判文书总字数（字）	62 108	60 177	70 475	39 903	89 139	321 802
	说理占文书总字数比例	41.6%	33.3%	38.3%	35.7%	51.0%	41.2%

（四）充分性指标评估

如表7-13所示，对所抽取的400份一审民事判决书样本剔除不符合完整性指标的21份判决书后，剩余379份判决书。在379件裁判文书所涉及的案件当中，有223件案件存在双方当事人对定案证据存在不同意见的情况，其中有175份裁判文书对质证意见不一的证据作了全面说明，并明确了是否采信及其理由，占78.5%；在223件双方当事人质证后对定案证据意见不一致的案件中，只有25个案件的裁判文书只是对当事人质证后意见不一的部分证据做了是否采信及其理由的说明，占11.2%；在223件双方当事人质证后对定案证据意见不一致的案件中，有23件对异议证据全部没有说明是否采信及其理由，占10.3%。在379件裁判文书所涉及的案件中，大部分裁判文书适用规范性法律文件没有论证，只有1份裁判文书对所适用的规范性法律文件全部阐述了适用理由；有189份裁判文书对部分所适用的规范性法律文件阐述了适用理由；有189份裁判文书完全没有阐述适用法律的理由，比例高达47.3%。

表7-13　四省份取样分类判决书完整情况　（份）

充分性指标		上海	山东	宁夏	云南	小计
样本数		97	95	94	93	379
事实部分	存在争议事实	65	57	51	50	223
	充分说明	55	47	34	39	175
	部分说明	6	4	7	8	25
	未说明	4	6	10	3	23
理由部分	法条适用理由	56	49	43	42	190
	完全阐述	1	0	0	0	1
	部分阐述	55	49	43	42	189

（五）总体性评估结论

上述完整性、充分性、合适性单一指标的评估主要采用了定量的评估方法，通过数量分析可以得出定量评估的结论。同时，也可以通过分析判决书内容的定性方法，对裁判文书的说理性进行评估，从而得出定性分析的结论。

1. 定量评估的结论

通过上述数据分析，可以总结如下结论：首先，一般意义上看，我国的民事裁判文书说理的完整性较好，但是说理的充分性，尤其是判决理由说理的充分性较差。其次，民事裁判文书说理性的状况受到地域因素的影响较大。

众所周知，我国地域整体划分为三个阶梯，东部沿海省份经济相对发达，社会司法资源及司法体系完善程度较西部省市高。2018 年由中国政法大学法治政府研究院组织编写的《中国法治政府评估报告 2018》在北京发布，该报告对我国 100 个重要城市的政府法治化建设情况进行了评估。❶ 根据相关评估结果显示，在所有被评估的 100 个城市中平均得分率仅为 45.99%，不同区域分化现象明显，法治建设不平衡，特别是东西部地区分差分化较为明显。就排名显示，东部城市占据了前十名中的九位，西部地区占一位。❷ 在此将本书研究抽样所得四个省份按照东西部地区进行划分，情况如下：东部（上海市、山东省）；西部（宁夏回族自治区、云南省）。通过前文所述标准与方法将四个不同地区抽样所得样本文书说理情况进行统计，结果如表 7-14 所示。

从地域上看，从说理性评估的合适性指标来说，上海、山东、宁夏、云南四省份所有裁判文书的说理比重分别为 50.8%、45.0%、41.6%、41.2%。除上海市超过 50% 以外，其他地区较为相近。说理比重或说理篇幅一定程度上反映了说理的充分程度，上述结果可说明上海的裁判文书说理相对其他省份更充分。而宁夏、云南作为经济欠发达省份，在文书的说理部分则相对简化。

---

❶ 在 100 个评估对象中分别以“依法全面履行政府职能”“法治政府建设的组织领导”“依法行政制度体系”“行政决策”“行政执法”“政务公开”“监督与问责”“社会矛盾化解与行政争议解决”“优化营商环境的法治保障”以及“社会公众满意度调查”10 项一级指标、33 项二级指标及 87 项三级指标展开评估，总分为 1000 分。

❷ 在前 20 名中，东部城市占 13 个，中部 4 个，西部 3 个；在前 50 名中，东部城市占 28 个，中部城市 16 个，西部城市 6 个。

表 7-14　四省份抽样所得样本文书说理情况统计

项目		上海	山东	宁夏	云南
样本数（份）		100	100	100	100
完整性指标（份）		97	95	94	93
合适性指标	说理字数占比（%）	50.8	45.0	41.6	41.2
充分性指标	事实部分说理充分（份）	87	85	77	82
	理由部分说理充分（份）	56	49	43	42

从说理性评估的充分性指标来说，抽样所得四个省份中，总体的案件充分说理比例大约占一半。东部沿海省份民事裁判文书说理的完善程度较西部地区高，其中充分说理的比例平均约高 20 个百分点，充分说理比例最高的上海市与比例最低的云南省之间相差约 14 个百分点。也就是说每审判 10 个案件，云南省相关司法机关作出的判决文书充分说理的就要少 2 份，这意味着有很大一部分的当事人无法阅读到说理充分的民事裁判文书。实证结果显示，地区及政府的法治化进程以及司法资源分配不均衡对裁判文书的完善程度有着十分重要的影响。在说理程度相对较低的宁夏回族自治区样本中严重缺乏说理的民事裁判文书比例超过一半，极易导致裁判文书因缺乏事实与规范、裁判者与当事人之间的充分沟通，无法起到司法裁判定分止争维护公义的功能。

地区之间民事裁判文书说理性出现差距的原因，可能因为裁判文书说理受法官专业素养影响较大，东部地区作为经济发达的地区，聚集了大量高学历的精英法官，而中西部地区对人才的吸引力相对较小，导致地域因素间接影响裁判文书说理。对于省情相似、区位相似的省市则区别不明显。

2. 定性评估的结论

在上述定量评估的基础上，下面选择典型的民事裁判文书，对其说理性进行定性的评估，可以发现如下问题。

（1）民事裁判文书说理较少使用法学理论。

司法实践是理论与客观事实相结合的过程，同时合理及充分的说理是司法实践与法学理论研究的通道，当司法实务与法学研究良好结合时，丰富翔实的理论说理恰恰就是对法学研究成果的积极运用，而通过大量司法案例的归纳和提炼，能够发展挖掘出更加具有实践意义的理论。裁判文书说理是集价值色彩与规范色彩于一身的产物，通过对案件个性的关注进而引发广泛讨论，能够帮助有关理论向着纵深发展。在实践中往往有许多案件存在一些理论争议，但是在判决书中我们很少能够看到涉及理论方面的说理。至于具体的案件究竟该适用怎样的法律条款进行评判，在案件各具体内容存在争议的事实时该怎样适用，这一部分严重缺乏对法律适用的说理，对于理论界一些新的研究成果也鲜有涉及，反映出在裁判文书说理中理论说理及法律适用说理部分的明显不足。

（2）民事裁判文书说理格式化问题严重。

判决的理由是裁判的灵魂，阅读不写理由的裁判文书就等同于使用没有灵魂的身体。[1] 通过对说理部分的拆分探究，在本次研究选取的合格样本中大部分判决书采用了格式化的表达方式，在说理叙述中缺乏针对性，这种表达方式格式化的说理用语甚至已经成为裁判文书说理中的主力军，叙述内容千篇一律。这种说理的方式没有反映出具体个案的相关特点，无法对当事人起到良好的说服作用。

自从最高人民法院公布裁判文书统一格式规定后，裁判文书的写作便有了趋于统一的倾向。判决书都是在介绍双方当事人基本情况后，用“经审理查明”来写明事实证据，再由“本院认为”写明判决理由，固定的格式和固定的语句，虽然统一格式可以凸显法律文书的严谨性，但也是对说理论证的限制性，对于复杂的案件来说事实中蕴含情理，说理中又蕴含事实，固定地将事实部分与论证部分分开并不一定就能完全将所有的事理分析清楚，更多的情况下，因为文书形式流于统一，法官在写判决书时也失去创造性的激情，千篇一律的共通性已经掩盖了单独说理的个体性。

（六）评估的启示

通过上述的评估过程，我们有必要对民事裁判文书说理性存在的问题进

---

[1] 江伟，肖建国．论既判力的客观范围［J］．法学研究，1996（4）．

行总结，并分析其背后的原因。

1. 我国民事裁判文书说理性存在的问题

通过以上实证分析可以看出，我国当前民事裁判文书说理还存在很多问题，有一些不足亟待解决和完善。诚然形成当前困境的原因是多方面的，长期模式化、固定化的裁判形式和强调以法院审判为中心的文书结构也反映出了一个时期的裁判文书定型与定位。通过几十年经验的总结和不断摸索，民事裁判文书说理的重要性逐渐得到重视，“具有理性思维的裁判，首先应当具有裁判文书需要包含的、完整的各项要素，其次要具有填充这些要素所依据的理由”。[1] 裁判文书说理，是当事人和社会公众了解裁判结果的窗口，法官需要通过裁判文书说理对裁判理由进行阐述，这是重要的同时也是必不可少的。高速的社会发展，社会法治程度不断提高，群众法律意识逐渐加强，对刑事裁判文书也提出了更加多元的要求，当下的刑事裁判文书不仅要求逻辑性强、实体合法，也要求语言得体、程序恰当；不仅要维护刑事审判的庄严形象，也要保证人权、体现公平公正；不仅要记录审判结果、罗列案件事实，也有必要反映法庭审判模式记录并分析判决的理由。

（1）裁判文书未全面真实地反映案件的审理程序。

裁判文书具有程序性，是审判过程的必然结果，是对于整个民事诉讼的总结。裁判文书全面真实地反映了案件的审理过程，便有助于当事人和公众掌握整个案件，简而言之便是我们可以理解诉讼过程，因为在不同的诉讼规则下，案件的运作甚至结果可能会有所不同。案件中的一些重要程序事项，如案件的案由、受理时间、举证时限、证据交换、审前调解、延期事项、证据调取、鉴定申请等，应在裁判文书中明确陈述，以确保当事人的知情权和监督权，这反映了诉讼当事人在诉讼过程中的诉讼权利和义务，从而获得了判决活动的合法性。

（2）裁判文书缺乏对证据的认定和事实的逻辑推理。

审判活动是通过逻辑思维进行推理的过程。在确定案件事实的过程中，

---

[1] 龙宗智．刑事判决应加强判决理由［J］．现代法学，1999（2）．

必须以证据为基础，分析证据的可接受性，对证据进行比较、权衡和选择。证据必须可以相互论证，没有证据或证据不足，案件的事实就无法由此形成。以刑事判决为例，它往往是对起诉方指控的全面接受，而没有分析。所谓的分析也是对“清楚的事实和无可辩驳的证据”的总结，而辩方的辩护意见只是被简短提及或“高度概括”。总的来说，缺乏分析认证，程序中存在明显的偏差。双方当事人通常会就证据的“三性”展开辩论，但是如果法律明确规定应该具有的质证程序经常没有反映在判决中，法官的意见就不能在判决中得到明确的定义，尤其是如果败诉方的证据未经分析就不被接受，判决结果的形成便会引起怀疑。案件事实的确定对案件的结果有着非常重要的影响。在实践中，非法判决往往始于不当选择和不当使用证据。如果在确定事实方面有错误，就无法实现公平审判。

在很多案件中，对于证据的论证往往不是很充分，很多时候，对于证据的采信分析，法官并没有在判决书中进行充分的论证，对于各种证据的证明力大小也没有进行论证，只是简单地说明法院采信了哪一方的哪一个证据，凭借该证据认定了哪一方的事实，而并没有在学理的角度分析两个证据的证明力，这也是判决书说理不清的缺陷。证据规则的适用与法官自由心证间的关系是需要进行价值衡量的，而对于最佳证据规则的适用说理也是需要在判决书中写明的，为何采用该证据、为何那个证据被否决都是要进行严谨的论证的。一个裁判决定的客观性基础就是案件的事实，而能够证明一个案件事实的客观材料就是证据。法官对于裁判文书的书写最重要的就是对于证据的论证，只有把每一个证据的得来与排除都写得详尽，为什么该证据不能作为判案的依据等理由写明确，才会让公众相信最终裁决。

（3）裁判文书欠缺裁判理由的阐述。

裁判文书的理由部分包括司法人员对案件事实的结论性认定、适用法律的选择以及适用法律的理由。这部分是证据的结论，也是作出判断的前提。裁判理由本身意味着说理，也是裁判文书说理性的集中体现。在我国，能够进行一系列理论论证的判决很少，在作出判决时也很少表达法官的内心思考。一般来说，缺乏裁判原因的法律文书，一是法官的专业素质差，特别是他控制复杂案件的能力有限，也无法掌握案件的核心问题和法律依据；二是司法机关多年来形成的不良习惯，司法人员制作文书的要求很低，他们所持的态度是多一事不如少一事，以避免文书被挑出错误，从而简化了文书的内容；三是掩盖自己的不良意图，忽视案件的重要问题，对当事人提出的意见和观点视而不见，对不同的意见缺乏有针对性的回答，或者以冠冕堂皇的方式使用“官方语言”，列出不相关的法律条文，并作出看似充分、实则牵强的裁判。判决理由说理最初在遏制司法腐败和促进司法公正方面发挥着重要作用。然而，在说理不足的情况下，上述作用将大大减弱，误判的可能性也大大增加，司法创新的动力也将明显被减弱。一个总是想保持案件成功率的法官最终可能会变得优柔寡断和胆怯，保持没有误判可能会让你过于小心，对犯错过于敏感，这会让你失去一个优秀法官的象征，那便是智者的勇气。❶

目前，在许多判决书中法官都不注重说理，而是优先选择直接给出结论，比如在一份交通事故的判决书中，对于原告的赔偿金额，判决书直接写道“本院认为，原告诉求的医疗费、误工费、护理费、交通费、住宿费、住院伙食费、必要的营养费、残疾保障金、残疾赔偿金、残疾辅助器具费、后续治疗费等其他费用，经本院审理认定过高，不予支持”。判决书在这个案件的赔偿金部分只是单纯地给予判决结果，而没有从法律分析的角度给出为何这样判决的理由，这样的判决书，对于受害方来说，是很难接受和信服的，这样的判决书也是造成上诉不断的原因，导致判决书并没有起到定分止争的功能。

2. 我国裁判文书说理性存在问题的主要成因

笔者认为，我国民事裁判文书说理性存在的问题，是由如下原因引起的。

（1）我国当前诉讼模式的原因。

从大陆法系和英美法系的司法传统来看，不同法系国家形成了不同的司法制度和诉讼模式，从而形成不同的裁判文书制作风格。我国的司法制度深

❶ ［美］爱德华·杰·德维特．美国法官十诫［J］．胡雪梅，韩春海，译．浦东审判，2010（1）．

受大陆法系的影响，英美法系国家遵循当事人主义诉讼模式，大陆法系国家遵循职权主义诉讼模式，职权主义强调事实的确定、法律的适用和审判的结果，裁判文书以结论陈述为主，原因解释相对较少，它甚至忽略了对审判过程和审判的正当性的证明，而且每份判决只涉及一个案件。英美法系国家是判例法国家，根据“遵循先例”的原则，高一级法院的判决对低一级法院具有约束力，同一法院先前的判决在以后类似案件上具有约束力，从而形成判例法，当法官意识到他的判决不仅针对一个案件，而且形成一种规范时，为了确保判决的可接受性，法官应该详细说明案件判决的原因，甚至希望他的判决成为经典，这就是说理的过程。之前提到的遵循先例原则在这里又有了促进法官写出好裁判文书的作用。这也解释了一个事实，即英美法系的法官培养了大量的法学家，而大陆法系的法学家主要来自学术机构，判例法国家的法官对判决权威的期望远非针对单一案件，而是他们的理性判决能够经受住其他法官和历史的考验。

从法官办案数量上看，例如美国人数不少，案件数量也不少，但是美国的法院处理案件有其特殊的地方，美国作为法律大国，公众维权意识不弱于其他国家，有时候很小的一件事也可以闹上法庭，这与我国的情况不太相同，在我国大多数公众认为闹上法庭是很丢脸的事，所以对于纠纷基本能自己解决是不会去法院的，而美国确实只要自己的权益受到侵犯就要去维权，用法律保护自己，这也基于美国民众对于法院系统的信任与尊敬。在美国民众心里，法官是神圣的工作，他们大多对法官都抱有尊崇的心理，特别是联邦首席大法官，更是主宰法律大权的存在。当然美国的法官选任也是极其严格的，所以对于这样的法律大国，也有多如牛毛的案件，法官数量虽然不少，但总会分身乏术，所以在美国，能不用进入法庭的案件就会在庭外进行解决，例如很多民事案件，如果不是很复杂的案件，就会以双方当事人可以接受的方式在庭外和解，然而，在刑事案件中有辩诉交易，在庭审前，原告检察官可以与被告代理律师谈判，检察官可以通过减少指控使被告认罪，这样来达到双赢的局面，也可以提高法院的办案效率。因而虽然案件基数大，但真正需要法官费脑筋好好写判状的案件并不是很多，而且很多需要法官审判的案件都属于比较大型的案件，也是具有挑战性的案件。在我国，基本所有案件不论刑民都要经过法官的审判，我国也有简易程序和特别程序，但是都需要法官在场，只是不用陪审团，这对于法官的压力还是没能减少很多。因此，我国法官的巨大工作量和有限精力也是影响裁判文书质量的因素。

（2）重实体轻程序的思想上的原因。

中国人的思维习惯和做事风格已经渗透到法律体系的各个方面，强调实质重于程序、结果重于过程的法律思维模式决定了程序在诉讼中的作用有限，从判决文书中可以看出，案件程序问题的陈述不够详细，实体问题的陈述只关注对结果的陈述，而忽略了结果的生成过程。虽然当事人肯定会对结果表示关注，但如果法官不能给出足够的理由和判断依据，他们只会在胜诉时感到幸运，并在败诉时感到不满。

（3）司法人员的素养的原因。

①道德素养的原因。

对于一个法官的评判，可以有很多的标准，大多数的标准是学历达到要求，然而其实对于一个解决大众纠纷的判官来说，他更多需要具备的是良好的道德素养，在这里可从几个实例看出道德素养对于法官的重要性。

第一个是学术水平不高但是道德素养高的法官。例如，在中华人民共和国成立初期，其实有很多好的法官，或者说帮助老百姓解决纠纷的人民调解员，比如马锡五，他们中很多由于社会现状的影响并不能具备很好的法律学习的条件，甚至他们当上法官也许并不是因为他们的法学知识达到了标准，他们却是人们口中的好法官，他们写出的判决书也是让大众信服并且承认的。当然这里并不是强调说法官不需要饱满的学术知识，而是更注重法律工作者的人格魅力，往往具备良好道德素养的法官，更能写出让大众心服口服的判决书，甚至还被引以为典范文章。

第二个是学术达到一定标准但是道德素养不高的法官。这类披着羊皮的法官写出的判决书也是为了一己私利而为之，以自己的利益为优先的法官的判决书也是对大众没有任何益处的判决。

第三个是学术达到精修并且道德素养也高的法官。有名的代表就是马歇尔大法官，不仅自己一直做法官，还写出了为世人惊叹的法学著作，他的法学知识涉猎各个层面，可谓大师，然而更让人信服的是他良好的为人，法律工作者最为重要的道德品质。而从另一个角度来说，好的道德素养也是促使一个法官对于其所处的岗位保持激情的动力，因为一直保持着为民而公的思想，为了定分止争的理想信念，才能不被世间其他所诱惑，不被单调乏味的过程所累而失去保持本心的力量，因此内心“善”的道德信念也是一个好的法官不可或缺的重要品质。具备良好道德素养的法官，往往更能写出让人不得不服的判决书，因为他们的思虑不是为了一己私利，而是公平公正，是为了更好地解决纠纷，还一个太平盛世。作为一个法律工作者最根本同时也是最高的要求就是良好的道德素养。

②职业素养的原因。

我们总是在讨论法官素质不高的问题，却容易忽视这背后更具有历史性的问题。这几十年来，随着经济发展变化，法学也在随着时代而迅速进步，法学在现今社会已经变成了一个很热门的学科，因为热门，所以人数也在增多，我们现在的法律者跟随时代学到了更多从前法官们没有涉及的方面，很多现代法学者都想在法律共同体里获得话语权，想表现出自己的论点才是时代所需要的，而这些具有针对性的论证往往就针对了现今还奋斗在法官岗位的法官们。但在现今的社会，我们需要的还是这些奋斗在一线承受压力的法官。在这里，我们需要明确的是那些拿到高学历高文凭的法律者是否就比那些奋斗在岗位拥有十几年经验的法官强，或者说文凭的高低与公正的意识是否必然挂钩。[1] 如果法官的职业素养不高的话，就更不可能写出好的裁判文书，不可能为老百姓实质地解决问题，在这种时代的大环境下，法官的职业素养还是有以下几个方面的不足与缺陷。

一是法官多没有大我的精神。在经济迅速发展的今天，利益成了每个人追求的东西，随着市场经济发展，利我主义的思潮也在潜移默化地影响着大众，当然也包括为大众排忧解难的法官。在目前，个别法官为了谋取一定的私利，将正义公平抛之脑后，在审判案件的时候不依据事实情况来判定案件，偏向于一方当事人作出不公正的判决，或会为了一己私利，将审判过程

[1] 苏力．法律人自身的问题［J］．北方法学，2011（28）．

中的重要消息泄露给一方当事人或第三方，接受单方当事人的吃请，这样的不正之风严重影响了法院系统的公正廉洁。

二是法官作风随意散漫。现在个别法官，以为自己所在地位高就目中无人，更无视法纪的约束，将大众赋予的权力乱用，在行使自己的权力时随意，在审判过程中往往不严格地按照程序法行事，更有甚者还会损害当事人在审判时的合法权益，这样的行事作风严重影响了整个法院系统的权威性和法官在大众心中的形象，让百姓对法官失去信心。

三是法官知识素养缺失。在现在的法官队伍中，一些法官的专业知识是不完善的，也有的法官是从其他行业分配而来，并不是严格按照考试考核才当上法官，因此，这类职业素养不高的法官在审判案件上也不专业，不能完全依照法律判案，这样的法官书写出的裁判文书质量也不容乐观。这些法官并没有意识到法官职业的神圣性，在生活中作风随意，很容易让大众对法官的看法造成影响，进而让大众失去对法律的信仰。❶

从法律教育的层面来说，其实很多时候法官的职业素养与文凭也并不是必然挂钩的，这就牵扯我国的法学教育问题，我们的学校教育方式、教育制度是否存在问题？高校的教育是否就是培养出优秀法官的路径？现代的法学教育还只是停留在理论教育上，而我们需要的是能在实务中应用法律的法官。现在的法学教育并没有开发出与法学相关的边缘学科，一般法学者单单只了解法律是不够的，在现实生活中，案件往往与生活、与其他学科有着千丝万缕的联系，因此，边缘学科也是一个好的法官应该涉猎的。❷ 例如逻辑学就是法学者应该好好掌握的学科，特别对于未来的法官来说写好判决书需要的不仅是法律知识还需要逻辑学知识以及好的语言功底。而最重要的还是法律工作者的法律素养，要在精神层面对法律有崇敬感，这不仅仅是一份工作，司法公正就是建立在每一个人的公正信仰上的。因此，只有法学教育有了成效才能锻炼出高法律素养的法官，才能写出好的判决书，才能真正维护司法公正。

---

❶ 李宏华，刁文静．试论法官的职业道德素养［J］．经法视点，2016（3）．

❷ 苏力．法官素质与法学院教育［J］．法商研究，2004（3）．

（4）公众对法官的认可度原因。

大多数法官在这种单调的程序中简单地按照程式进行审判裁决，没有创造与工作的激情，也有很多法官并没有对于法官工作的热忱，他们的想法很简单就是有工作有工资，并没有意识到他们工作的高尚性。这也与我国民众对于司法系统、对于法官的不重视程度有关，大多数民众对于我国的法官意识依旧停留在古代“判官”的概念上，并没有从内心有对于法律工作者的绝对信任，因而法院系统的权威性也是急需提升的部分。有些法官，开始进入法院系统或许也是满腔热血，然而在重复的程式流程下，加上舆论与行政的干预，也可能会逐渐流失对于法律工作的初心。

在舆论遍地、网络发达的当今时代，法官的思维往往会被大众的议论所影响，这与古代的判官有所颠倒。在古代，判官往往说一不二，因为他们掌握生杀大权，他们也不需要在判决书上写明这样判决的理由，即使判决是错误的，大多也不用承担责任，所以在古代社会，判官是不太会去理会大众的说法，他们有权力的利剑在手。而当今社会，在司法公开、文书公开、人人平等的社会，人人都有话语权，不用很多的顾忌与忌惮，特别是在运用虚拟名的网络世界，人们往往能随意言论，当然这是社会的进步，但是，当人们的言论涉及案件的审理时，就给了法官巨大的压力，现今大多数民众判断好坏就只是单单从自己的道德意识出发，在心里他们觉得这样好那样不好，所以义愤填膺地发表自己的看法，大多数时候，法官并不能单单仅凭借良心去判案，不能只是自由心证，还要考虑很多的法律因素，比如程序因素，这时候，大众的舆论就会给法官带来影响。在我国，大众对于法官这个职位还是好感不大的，对于我国法律工作者还是抱有本能的不信任，在这样的大环境下，法官更是不敢说不愿说，在判决书的书写上也是在一些敏感问题上一笔带过。有时候，就算法官长篇大论，详尽地论证了问题，然而普通民众也不会去仔细揣摩，有的甚至也看不懂其中的法理，一般大家只会看最后的判决，是有罪还是无罪，是有期还是死刑。又因为大众普遍对于法官职业的不信任，如果判决结果一旦与大众的道德考量有所偏差，法官又会成为众矢之的。所以，社会大众对于法官职业的尊敬值也是法官断案、法官书写判决书的影响因素之一。

四、提高我国民事裁判文书说理性的对策

通过对民事裁判文书说理性评估，我们分析了存在的问题及其原因。在此基础上，有必要对提高我国民事裁判文书说理性的对策进行分析。

（一）从裁判文书本身出发深化说理

1. 加强裁判文书中理的阐释

对于裁判文书最为重要的就是详细论述作出该种判决的理由，定分止争的最重要部分就是说好理，说好能让当事人信服的理，那么对于“理”的阐释也是需要从各个方面来完善的。

（1）明确所说的是什么理。如果要去具体地加强文书的说理，那么首先我们应该明确对于该判决书要去说明一个什么理，也就是说，该案件的争议焦点是什么，而不是法官凭空的想当然，根据双方当事人、代理律师的陈述，根据案件的证据分析，来发现整个案件的争议点是什么，对于这个争议点要怎么去判决，根据法理和现行的法律该怎么去判决，这就需要法官去好好阅读案卷。最重要的是在开庭过程中，法官不能只是单纯地走过场，而是应该细心听取律师的意见，当事人辩诉，在整个审判过程中去发现问题所在，最后更是要在事实与法理中寻找出最贴合事实、最合适的判决，虽然案件的判决是需要法官一定的自由心证来支撑，但是更多的是在案件中寻找结果。当然，很多案件并不是单纯根据法律条文就能得出结论，一个案件往往会牵扯出许多的人情世故，情理也是法官不能忽视的部分，公序良俗往往不是冷冰冰的法条，相对的，如果一个法官判决案件都是严格按照法条而不考虑其他，这个法官的判决虽然不能说错，但一定不是能定分止争的判决，法官解决案件不是简单地解决事，而是人，案件是人情的寄托物。因此，在书写判决书的时候，法官首先要明确该案件是要去说明一个什么样的理，从情和法的角度去发现真相。

（2）要明确理的针对性。在一个案件里，往往有多个事实和法律关系，在说理的过程中，法官应该对说理的轻重繁简有正确的分类，并且有些案件

的争议也许不只一点，但是也会有重点和次重点的分别。例如，某个拖欠民工工资的案件，民工急于需要这些钱救命，而同时这个案件里还牵扯了该雇主的一些个人债务关系，在判决书里就要就该案件的重点——民工工资拖欠问题作出详细的说理，而对于次要问题就不用长篇累述，因此在判决书的说理里需要有说理的针对性。

（3）论证说理的科学性。说理论证虽然说起来很简单，就是对证据事实进行法律论证，但其实论证是需要深厚的语言功底的。在逻辑学里说理的方法有很多，例如叙述性说理，就是将案件以叙事的方式写出，论证也在叙述中完成，这是最常见也是最简便的说理方法，当然还有论证说理、总结说理、解释说理、布局说理等不同的说理方法，[1] 其中总结式说理对于法官的要求比较高，因为这种说理方法需要法官对于整个判决书的深刻理解才能在总结的基础上说明白道理，还有其他的说理方法就不一一赘述了。因此，法官判决书的书写并不是简单掌握了法律知识，也需要厚实的语言文字功底才能真正将道理说清楚。当然在说理的时候不光要注重文字表达的科学性，也要注重内容的科学性，法理、文理、情理、事理也是判决书中不可或缺的，整合整个判决书，所有的理都应该体现出来，因此一份好的判决书是需要科学的安排布局和科学的“理”的论证的。

2. 加强个案的分析论证性

法官接触的案件是多种多样的，案件有不同的类型和所适用的不同审判规则以及适用的不同法律，在面对不同的案件时，要做到各个不同案件的不同分析论证。

（1）个案疑难点的重点分析。对于复杂的案件，往往不能简单地一眼看穿其中的道理，会存在这样或者那样的让人捉摸不清的地方，这些不明确的地方就是需要法官去详细论述的地方。有时候当事人为了保全自己的利益，将有些证据隐藏或者不说明一些法律关系，但是这种不明处是可以从其他证据或者事实推论出来的，这时候就需要法官严密的逻辑性去发现这些疑点并且从疑点论证出事实的真相，有些疑点牵扯到事实的真相，而

[1] 庄绪龙．裁判文书说理难的现实语境与制度理性［J］．法律适用，2015（11）．

有些疑点牵扯到判刑的轻重或者双方当事人利益的分配。例如某个小额信贷的案件，当事人一方是被迫书写了借贷合同并且也已经还款，但是该借贷合同并没有销毁，现在被当事人另一方拿出来要挟该当事人还钱，这个案件的证据就是很重要的关键，然而，证据的取得也是比较困难的，如果简单只看案件表面，该案就很好判决，借钱还钱，隐藏在表象下的真相却是另一回事。因此，法官在判案的时候一定要着重分析该疑难点，以期给出真正公平的判决。

（2）个案分析的轻重选择。法官接手的案件是不同的，有刑事、民事、行政案件的不同，案情也有简单与复杂的不同，并不是所有的案件都需要几十页甚至几百页的说理，这对于司法效率来说也是不妥的。对于简单的案件，双方当事人明确、证据明确合法可信、双方争议不大、诉求简单的案件，判决书也可以简单叙述说明。而对于案情复杂，当事人争议巨大，证据有待认证，诉讼请求复杂的案件，就需要法官有针对性地去进行详细的说理，只有把道理讲清楚了，才能让双方当事人满意，就算有一方不满意也可以用道理让他心服，做到案件的结案止争。所以，对于各种各样的案件，要做到不同的案件不同的说理，有时候简单的案件如果写了很详细的判决书，当事人也可能不会看，而是直接关注判决结果，所以个案的轻重分析也是很重要的。

（3）个案论证的充分性。在进行个案的分析论证前，都要首先明确案件双方当事人的明确诉求和理由，要明确争议的焦点和需要平衡的法益。在论证说理中，首先需要做的是对证据的取得和认证，对于证据要明确是原始证据、传来证据、传闻证据、关联证据、直接证据还是间接证据，并对各种证据进行认定选取以证明案件真相，然后就是在各种证据间进行证明力大小的分析论证，最后在裁判文书中详细写明选取该证据的原因以及运用逻辑分析证明事实的依据。其次便是对适用各种法律法规的说明阐释，对于双方当事人无争议的论点，可以直接适用相应的法律论证，而对于双方有争议的观点，则需要详细说明适用该法条的详细原因；如果对于适用法条的分析理解，双方当事人存在认知的不同时，就应该详细阐明适用该法条的原因；对于适用的法条之间存在竞合或者冲突的方面的时候，也应该就竞合或者冲突的方面作出解释说明；对于法条并没有明确给出而依据相关的法律规范和法律精神作出判决时，也要对该法律规范和法律精神进行详细的说明，以期让当事人能明确并信服该判决。❶

（二）从人的因素出发深化民事裁判文书说理性

1. 强化对法律工作者的法学教育

从人的改进角度来探讨对策，作为整个法律系统的基石也是精髓存在的法官，即是对策的对象。从社会现实状况出发，我国的法官数量是较少的，法院系统一直处于一种人手短缺的现状，特别是书记员与法官，而法官的选任又往往不是一蹴而就，是需要有经验有资历和社会经历的人来担任，在现实庭审中，在人手实在不够的时候很多书记员也只能被分配去审理普通简易的案件，这种做法其实是对司法公正的挑战，而在此种情况下书写出来的判决书的质量也是堪忧。

在这种情况下，法院应该重视对高校法律高才生的应用培训工作。在法律意识还不太显著的社会现状中，要从普通公众培养成优秀的法官人选是比较困难的，而高校法律实习生，是经历过多年的法律学习，对法律有深入了解的群体，当然高校实习生的水平也有所不同。各级法院可以制定一个招录高校实习生的标准，博士级别实习生、硕士级别实习生可以优先考虑进入省级高院实习，本科级实习生可以招录入基层法院和派出法庭进行实习，在高院中的实习生中也可作一个考察，在校成绩优异对法律知识有良好掌握的博士实习生可以分配给法官做助理，而对于知识掌握其次的实习生可以分配给书记员做助理。分配给法官的助理，法官可以在平日的工作中对其真实能力进行考察，如果觉得其可以胜任法律论证的工作，那么书写判决书的工作就可以放心交给这些优秀的实习生来完成，法官只用做最后的审查补充即可，而实习生对于这样的锻炼机会也一定会好好珍惜，运用自己的学识好好书写判决书，这种方法不仅分担了法官的工作量，也锻炼了未来的法官人选。

---

❶ 刘旗胜．论裁判文书说理水平的提高［J］．法制博览，2014（12）．

2. 增强普通受众的法律意识

对于法律意识的增强，不仅仅是对法律工作者的要求，更是对整个社会的教育，党要求的依法治国，不仅是上层社会人士需要懂法，基层广大群众的法律意识更是需要增强的要务。在进行普法的行进中可以分为几个方面来推行。

（1）从小学教育就开始法律教育。在我国，法制教育往往被忽略或者力度不够大，往往大家只是宣扬了依法治国的口号，却没有落在实处，九年义务教育、三年高中教育对于法律的教育基本为零，家长和社会只是为了自己的孩子取得好成绩考上好大学，而忽视了年青一代的法律意识的培养，作为只有在大学才能接触的法学学科，其实很多浅层的法律知识是并不难理解的，很多法律认知都是比较浅显易懂的规则，而我们完全可以将这些浅显易懂的知识归于现在小学生都会学习的科学学科中，从小学生开始就培养学生的法律意识，而不是等到年青的一代过了法定年龄有了自己对社会和人生的定性看法后再来灌输法律知识，这对于法律意识的培养其实是没有很大助力的。如果法律意识能从小就培养的话，那么不过几十年，我国民众的法律意识将会翻新，大多数人不再都是法盲，不再轻易被忽悠，有了自己的维权意识，对于审判的认识与理解也会加深，对司法公正，对法官的尊敬，对司法系统的公信力将有不可估量的影响。

（2）着重对于少数民族地区的普法活动。少数民族位于我国偏远地区，往往因为通信不畅通和人员流动差等一系列因素造成少数民族的普法宣传并没有做得很到位，在这样闭塞的环境下，百姓的法律意识薄弱，更有甚者还保持着古老的传统观念，更容易发生犯罪行为，在这样的情形下，简单依靠志愿普法往往达不到很好的效果，对于这样的特殊情况，应该推荐适用行政官方色彩的普法行动，带有一定的政治强制性会达到更好的法律宣传作用。

（3）运用互联网进行普法活动。在网络发达的当下，基本是人人都不会缺少手机，对于很多年轻人来说，网络活动是生活中不可或缺的，因此，在网络上进行定期的法律知识推送也是比较好的普法方法，可以在时下很多知名度高的 App 上进行法律知识的推送，很多时候我们都能收到很多广告推送，看似没有用的广告推送，实则具有很好的广告效用，因为广告虽然让人不喜欢，但时间久了还是会让人记住，因此完全可以将广告推送效用应用到法律普及上，比简单的唱口号拉横幅更有效果。

（三）从制度出发深化民事裁判文书的说理性

1. 注意区分不同案件类型

从裁判文书本身的角度来看，在我国其实是有案件分工的，基层法院是管辖大部分案件的法院，中级法院管辖三类特殊的案件：专利海关案件，即有关确认发明、专利及海关处理的案件；省、部级行政机关作为被告的行政诉讼；重大复杂的案件，即案情复杂且影响重大的案件。高级法院对在其管辖范围内有重大影响的案件拥有管辖权。最高法院对在全国有重大影响的案件拥有管辖权，所以由这种分级情况看来，中级、高级、最高级法院的工作量都是逐级减少的，而大部分案件都是归属于基层法院，所以对于基层的法官来说，工作量是很大的，因而如果去要求基层的法官对于每一份判决书的书写都详细精致是不现实的，应该在纷杂的案件里做到繁简分流。

对于大多数案情简单明了，证据确凿，权利义务明确，当事人的争议并不是很大的案件，判决书的书写就可以简单化，不用要求法官一定要特别细致地书写每一条证据并进行论证。❶ 因此，案件的分流探讨可以考虑以下几点因素。

（1）根据案情的复杂程度。裁判文书是整个庭审过程的再现，是对所审判案件的事实、证据和审判结果的书面载体。案情简单、证据明确的案件，审判形式也肯定简单，法官在书写裁判文书的时候也应该相对应地简单化裁判文书，那么，相反的，对于案情复杂、证据繁杂的案件，审判过程、调查取证都会相应的复杂很多，因此，法官在书写裁判文书的时候也应该多用笔墨，要进行充分的说理论证。

（2）根据案件的影响力和诉讼成本。现在的案件，有许多会被公众广为关注，因为现今社会网络发达，跟从前通信闭塞的时代不同，很多案件都会被大众关注，因此，对于一些关注度很高的案件，因为其社会影响力比较

❶ 白泉民．关于加强裁判文书说理的几点思考［J］．山东审判，2015（31）．

大，在案情的程序过程都要更加的严谨和透明化，相应的在裁判文书的书写论述上也应该更为严密和详细。在现今经济发达的时代，更多的出现了经济类案件，一般经济类案件都会涉及巨大的诉讼标的，案件的诉讼成本也是与所适用的程序有一定关系的，比如我国的小额诉讼制度，就是针对诉讼标的额较小的案件所适用的审判方式，相对的对于比较大额的诉讼案件，相应的审判程序也会投入更多，在书写裁判文书的时候也要与投入成本形成一定的正比。

（3）根据案件的不同类型。现实生活中的案件很繁杂，往往会牵涉不同的法益，各个案件应该适用的法律和复杂程度也不尽相同。例如，行政诉讼案件受案范围扩展涉及国际贸易的案件，因为此类案件有涉外因素，因此牵涉的法益比较特殊，事实认定、调查取证一系列审判活动都会较为复杂，因此，涉及该因素的案件都会由中级以上法院进行审理。还有一些涉及专业领域的案件，例如与专利和海事相关的案件，因为会牵涉较多的专利处理认定、海事海商设置领域等这些专业知识，所以也是需要专利、海事方面专业技术要求，因此，审判法院都需要高审级的法院。对于这些或复杂或需要专业知识解决的案件，需要通过在裁判文书上对这些疑难点进行专业性解释与阐明，相应的，这类裁判文书的书写就需要详尽论证，才能真正解决相关纠纷。而对于一些涉及领域简单的案件，例如离婚案件、简单的借贷案件、合同纠纷案件、所有权争议案件，因为涉及的专业领域简单，案情也比较单一，所以在裁判文书的书写上也可以相对简化。

（4）诉讼行为人的诉求态度。审判案件最后就是为了让有争议的双方当事人能解决矛盾，定分止争，如果案件双方当事人对于争议的问题不是很坚决，有和解的趋势态度，那么该案件或许就能比较简单地解决，或许也可以通过调解解决。然而如果双方当事人都互不退步，态度坚决，那么对于裁判文书的书写就要详尽地分析论证，才能使最后的判决让双方当事人都满意，例如法国《民事诉讼法典》规定，如果一方提出请求，另一方同意离婚，法院只限于对夫妻财产事务的确认，并且在制作文件时可以免除判决的理由，从而简化了判决文件的制作。[1] 在美国的法律体系，很多简单的案件都会选择庭外和解或者辩诉交易，虽然在我国还并不能做到将案件全部拿到庭外解决或者和被告谈论条件的地步，但是同样可以对案件进行繁简分流来达到减轻法官压力，以期达到让大众心服口服的作用，更大地维护司法的公信力。

2. 注意区分事实审与法律审的不同规律

从审理的角度来说，在案件数量巨大，法院人数不够的情况下，要尽可能减轻法官的工作量，在我国还不适宜照搬陪审团制度的现实状况下，可以更加完善人民陪审员制度。我国比较重视对法律适用的问题，法官对于事实审的方面是比较薄弱的方面，在案件数量巨大，法官人数稀缺的情况下，将事实审与法律审分开，将事实审的责任分担给人民陪审员来完成，可以有效地分担法官的工作压力，而人民陪审员也可以弥补法官在有些专业领域不熟悉的缺陷，避免审判错误的出现，也可以避免法官在判定案件时过于片面和主观。而事实审和法律审分开的设定也具有以下几点优势。

（1）有效避免法官错判。给予陪审员事实审的权力之后，法官和陪审员就可以各司其职，陪审员专职负责案件事实方面的审理认定，不必因为专业知识的不足而影响法律的认定，而法官更是可以将精力放在法律适用的方面，可以省出更多的精力写出更好的裁判文书，法官和陪审员在案件审理中各司其职，更好地促使一个案件完美地审结。

（2）凸显人民陪审员的优势。陪审员一般都不是在法律知识方面很精通的人士，然而相对的，却是对生活经验有很丰富认知的群体，他们有更多的社会阅历和社会常识，对各个地方的具体风土人情有更深的认知，能够对每个地方区域的人情世故有更深刻的体验，所以在案件审判中，能够对发生的事件和证据的认定有更深的理解和辨识，这种能力正是事实审所需要的。而且很多陪审员都拥有专业领域的知识，比如在伤害案件中，具有医务知识的陪审员往往能够更好地认定事实；在票据借贷案件中，具有金融知识的陪审员也可以在事实认定方面作出专业的判断。陪审员审理案件并不仅仅只是从

[1] 王刚．民事裁判文书繁简分流的标准与形式［J］．法律适用，2006（4）．

法律出发，他们会更多地从情理方面作出判断，在法律和人情方面作出判断，这正好能与法官的职业判断互补，法官专业法律适用与陪审员的情理分析往往能给出最好的判决，同时也不会对法官的权威性有所影响，更好地维护了司法威严。

（3）提升司法公信力。当然，陪审员参与事实审并不是毫无限制的，因为陪审员也有可能会作出错误的判断，但是在审判过程中，人民陪审员的审理其实是受到案件证据的约束的，因为事实最客观的认定还是从确切的证据给出的，陪审员的事实审是从一个客观的层面去促进案件的裁决，陪审员只审理事实方面能够更好地给予陪审员审理的动力，也促进了司法的公信力。[1]

长期以来，我国人民陪审员都没有发挥其实质性的作用，都是“陪而不审”，没有能够达到陪审员真正分担法官工作量的作用，而2015年颁布的《人民陪审员制度改革试点方案》对陪审员参与审理的权限作出了修改，让陪审员参与事实审的部分就是一个很好的事实审与法律审分开的契机。在此期望，在人民陪审员的责任规划上能真正的落实，陪审员能发挥到事实审的实际功能，在裁判文书的书写上能够有人民陪审员认定的事实陈述及认定部分，这样才能真正地分担法官的工作压力，在现今的审判中，主审法官一般既要事实审又要法律审，所以往往会流于形式地将事实审和法律审分开，然而很多案件的事实与法律是不可分割的，而将事实审的压力分散出去后，主审法官可以将精力集中于法律论证的角度上，更加全面地将事实和法律结合，从而能写出更好更细致全面的判决书。

---

[1] 郑家风．关于审判监督模式之法律审和事实审的研究［J］．法制博览，2016（2）．

结　　语

司法制度的运行是一个复杂领域，其运行的准则既有法律的规范标准，也有具体制度自身的经验标准。法院行为标准既包括一般标准，也包括特殊标准；一般标准是一般司法评估制度为典型司法行为确立的标准，其确立有赖于一般司法评估制度的发展与不断完善；特殊标准是具体司法运行领域，特殊司法制度运行的标准，其确立有赖于针对特殊司法制度运行的评估活动的不断开展。本书的研究在理论层面上和实践层面上共同开展，在理论层面：研究我国一般司法评估制度的完善，促进一般法院行为标准的完善；在实践层面：通过对具体司法制度的运行的实际评估，促进特殊法院行为标准的完善。

我国的一般司法评估制度由案件质量评估制度和法官考评制度组成。我国司法评估制度的完善应该遵循如下基本原则：（1）立足于我国制度实践经验，适当借鉴国外相关制度合理成分。我国司法制度的运行，既有和国外相关制度相似性的一面，也有和国外相关制度差异性的一面。我国的社会主义政治体制、差异性的经济和文化背景，都决定了我国司法制度运行的中国特色。（2）以现有司法评估制度框架为基础，注重优化与提升。司法评估制度是一项实践性很强的制度，良好的制度效果不仅取决于理论构建，还取决于制度运行实践中的优化与提升。（3）案件质量评估制度与法官考核制度，应区分为不同制度，不宜混淆。案件质量评估制度的制度设计应该将评估对象确定为法院整体，将评估目标明确为法院内部资源配置的优化与协调。法官考核制度的制度设计应该将评估对象确定为法官个人，将评估目标确定为法官个人绩效的提升。以法院整体为评估对象的案件质量评估制度与以法官个人为评估对象的法官考核制度，遵循不同的规律：案件质量不能等同于法官个人绩效，案件质量侧重公正价值、效率价值和社会效果的协调，法官绩效可能更侧重能力、道德、行为表现的协调。案件质量评估更侧重法院整体资源的分配与优化，从而提高整体质量和效率；法官个人考核更侧重法官个人素质的提升，从而在独立审判和司法责任中寻找平衡点。

我国案件质量评估制度的完善应该遵循如下策略：(1) 明确评估对象和评估目标。案件质量评估制度实际运行中，很多地方法院将案件质量评估指标层层分解成考核法官个人绩效的标准，混淆了法院整体评估与法官个人评估。针对这个问题，有必要在案件质量评估制度的理论层面和实践层面，都进一步明确案件质量评估的对象是法院整体而非法官个人。案件质量评估制度的评估目标也应该明确为提升法院整体管理水平，而不是对法官个人的行政管理手段。(2) 引入外部评估主体。在我国案件质量评估制度的运行实践中，案件质量评估活动主要在法院系统内部开展，以内部评估为主，外部评估主体较少参与到评估活动中。我国案件质量评估制度的完善，要考虑确立多元化的主体结构，注意引入外部评估主体。(3) 注意定性和定量评估方法的协调使用。我国的案件质量评估体系依托于案件流程管理系统采集数据，分析数据，较多地采用了定量评估的方法。定量评估的方法有着准确、清晰、客观等优点，但是也存在使用范围有限、僵化、无法体现差异化等缺陷。我国的案件质量评估制度在发展过程中，应该逐渐加大定性评估方法的使用范围，注意定性评估方法与定量评估方法的协调使用。(4) 优化评估指标体系。指标体系是案件质量评估制度的核心内容，建立一套内涵清晰、指向明确、功能合理的指标体系，对于推进案件质量评估制度的发展具有重要意义。

我国法官考评制度的完善应该遵循如下策略：(1) 坚持法官考评制度与案件质量评估制度相区分的重构原则。我国法官考评制度在实际运行过程中的一个明显乱象是将案件质量评估制度与法官考评制度相混淆，造成两种评估制度的运行的实际效果都不是很理想。我国司法评估制度完善的一个总的原则，就是区分案件质量评估制度与法官考评制度，按照不同标准和程序发展两种制度，使之相互配合共同形成我国完备的司法评估体系。(2) 构建科学的司法管理理论，破解法官考评行政化难题。法官管理行政化一直是我国司法制度运行过程中备受批评的问题，也是一直没有彻底解决的问题。这和我国的审判权运行规律和司法管理理论不足有关系，应该构建科学的审判权运行理论和司法管理理论作为制度基础。（3）内部评估与外部评估，定量评估与定性评估，年度评估与平时评估相结合。在法官考评制度中，注意引入外部评估主体，弥补内部评估的不足。在法官考评制度的完善过程中，注意增加定性评估方法的比例，促进定量评估方法与定性评估方法的协调。法官的能力和素质是多方面的，有的要素可以用数量化的方法评价，但是有的要素一定要用定性的评估方法评测。在法官考评制度的完善过程中，也要注意年度评估与平时评估的结合。年度评估更注重结果的导向，往往忽视产生结果的过程。平时评估注重过程导向，可以弥补单一年度评估的不足。（4）法官考评结果运用合理化。法官考评的结果可以在如下方面合理运用：法官考评结果与法官入额制度相互衔接，入额法官分成四等十二级的选任制度，法官考评结果可以作为法官晋升等级的依据。法官考评结果与法官工资奖金待遇相衔接，作为法官工资福利待遇等级的参考依据。法官考评结果可以与法官荣誉相互衔接，作为法官评选先进荣誉称号的依据。

本书选择劳动争议解决机制、上诉制度、案件流程管理制度、民事裁判文书的说理机制等具体司法制度，通过实证分析的方法，构建了相关指标体系，评估了制度运行的效果，并总结了相关制度的完善意见。这些制度具有一定的典型性和代表性，对这些制度的评估原理和分析方法也具有一定的代表性。在未来的研究中，应该选择更多的具体司法制度进行评估，从而全面深化司法运行的质量。

参考文献

（一）中文著作

[1] 卞建林.中国司法制度基础理论研究［M］.北京：中国人民公安大学出版社，2013.
[2] 陈金钊.法律方法论［M］.北京：北京大学出版社，2013.
[3] 陈金钊.法治思维及其法律修辞方法［M］.北京：法律出版社，2013.
[4] 陈业宏，唐鸣.中外司法制度比较［M］.北京：商务印书馆，2015.
[5] 陈新.中国政府绩效评估的理论与实践［M］.天津：天津人民出版社，2016.
[6] 范瑜，彭小龙.司法制度概论［M］.北京：中国人民大学出版社，2016.
[7] 高其才.司法制度与法律职业道德［M］.北京：清华大学出版社，2014.
[8] 郭道晖，江平.中国法治百年经纬［M］.北京：中国民主法制出版社，2015.
[9] 季卫东.法治构图［M］.北京：法律出版社，2012.
[10] 季卫东.法治秩序的建构［M］.北京：中国政法大学出版社，1999.
[11] 江伟.民事诉讼法学原理［M］.北京：中国人民大学出版社，2002.
[12] 康均心.法院改革研究［M］.北京：中国政法大学出版社，2004.
[13] 李步云.中国法治之路［M］.北京：中国社会科学出版社，2013.
[14] 刘小冰，张琳.监督法立法后评估报告［M］.北京：法律出版社，2015.
[15] 刘作祥，冉井富.立法后评估的理论与实践［M］.北京：社会科学文献出版社，2003.
[16] 芦刚.地方政府绩效评估的公民参与：制度、方法战略［M］.北京：中国社会科学出版社，2014.
[17] 齐树洁.英国民事司法制度［M］.厦门：厦门大学出版社，2011.
[18] 邵建东.德国司法制度［M］.厦门：厦门大学出版礼，2010.
[19] 沈志先.裁判文书制作［M］.北京：法律出版社，2010.

[20] 沈志先，应勇.法院管理［M］.北京：法律出版社，2013.

[21] 史建三.地方立法后评估的理论与实践［M］.北京：法律出版社，2012.

[22] 苏力.送法下乡［M］.北京：中国政法大学出版社，2000.

[23] 汪国华.外国司法制度［M］.武汉：武汉大学出版社，2013.

[24] 汪全胜.法律绩效评估机制论［M］.北京：北京大学出版社，2010.

[25] 汪全胜.立法后评估研究［M］.北京：人民出版社，2012.

[26] 魏贻恒.全民公决的理论与实践［M］.北京：中国人民大学出版社，2007.

[27] 易有禄.正当立法程序研究——以立法权正当行使的程序控制为视角［M］.北京：中国社会科学出版社，2009.

[28] 俞根荣.地方立法后评估研究［M］.北京：中国民主法制出版社，2009.

[29] 袁曙宏.立法后评估工作指南［M］.北京：中国法制出版社，2013.

[30] 张军.人民法院案件质量评估体系理解与适用［M］.北京：人民法院出版社，2011.

[31] 张尚仁.认识论与决策科学［M］.昆明：云南人民出版社，1985.

[32] 张旭霞.公共部门绩效评估［M］.北京：对外经贸大学出版社，2007.

[33] 赵成根.民主与公共政策研究［M］.哈尔滨：黑龙江人民出版社，2000.

[34] 赵海峰.国际司法制度初论［M］.北京：北京大学出版社，2006.

[35] 郑宁.行政立法评估制度研究［M］.北京：中国政法大学出版社，2013.

[36] 朱春奎.公共部门绩效评估的方法与应用［M］.北京：中国财政经济出版社，2007.

[37] 朱景文.中国法律发展报告——数据库和指标体系［M］.北京：中国人民大学出版社，2007.

[38] 朱俊峰.中国地方政府绩效评估研究［M］.上海：复旦大学出版社，2012.

[39] 朱力宇.依法治国论［M］.北京：中国人民大学出版社，2004.

[40] 卓越.公共部门绩效评估［M］.北京：中国人民大学出版社，2011.

（二）中文论文

[41] 艾佳慧.中国法院绩效考评制度研究——“同构性”和“双轨制”的逻辑及其问题［J］.法制与社会发展，2008（3）.

[42] 北京市第二中级人民法院课题组.司法改革背景下法官绩效考评机制研究［J］.中国应用法学，2018（3）.

[43] 陈杭平.在司法独立与司法责任之间——美国州法官考评制度之考察与评析[J].当代法学，2015（5）.
[44] 陈林林.法治指数中的认真与戏谑［J].浙江社会科学，2013（6）.
[45] 陈瑞华.刑事程序失灵问题的初步研究［J].中国法学，2007（5）.
[46] 陈忠，吴美来.案件质量评估与审判绩效考核衔接机制研究——以重庆市法院实践为样本［J].法律适用，2014（3）.
[47] 重庆市高级人民法院课题组.审判管理制度转型研究［J].中国法学，2014（4）.
[48] 丁贤，张明君.立法后评估理论与实践初论［J].政治与法律，2008（1）.
[49] 董治良.法院管理浅论［J].国家检察官学院学报，2005（10）.
[50] 杜莉.论我国地方立法质量评估制度之建立［J].人大研究，2008（12）.
[51] 何平.我国劳动争议调解制度功能缺失之反思［J].河北法学，2014（1）.
[52] 何涛，蔡汾湘.关于提高地方立法质量的思考［J].理论探索，2007（5）.
[53] 侯学宾，姚建宗.中国法治指数设计的思想维度［J].法律科学，2013（5）.
[54] 胡云腾，范跃如.审判权与审判管理权运行机制研究［J].人民司法，2011（15）.
[55] 黄文艺.论立法质量［J].河南政法管理干部学院学报，2002（3）.
[56] 蒋惠岭.关于二五改革纲要的几个问题［J].法律适用，2006（8）.
[57] 李瑰华，姬亚平.行政立法评估制度论析［J].江西社会科学，2013（7）.
[58] 刘惠荣，李鸿飞.地方立法的经济学分析［J].中国海洋大学学报（社会科学版），2008（1）.
[59] 刘武俊.立法程序法理分析［J].中外法学，2000（5）.
[60] 刘云亮.论司法评估制度的建立［J].河北法学，2003（4）.
[61] 彭峻峰.法官考评制度研究［J].科技创业，2009（11）.
[62] 钱弘道，戈含锋，王朝霞，等.法治评估及其中国应用［J].中国社会科学，2012（4）.
[63] 秦前红，李元.关于建立我国的立法助理制度的探讨［J].法学论坛，2004（6）.
[64] 山东省东营市中级人民法院课题组.构建有中国特色的法官考评制度——关于法官考评制度与评价制度的调研［J].法律适用，2007（12）.
[65] 苏黎兰，张紫薇，张志.基于定量分析的立法后评估方法［J].理论月刊，2012

(3).

[66] 孙波.试论地方立法“抄袭”[J].法商研究，2007 (5).

[67] 孙潮，徐向华.论我国立法程序的完善 [J].中国法学，2003 (5).

[68] 孙启福，吴美来.案件质量精细化管理的局限及其克服——以最高人民法院关于开展案件质量评估工作的指导意见为中心 [J].法律适用，2012 (6).

[69] 王蓓.我国劳动争议仲裁制度的缺陷与完善 [J].河北大学学报（哲学社会科学版），2013 (3).

[70] 王禄生.论现代型法官考评机制的建立——以四川省若干法院为实证依据 [J].理论与改革，2012 (3).

[71] 王亚新.程序·制度·组织——基层法院日常的程序运作与治理结构转型 [J].中国社会科学，2004 (3).

[72] 汪全胜.英国立法后评估制度探讨 [J].云南师范大学学报（哲学社会科学版），2009 (5).

[73] 魏丽丽.政府绩效评估的两个维度 [J].沈阳工业大学学报（社会科学版），2018 (1).

[74] 吴英姿.法院调解的“复兴”与未来 [J].法制与社会发展，2007 (3).

[75] 席涛.立法评估：评估什么和如何评估——以中国立法评估为例 [J].政法论坛，2012 (5).

[76] 奚玮，宋士月.管理型司法：审判管理办公室的发展趋势 [J].安徽师范大学学报（人文社会科学版），2012 (3).

[77] 许安标.立法后评估初探 [J].中国人大，2007 (8).

[78] 严戈，袁春湘.2014 年全国法院案件质量评估分析报告 [J].人民司法，2015 (9).

[79] 翟玉娟.劳动争议 ADR 研究——兼及《中华人民共和国劳动争议调解仲裁法》之解读 [J].法学评论，2009 (4).

[80] 郑肖肖.案件质量评估的实证检视与功能回归——以发回重审率、改判率等指标为切入点探讨 [J].法律适用，2014 (1).

（三）英文原著

[81] American Bar Association.Special Committee to Suggest Remedies and Formulate Proposed Laws to Prevent Delay and Unnecessary Cost in Litigation [R]. Chicago:

American Bar Association, 1909.

[82] Alexander B. Aikman. The Art and Practice of Court Administration [M]. CRC Press, 2006.

[83] Arthur R.Hogue.Origins of the Common Law [M].Liberty Fund, 1986.

[84] Arthur T Vanderbilt.Minimum Standards of Judicial Administration [J].Law Center of New York University for the National Conference of Judicial Councils, 1949.

[85] Brian Ostron. Why Measure? Five Reasons to Assess CourtPerformance [EB/OL]. [2019-12-21]. http://www. ncsconline. org/D_ Research/CourTools/CourTools WhitePages-v4.pdf.

[86] Coale, Couture.Loud Rules [J] .Pepperdine L.Rev., 2007, 34 (3).

[87] Daniel John Meador.American Courts [M].2 edition.West Publishing Company, 2000.

[88] David C.III Gibbs, Bob DeMoss.Fighting for Dear Life: The Untold Story of Terri Schiavo and What It Means for All of US [M].Bethany House, 2006.

[89] David Duffee.Explaining Criminal Justice Oelgeschlager [M].Gunn and Hain, 1981.

[90] David Osborne, Ted Gaebler.Reinventing Government: How the Entrepreneurial Spirit is Transforming the Public Sector [M].Plume, 1992.

[91] Friesen E.C, E.C.Galias, N.M.Gallas.Managing the Courts [M].New York: Bobbs-Merrill Company Inc., 1971.

[92] Greacen, John M.Administrator's Perspective: Developing Performance Measures for Trial and Appellate Courts [J].Judges' Journal, 2002.

[93] Greacen, John M.Issues in Criminal Case-Flow Management [J].Judges' Journal, 2006.

[94] James M.Fallon.The Case of Benjamin More: A Lost Episode in the Struggle over Repeal of the 1801 Judiciary Act [J].Law & Hist.Rev., 1993, 43 (11).

[95] Kmiec, Keenan.The Origin and Current Meanings of "Judicial Activism" [J].California Law Review, 2004.

[96] Lawrence B.Mohr.Explaining Organizational Behavior: The Limits and Possibilities of Theory and Research [M].Jossey Bass, 1982.

[97] Lepawsky A.The Judicial of Metropolitan Chicago [M].University of Chicago Press, 1932.

[98] Mays G.W, A Taggart.Local Court Administration: Findings from a Survey of Appointed Managers [J].Judicature, 1985.

[99] National Association of State Budget Officers.Fact Sheet: Quick Rebound? State Fiscal

Recovery Could be Gradual [J].Lag National Economy, 2002.

[100] National Center for State Courts.How the Public Views the State Courts: A 1999 National Survey [R].1991.

[101] Richard Hofstadter.The Age of Reform [M].New York: Vintage Book, 1955.

[102] Robert B.Denhardt, Janet V.Denhardt.Public Administration: An Action Orientation [M].Cengage Learning, 2008.

[103] Schauffler, Richard Y.Judicial Accountability in the US State Courts Measuring Court Performance [J].Utrecht Law Review, 2007.

[104] Tushnet, Mark.I Dissent: Great Opposing Opinions in Landmark Supreme Court Cases [M].Boston: Beacon Press, 2008.

[105] Wheeler, Russell R. Roscoe Pound and the Evolution of Judicial Administration [J].South Texas Law Review, 2007.